O RETORNO
DA SOCIEDADE

Dados Internacionais de Catalogação na Publicação (CIP)
(Câmara Brasileira do Livro, SP, Brasil)

Botelho, André
O retorno da sociedade : política e interpretações do Brasil / André Botelho. – Petrópolis, RJ : Vozes, 2019.

Bibliografia.
ISBN 978-85-326-6126-5

1. Brasil – História 2. Brasil – Política e governo 3. Política – Aspectos sociais 4. Sociologia I. Título.

19-25357 CDD-300.981

Índices para catálogo sistemático:
1. Brasil : Ciências Sociais   300.981

Maria Alice Ferreira – Bibliotecária – CRB-8/7964

André Botelho

O RETORNO DA SOCIEDADE

POLÍTICA E INTERPRETAÇÕES DO BRASIL

EDITORA VOZES

Petrópolis

© 2019, Editora Vozes Ltda.
Rua Frei Luís, 100
25689-900 Petrópolis, RJ
www.vozes.com.br
Brasil

Todos os direitos reservados. Nenhuma parte desta obra poderá ser reproduzida ou transmitida por qualquer forma e/ou quaisquer meios (eletrônico ou mecânico, incluindo fotocópia e gravação) ou arquivada em qualquer sistema ou banco de dados sem permissão escrita da editora.

CONSELHO EDITORIAL

Diretor
Gilberto Gonçalves Garcia

Editores
Aline dos Santos Carneiro
Edrian Josué Pasini
Marilac Loraine Oleniki
Welder Lancieri Marchini

Conselheiros
Francisco Morás
Ludovico Garmus
Teobaldo Heidemann
Volney J. Berkenbrock

Secretário executivo
João Batista Kreuch

Editoração: Maria da Conceição B. de Sousa
Diagramação: Raquel Nascimento Marques
Revisão gráfica: Alessandra Karl
Capa: Felipe Souza | Aspectos
Ilustração de capa: Elevador social, Rubens Gerchman. Imagem Licenciada pelo Instituto Rubens Gerchman.

ISBN 978-85-326-6126-5

Editado conforme o novo acordo ortográfico.

Este livro foi composto e impresso pela Editora Vozes Ltda.

Para Paulinho Maciel

SUMÁRIO

Agradecimentos, 11

Apresentação – Sociologia política e pensamento social, 17

Nota da edição, 31

1ª parte
O baralhamento entre público e privado, 33

1 Sequências de uma sociologia política brasileira, 35

Público e privado como "sistema", 42

A "agência" social entre o público e o privado, 47

Público e privado como unidade contraditória, 53

Diacronia com descontinuidades, 60

2 Passagens para o Estado-nação, 67

Pesquisa acadêmica e tradição intelectual, 70

Conflito e ação coletiva, 76

A nacionalização da vida social, 82

3 A sociedade em movimento, 89
(com Lucas Carvalho)

A ação numa estrutura coronelista, 94

Os movimentos messiânicos rústicos, 98

A parentela como estrutura global, 103

Estrutura e ação, 111

4 Dominação pessoal, vida social e política, 115

Uma unidade contraditória, 119

Tradição e modernidade, 125

Um equilíbrio delicado, 134

2ª parte
A política na sociedade: fios contemporâneos, 141

5 Sociologia política: relações Estado-sociedade, 143

Sociologia política: um campo em disputa, 144

Estado e sociedade: o eixo da sociologia política, 152

6 Participação social em perspectiva, 163
(com Antônio Brasil Jr.)

Dominação pessoal e consciência política, 169

A emergência do povo, 173

Um passado que não passa?, 181

7 Oliveira Vianna, um clássico em fluxo, 185
(com Andre Veiga Bittencourt)

Público e privado: uma relação problemática, 186

O social e o político, 188

Uma interpretação em fluxo, 190

3ª parte
Interpretar interpretações do Brasil, 199

8 Passado futuro dos ensaios de interpretação do Brasil, 201

Pais e filhos, 203

Sincronia e diversidade, 207

Auto-observação da sociedade, 216

9 Para uma sociologia política dos intelectuais, 220
(com Elide Rugai Bastos)

Macro e microteorização, 222

Intelectuais e mudança social, 228

Sociologia e *portrait* de classe, 236

E o produto do trabalho intelectual?, 243

10 Um programa forte para o pensamento social, 249

Pensamento social em números, 254

Textos e contextos, 260

Posições em perspectiva, 264

Referências, 269

Posfácio – O método bem temperado, 291
(Maurício Hoelz)

Agradecimentos

Pensar significa lembrar-se da página em branco enquanto se escreve ou se lê.
Giorgio Agamben. *Il fuoco e il racconto*, 2014.

Os dez textos aqui reunidos foram originalmente publicados em periódicos científicos, no Brasil e no exterior, nos últimos doze anos. Quatro deles foram escolhidos justamente porque escritos em coautoria com minha orientadora de mestrado e doutorado na Unicamp, Elide Rugai Bastos, e com alguns dos meus ex-orientandos na UFRJ, Antonio Brasil Jr., Lucas Correia Carvalho e Andre Veiga Bittencourt. Andre deu continuidade, especialmente para esta edição, a um pequeno artigo que escrevi anos atrás sobre Oliveira Vianna a pedido do saudoso Ricardo Benzaquen. Maurício Hoelz, também amigo e ex-orientando de mestrado e doutorado, escreveu o posfácio para o livro. Para eles vão, então, os meus melhores agradecimentos. Devo ao Andre e ao Maurício um agradecimento especial também pela interlocução na seleção e na revisão dos textos. Maurício emprestou seu talento de editor na reta final da preparação do manuscrito e ainda traduziu um dos artigos desta coletânea, publicado originalmente em inglês.

Assim, esta coletânea expressa, também, o modo próprio do trabalho intelectual na universidade contemporaneamente, o dia a dia em laboratórios que cada vez mais organiza a pesquisa e o ensino das ciências sociais. Hoje, inclusive, aqueles meus ex-alunos e eu nos reunimos com outros colegas no Núcleo de Estudos Comparados e Pensamento Social – Neps da UFRJ & UFF. Na verdade, sou parte de uma geração de sociólogos que certamente já encontrou essa dinâmica coletiva bastante assentada. Eu me habituei a ela desde muito cedo. Ainda no primeiro ano de graduação, no antigo Laboratório de Pesquisa Social – LPS – do IFCS/UFRJ – onde fui bolsista de Neide Esterci na primeira metade dos anos de 1990, e, posteriormente, no Centro de Estudos Brasileiros – CEB – da Universidade Estadual de Campinas – Unicamp –, onde cursei mestrado e doutorado entre 1995 e 2002. Assim, trazer esses textos novamente a público, agora na forma de livro, é reconhecer que eles também são parte de experiências coletivas de pesquisa que por vários motivos merecem registro.

Este livro começou com o Projeto Temático "Linhagens do Pensamento Político-Social Brasileiro", financiado pela Fapesp e coordenado pelo saudoso Gildo Marçal Brandão e por Elide Rugai Bastos. Minha proposta de pesquisar as sequências de uma tradição intelectual, como a da sociologia política, só foi possível pelas condições intelectuais criadas pelo grupo do "Linhagens", como carinhosamente ainda nos referimos a ele, e que envolveu também Bernardo Ricupero, Gabriela Nunes Ferreira, Glaucia Villas Bôas, Maria Fernanda Lombardi Fernandes, Rossana Rocha Reis, Rubem Murilo Leão Rego e Vera Alves Cepeda, além de estudantes de pós-graduação e graduação. A todos eles, que são também meus amigos há muito tempo, sou muito grato pelas experiências compartilhadas.

Dentre os estudantes que participaram do Projeto Temático, está o meu primeiro grupo de orientandos no IFCS/UFRJ. Além dos já mencionados, também Alexander Englander, Pedro Cazes, Paloma Malaguti e Gustavo Elpes não apenas escreveram suas dissertações e/ou teses sobre autores e problemas da tradição intelectual por mim tratada como sociologia política, como ainda ajudaram a testar e a aperfeiçoar a abordagem diacrônica que eu vinha forjando, sobretudo em termos empíricos. Valorizo demais o trabalho empírico, o corpo a corpo com documentos e textos diversos que permite tensionar e complexificar de modo renovado nossa leitura dos ensaios e monografias que constituem o *corpus* principal da pesquisa em pensamento social. É esse trabalho empírico que muitas vezes permite desconstruir a (falsa) aparência de estabilidade das interpretações do Brasil, e também redescobri-las em novas chaves interpretativas – como espero justamente mostrar neste livro. Por isso, o trabalho em equipe nos arquivos é sempre a atividade mais pulsante da pesquisa, mesmo levando em conta as inúmeras dificuldades que também envolvem, a exemplo daquele que desenvolvemos com meu primeiro grupo de alunos na Casa de Oliveira Vianna, em Niterói, entre 2002 e 2012 mais ou menos. A todos eles, meu muito obrigado. É essa a segunda experiência coletiva muito especial que este livro guarda e que, por isso, também o justifica.

Mas a minha escolha por alguns textos escritos em coautoria é também uma aposta na experiência de uma escrita múltipla, sobre a qual precisamos aprender mais. Ela implica compartilhar um percurso ao mesmo tempo mais amplo, objetivo e subjetivo, além de decisões intelectuais e narrativas que intensificam logicamente uma dinâmica de descentramento que desloca e tensiona profundamente certo ideal romântico de autoria individualizada que persiste no século XXI, mesmo entre sociólogos. É conhecida a advertência de Max Weber, feita em "A ciência como vocação", sobre a necessidade de experiências múltiplas por parte do cientista para formular suas ideias, já que essas não nos chegariam prontas à mesa de trabalho, ainda que gastar horas e mais horas disciplinada e solitariamente nesta constitua exigência para que as ideias, enfim, aconteçam. Gosto muito da imagem weberiana. Mas devo salientar que, seja como for, também a escrita sociológica tem suas exigências próprias, não constituindo um mero exercício de sistematização e apresentação de dados ou de representação do pensamento. Afinal, muito do que foi identificado e pensado no processo de pesquisa só ganha maturidade e existência propriamente dita no ato da escrita, quando se enfrenta a página/tela em branco. E durante ele, ainda acontece de algumas ideias acabarem se impondo a outras, de tal modo que se pode dizer que a pesquisa só se realiza plenamente, de fato, no ato da escrita. O que dizer então quando a mesa de trabalho e o computador são compartilhados em todos os momentos, quando também a escrita não é um ato solitário, mas polifônico? Assumir uma escrita múltipla, especialmente nas relações de orientação acadêmica, como é o caso de quatro capítulos deste livro, é uma experiência de enriquecimento – pessoal sem dúvida –, mas acima de tudo do próprio conhecimento. Penso que essa é uma fronteira importante ainda a se cruzar no ensaio sociológico.

Todos os textos aqui reunidos são resultado de pesquisas desenvolvidas sob minha responsabilidade junto ao Departamento de Sociologia e ao Programa de Pós-graduação em Sociologia e Antropologia – PPGSA – do Instituto de Filosofia e Ciências Sociais da Universidade Federal do Rio de Janeiro – IFCS/UFRJ, onde também ensino, desde 2002. Nomeando José Ricardo Ramalho, agradeço a todos os colegas da UFRJ pelas condições de trabalho e convívio tão estimulante. As pesquisas contaram com financiamentos públicos em momentos diferentes: logo no início, da Fundação Universitária José Bonifácio da UFRJ, na modalidade de apoio a recém-doutor; da Faperj, na modalidade Jovem Cientista do Nosso Estado; e do CNPq, na modalidade de Produtividade de Pesquisa, pelos quais sou muito grato.

Como resultados de pesquisa, os textos reunidos também foram apresentados e discutidos, em diferentes formatos, em eventos científicos diversos, no Brasil e no exterior. Dificilmente conseguiria agradecer a todos aqueles que contribuíram, portanto, na longa maturação deste livro. Mas não posso deixar de mencionar alguns deles: Alexandre Dantas Trindade, Andrea Daher, Angela Alonso, Antônio Herculano Lopes, Arcadio Díaz Quiñónes, Brasílio Sallum Junior, Elisa Pereira Reis, Heloisa Buarque de Hollanda, Jorge Eduardo Myers, Mariana Chaguri, Mario Augusto Medeiros da Silva, Milton Lahuerta, Pedro Meira Monteiro, Sabrina Parracho Sant'Anna e Simone Meucci.

Agradeço ainda aos colegas dos GTs de Pensamento Social Brasileiro da Sociedade Brasileira de Sociologia – SBS – e da Associação Nacional de Pesquisa e Pós-graduação em Ciências Sociais – Anpocs, de cujas discussões eu venho participando e me beneficiando há anos.

Aos demais colegas do Neps UFRJ & UFF, Alejandra Josiowicz, Alessandro André Leme, Aline Marinho Lopes e Helga Gahyva, registro também meus agradecimentos. Uma alegria essa aproximação entre os dois lados da baía de Guanabara, ainda mais tendo Carmen Felgueiras, amiga querida, sempre presente. Agradeço ainda aos meus orientandos atuais: Alexandre Pereira, Alice Ewbank, Clara Moreira da Fonseca, Danilo Bresciani, João Camargo de Albuquerque Mello, Karim Helayël e Lucas van Hombeeck.

Alguns amigos se interessaram de modo especial pelo destino deste livro e me apoiaram de maneiras diversas:

Bernardo Ricupero tem sido um interlocutor e amigo há muitos anos, e ainda melhor depois que se tornou pai da Júlia!

Tenho aprendido com os trabalhos de Heloísa Starling sobre republicanismo e também com sua amizade, ambos honram as melhores tradições mineiras.

Desde que dividimos – dividimos não, somamos, multiplicamos! – a coordenação do GT de Pensamento Social da Anpocs, em 2007, Lília Moritz

Schwarcz e eu desenvolvemos muitos projetos juntos. Uma experiência incrível, para mim, e bastante improvável, essa a de transformar trabalho em aprendizado e estes em amizade fraterna.

À Nísia Trindade Lima, amiga há anos, agradeço também pela parceria neste projeto ousado e inovador que é a Biblioteca Virtual do Pensamento Social (http://bvps.fiocruz.br/).

Desconfio que, talvez, ninguém conheça melhor esses meus textos aqui reunidos do que Paulinho Maciel, que soube sempre abrir espaço em sua agenda de pesquisa própria para lê-los com inteligência e humor.

Silviano Santiago, num momento difícil, me lembrou das palavras certeiras de Friedrich Nietzsche no *Humano, demasiado humano, um livro para espíritos livres*: "Espírito coletivo. — Um bom escritor não tem apenas o seu próprio espírito, mas também o espírito de seus amigos".

Como agradecer todo apoio e carinho recebido dos de casa? Agradeço especialmente à minha mãe, Anna Therezinha, e ao meu irmão Paulo, pelo companheirismo.

Agradeço à Editora Vozes e à Aline Santos Carneiro, em particular, pela atenção e ótimas sugestões editoriais que melhoraram o manuscrito. Foi na *Revista Cultura Vozes* que publiquei, em 1999, por intermédio do saudoso professor Octavio Ianni, um dos meus primeiros artigos acadêmicos. Significa muito para mim, que cresci em Petrópolis, cidade da editora, em meio aos seus livros, vinte anos depois, fazer parte de seu catálogo.

***

Entrelaçamento geracional. É ele e tudo o que envolve em termos intelectuais, mas também afetivos, que constitui, para mim, o argumento final para me decidir a publicar esta coletânea. Mais uma vez, vem de Elide Rugai Bastos, não apenas de sua prática magistral de orientadora, mas ainda de um texto seu fundamental sobre a escola sociológica paulista, "Pensamento social da escola sociológica paulista" (2002), a inspiração principal sobre a importância do entrelaçamento geracional na pesquisa sociológica. Entrelaçamento que, não por acaso, é também o coração da categoria de "sequências" que forjei justamente para capturar um conhecimento particular da sociologia sobre a política, construído ao longo do tempo, por autores de diferentes gerações, mas enlaçados por desafios, conflitos e linguagens também compartilhados. Assim, de alguma forma, nesse ponto se encontram objeto, método de investigação e também de escrita sociológica deste livro.

Apresentação

Sociologia política e pensamento social

*Assim, pode travar-se, no seio da obra crítica, o
diálogo de duas histórias e de duas subjetividades,
as do autor e as do crítico. Mas esse diálogo é
egoisticamente todo desviado para o presente: a
crítica não é uma "homenagem" à verdade do
passado, ou a verdade do "outro", ela é construção
da inteligência de nosso tempo.*
Roland Barthes. *Critique et vérité*, 1966.

Trazer à tona uma vertente da sociologia política um pouco esquecida no debate público e na pesquisa acadêmica sobre as relações entre público e privado e entre Estado e sociedade no Brasil é o principal objetivo deste livro. Recolocando a política e o Estado *na* sociedade, a tradição intelectual aqui apresentada problematiza a ideia de que as instituições sejam espaços de ação autônoma em relação aos valores e às práticas sociais vigentes na sociedade. Assim procedendo, no limite, questiona a ideia, hoje bastante difundida, de que as inovações institucionais seriam capazes, por si mesmas, de transformar a dinâmica social, como se os processos políticos existissem exclusivamente no âmbito sistêmico e, portanto, que as instituições possam ser consideradas variáveis explicativas independentes da vida política. Mais do que simplesmente relacionar política e sociedade, a tradição intelectual pesquisada ambiciona, antes, especificar e qualificar as bases sociais e a dinâmica social da política e do Estado. E é justamente por isso que ela faz por merecer a denominação de "sociologia política".

A agenda de pesquisas da sociologia política pesquisada compreende textos e contextos muito diversos. Fundamentalmente, envolve de *Populações meridionais do Brasil* (1920), de Oliveira Vianna, a *Homens livres na ordem escravocrata* (1964), de Maria Sylvia de Carvalho Franco, passando por *Lutas de famílias no Brasil* (1949), de Luis de Aguiar Costa Pinto, *Coronelismo, enxada e voto* (1949), de Victor Nunes Leal, e diferentes pesquisas de Maria Isaura Pereira de Queiroz, desenvolvidas nas décadas de 1950 e de 1960, entre outros. O reconhecimento da importância dessa tradição intelectual, não apenas em termos dos seus significados históricos, mas também dos seus sentidos teóricos no contexto contemporâneo dos estudos sobre política e sociedade é, portanto, o que estimula a composição em conjunto dos textos até então esparsos.

Rediscutir a política e as instituições políticas *na* sociedade a partir dos quadros intelectuais do pensamento social brasileiro justifica-se tendo em vista dois motivos principais. O primeiro deles é a importância assumida pela história nas abordagens dessa área de pesquisa, que a tem tornado um dos campos mais fecundos para a prática da sociologia histórica entre nós e, desse modo, uma área propícia para reconstituições diacrônicas como a que fazemos. Segundo, o sentido reflexivo que a área do pensamento social vem assumindo na prática das ciências sociais como um todo no Brasil, já que também estas não se realizam sem se repensarem e aos seus pressupostos. Assim, o contato com a sociologia política nos termos propostos pode ser, inclusive, algo pedagógico para um necessário reaprendizado do Brasil, e do processo social e histórico mais amplo que o nosso presente ainda oculta, questão crucial para o enfrentamento de alguns desafios centrais do nosso tempo. Especialmente porque vai se tornando mais urgente responder se as inovações institucionais da democracia e seus avanços substantivos nas últimas décadas estão ou não suficientemente enraizados na sociedade brasileira, cujo conservadorismo e mesmo autoritarismo históricos, por outro lado, parecem retornar, violentamente e com crescente legitimidade social, ao espaço público e à política.

A ideia de "retorno da sociedade" escolhida para o título tem, então, esse primeiro sentido, de voltar a atenção para aquilo que, mesmo recalcado, pôde ter estado sempre presente em meio aos avanços institucionais democráticos: a velha sociedade brasileira, historicamente marcada por valores e práticas sociais e culturais autoritários de socialização e de orientação das condutas, de afirmação das hierarquias nas mais diferentes relações sociais e de reiteração das desigualdades. Mas o retorno da sociedade no contexto desta coletânea tem também outros significados. Igualmente urgente, me parece, é retomar a discussão sobre o papel da sociedade na configuração das formas de solidariedade e de participação social, e seu peso na definição das possibilidades e limites da ação coletiva. Considerados as principais forças sociais de mudança na sociedade contemporânea, os movimentos sociais e a ação coletiva não raro são vistos com excesso de voluntarismo, como se constrangimentos estruturais, condicionamentos históricos e mesmo escolhas do passado pouco pesassem sobre a ação. Talvez, por ter se visto constrangida a lidar com um legado intelectual oposto a este, que realçava, antes, a fragilidade histórica do associativismo na sociedade brasileira – a ponto, por exemplo, de Oliveira Vianna forjar a categoria de "insolidarismo social", como veremos – a tradição intelectual da sociologia política pesquisada, sobretudo as pesquisas dos anos de 1950 e 1960 que a integram, tomou a interação entre "ação" e "estrutura" como um problema crucial de pesquisa, e não como uma convicção ou posição definida *a priori*. Embora com diferenças internas notáveis, a visão de conjunto que a sociologia política oferece acaba por mostrar convincentemente que nem a ação coletiva deveria ser vista em termos voluntaristas, nem tampouco as estruturas políticas como estáticas. Então, o retorno da sociedade figurado no título tem ainda esse significado, cujo contraste maior talvez pudesse ser o clássico contemporâneo *Le retour de l'acteur* (1984), de Alain Touraine, que reabriu o debate do tema no contexto pós-estruturalista na sociologia. Ao lembrá-lo, não tenho em vista, porém, a noção de "sociedade civil", como aparece na provocação de "The return to civil society" (1993), de Jeffrey Alexander, uma vez que opero com conceitos mais gerais e menos normativos de "sociedade" do que o tão influente de "esfera pública", de Jurgen Habermas (1991), ao qual se associa, justamente, o de "sociedade civil", ainda que em versão mais histórica (COHEN & ARATO, 1992). Conceitos que, ademais, implicam visões mais estáveis e programáticas sobre ação coletiva e participação social.

Alguns outros motivos nos ajudam a entender, de todo modo, a relativa ausência da sociologia política como um todo no debate sobre a vida política brasileira contemporânea. A começar, paradoxalmente, pela exitosa generalização da sua agenda de pesquisa própria, claramente perceptível na tendência hoje mais rotineira do que nunca em tratar toda e qualquer relação social – públicas ou privadas – em termos de "relações de poder". E essa ponderação é da maior importância, por advertir que não estamos lidando com uma tradição intelectual exatamente perdedora. Por outro lado, relaciona-se também com a formação tardia da ciência política no Brasil e, sobretudo, com o prestígio contemporâneo atingido pelas análises institucionalistas que chegam mesmo a se confundir, em determinados contextos, com a abordagem válida e distintiva desta disciplina. Se essa tendência se explica, em parte, como reação ao marxismo presente no ambiente acadêmico nos anos de 1960 a 1980, e o modo de algumas de suas vertentes de tratar a política como mero epifenômeno de interesses materiais, a vida social em sua complexidade foi de todo modo praticamente excluída da compreensão e explicação institucionalista da política que nos tem sido oferecida. E isso é um grande problema.

Um dos resultados principais do modo como esse processo de especialização intelectual se deu, isto é, dissociando sociedade e Estado, é que hoje, basicamente perdemos uma visão de conjunto do movimento mais amplo da política. Do seu lado, a sociologia acumula há décadas conhecimentos peritos da maior relevância sobre, por exemplo, movimentos sociais e sobre como os grupos sociais se organizam para demandar direitos. A ciência política, por sua vez, domina a compreensão dos processos decisórios no interior das instituições, inclusive as que definem as políticas públicas. Pouco se sabe, porém, sobre os elos que, num movimento mais amplo e muitas vezes contraditório, unem e separam uma e outra esfera, uma e outra ponta do processo social. Como vamos percebendo cada vez mais claramente, se a nossa democracia não existe sem as instituições consolidadas na Constituição de 1988, cognominada "Cidadã", também não se encerra ordeiramente nelas, já que as próprias instituições não existem para além dos sentimentos, crenças e práticas sociais que a ordenam e dão significados à vida política mais ampla. Por isso mesmo, não se trata de corroborar uma visão do baralhamento entre público e privado – um dos temas centrais deste livro – como problema imutável, como se constituísse uma essência dos brasileiros, ou um impasse intransponível à consolidação da democracia entre nós, como repetidas vezes se escuta e se lê. Mas, a tenacidade histórica dessa particular relação tampouco permite concluir que ela seja sem consequências para a democracia, não apenas do ponto de vista formal da existência de suas instituições, mas também substantivo das formas sociais de sua organização, exercício e realização no dia a dia.

Considero que sem uma visão integrada do movimento geral da sociedade ficará difícil especificar tanto como as instituições democráticas se enraízam ou não através da socialização dos atores quanto como os sentidos dessa socialização são afetados e podem alterar as próprias instituições. Este é um desafio intelectual central do nosso tempo. Sobretudo tendo em vista que, se de um lado, a "sociedade civil" vinha sendo reapresentada como uma esfera capaz de sustentar uma vida pública para além dos mundos da economia e do Estado; de outro, a combinação entre o modelo de cidadania historicamente institucionalizado no Brasil (definido mais pela autoridade que pela solidariedade) e as persistentes desigualdades da sua estrutura social tem se mostrado potente o suficiente para manter a esfera pública estreita e a participação democrática reduzida, apesar das mobilizações de massas recentes. Não sabemos ainda se conseguiremos alcançar um equilíbrio, mesmo que delicado, entre sentimentos de solidariedade civil e paixões e interesses particularistas em nossa vida pública. Mas esse também é um desafio intelectual e político central do nosso tempo. Nosso passo nessa direção é trazer à tona a vertente da sociologia política que pesquisamos e, com ela, repensar o papel da sociedade na configuração das possibilidades e limites da política. Esperamos que o contato com as questões e as perspectivas dessa vertente da sociologia política possa trazer bons *insights* para a formulação e o aperfeiçoamento de novas abordagens mais integradoras da política, recolocando as relações entre sociedade e Estado no centro das análises. E o retorno da sociedade parece mesmo tanto inevitável do ponto de vista empírico quanto urgente do ponto de vista analítico.

***

Nessa espécie de metateoria que estou propondo, uma sociologia da sociologia política, a categoria analítica de "sequências" mostrou-se fundamental. Ela enfeixa os artigos selecionados, sobretudo, na primeira parte do livro, mas os das partes seguintes se ligam a ela em relações diversas de ordem reflexiva. "Sequências" é um recurso analítico, da família do tipo ideal weberiano, forjado para repensar, na longa duração, diferentes intepretações sociológicas sobre as relações entre Estado e sociedade e também público e privado na sociedade brasileira. Configura, assim, uma proposta de abordagem diacrônica entre textos e contextos que abre espaço para a reconstituição de linhas cognitivas comuns e diferentes e, desse modo, de processos de acumulação intelectual, mas sem pretender subtrair o caráter contingente e aberto dos mesmos. Nesse sentido, "sequências" se me afigura como uma alternativa, sobretudo, ao aspecto normativo de certos usos da categoria de "formação" tão presente na tradição intelectual brasileira e, em geral, pensada em termos de uma seriação progressiva, integradora e teleológica – cuja crítica, ademais, já foi feita tanto por Roberto Schwarz (1999) quanto por Silviano Santiago (2012), entre outros.

Como no caso da música, porém, de onde foi retirada como metáfora, especialmente do estudo da harmonia, em que expressa uma combinação de elementos diferentes e individualizados, mas ligados por uma relação de pertinência, também no estudo das ideias a noção de sequência permite uma compreensão mais apurada de recursos cognitivos abertos, ainda que não aleatórios. Noutras palavras, o reconhecimento de que há acumulação intelectual não significa, necessariamente, atribuir-lhe uma direção unívoca. Já que o sentido das obras não é dado de antemão, em virtude justamente deste caráter aberto e contingente não apenas da produção, mas acima de tudo da recepção cognitiva nas sequências intelectuais perseguidas, somente um corpo a corpo com os textos poderá definir a força ou a fraqueza de suas linhas definidoras. Elide Rugai Bastos me lembrou de que um aspecto importante da ideia de sequência é justamente a questão da mudança, dado que ela recolocaria a questão dos dilemas e dos efeitos sociais e políticos das ideias a cada nova situação histórica. E autêntica melômana que é, me perguntou se a metáfora musical não compreenderia, ela própria, também a mudança, se considerarmos as diferenças entre os instrumentos e as claves diferentes usadas por eles.

Para concretizar esse movimento de "repetição com diferença" na tradição sociológica brasileira, que seria outra forma de colocar o problema tendo em vista questões teóricas mais amplas, o livro tem o seguinte plano. A primeira parte trata dos diferentes autores, obras e questões que compõem a sequência da sociologia política brasileira reconstruída. O primeiro capítulo estabelece a sequência propriamente dita e delineia seus principais alcances, consequências e sentidos; nos demais aprofundo esses aspectos e levanto outras questões abordando de modo mais detido alguns dos principais autores em capítulos próprios. O segundo capítulo discute um dos temas mais heurísticos da sociologia política, a construção do Estado-nação como forma de articulação entre autoridade pública e solidariedade social típica da modernidade, mas a partir de uma realidade colonial, como a brasileira, segundo a interpretação pouco conhecida de Costa Pinto. O terceiro capítulo destaca a relação entre vida política, ação e mudança social a partir da obra de Maria Isaura Pereira de Queiroz, o que nos permite discutir a questão central em qualquer sociologia política, da interação entre ações e estruturas. O quarto capítulo, também dedicado à obra de outra socióloga notável, Maria Sylvia de Carvalho Franco, discute a questão da dominação pessoal como um princípio de coordenação geral das relações sociais e seus trânsitos nas instituições políticas brasileiras. É com a obra de Franco, sustento, que a tradição da sociologia política aqui perseguida afinal se forma, entre outros motivos porque enfrentou de modo mais consistente o problema do relacionamento entre teoria e história – central para a sociologia política.

Na segunda parte do livro apresento questões contemporâneas sobre a sociologia política em diferentes contextos cognitivos e tradições intelectuais. O capítulo quinto, que a abre, traz um balanço internacional abrangente do estado da arte da área nas últimas décadas, que também funciona como uma espécie de mapa de diferentes contextos nacionais e tradições intelectuais da sociologia política. E, desse modo, indiretamente, também como uma espécie de teste das formulações mais heurísticas da tradição intelectual brasileira abordada na primeira parte do livro. O sexto capítulo toma a obra que é o ponto de chegada da sequência reconstruída, a de Maria Sylvia de Carvalho Franco, numa chave comparativa com a de seu orientador de doutorado, Florestan Fernandes, que tem outra visão da sociologia política. O objetivo do capítulo é, assim, discutir os sentidos da ação coletiva e da participação social, temas centrais da sociologia política contemporânea, em duas vertentes intelectuais brasileiras distintas. Tomando o autor pioneiro da sociologia política aqui abordada, Oliveira Vianna, e lançando mão de uma caraterização genética do seu ensaio seminal, *Populações meridionais do Brasil*, o sétimo capítulo propõe um exercício de desestabilização da economia interna da sua interpretação do Brasil – algo que a categoria de sequência pretende para as relações das diferentes interpretações entre si. É um exemplo também de uma abordagem mais contemporânea que permite repensar um ensaio clássico como uma peça reflexiva em fluxo.

Voltada justamente para a discussão mais ampla do gênero narrativo e de imaginação sociológica chamado ensaio de intepretação do Brasil, a terceira e última parte do livro constitui uma espécie de aprofundamento do exercício metateórico realizado, ao trazer à tona questões cruciais da área de pesquisa do pensamento social, como a venho pensando, praticando, ensinando em sala de aula e discutindo com colegas. Ela pretende também dar um passo à frente na compreensão propriamente sociológica da reflexividade social entre ideias e sociedade. O oitavo capítulo, assinala algumas dificuldades envolvidas na busca de unidades estáveis para o gênero ensaístico, ressaltando antes sua instabilidade constitutiva e, sobretudo, elementos que permitem explicitar o sentido conflituoso e concorrente entre diferentes interpretações do Brasil – não apenas no passado, mas também e, sobretudo, no presente. O nono capítulo, escrito em homenagem a um dos pesquisadores pioneiros da área de pesquisa, Sergio Miceli, quando de sua aposentadoria na Universidade de São Paulo, discute os alcances e os limites de uma das teorias mais influentes na sociologia contemporânea, a de Pierre Bourdieu, em particular para a explicação dos papéis políticos historicamente assumidos pelos intelectuais brasileiros. Por fim, uma espécie de manifesto que compartilho com alguns colegas para a área do pensamento social fecha o livro, como décimo capítulo. Escrito para homenagear, em seu vigésimo aniversário, um dos mais importantes grupos de pesquisa de áreas afins na América Latina, o Grupo de História Intelectual da Universidade Nacional de Quilmes, Argentina, o capítulo também levanta questões relativas à introdução de métodos de pesquisa cientométricos e informacionais na área de pesquisa do pensamento social (e nas ciências sociais em geral) que prometem grandes mudanças num futuro próximo, e que vimos testando a partir da Biblioteca Virtual do Pensamento Social.

Por certo, as áreas de conhecimento que busco aproximar no livro, a do pensamento social brasileiro e a da sociologia política, ao lado das preocupações mais gerais compartilhadas também com outras especialidades das

Ciências Sociais, compreendem formulações próprias ligadas às suas respectivas tradições de pesquisa. Mas em muitos momentos suas trajetórias tem se cruzado. Minha aposta, nesse sentido, é que o pensamento social e político brasileiro parece também representar uma metalinguagem de processos e tendências que ocorreram também noutras especialidades e, dentre elas, na própria sociologia política. Mais especificamente, o pensamento social parece ter operado como uma espécie de (auto)descrição ou instância de auto-observação reflexiva de mudanças cognitivas cruciais na sociologia política. Assim, a despeito da crescente opacidade interna das subáreas da Sociologia, é possível ainda gerar imagens mais integradas do universo em questão numa chave propriamente cognitiva, e não só em termos restritivamente de história institucional. Quase parafraseando livremente Niklas Luhmann, poderíamos dizer que a relação proposta permitiu-nos assinalar o movimento simultâneo de diferenciação que a sociologia política assume em relação ao seu "ambiente" (a sociologia em geral), como uma especialidade entre outras, e de modificação que passou a acarretar aos ambientes como um todo, já que ela gera ressonâncias nas outras especialidades da Sociologia, que a absorvem de acordo com os seus próprios códigos e programas, como os do pensamento social brasileiro.

Empregamos essa chave de inspiração luhmanniana, eu e Lucas Correia Carvalho, na reconstituição do percurso cognitivo da sociologia política em relação à sociologia, em geral, e à ciência política, em particular, durante 50 anos de publicação de *Dados – Revista de Ciências Sociais* (BOTELHO & CARVALHO, 2017). Tivemos duas surpresas principais no trabalho. A primeira foi justamente perceber o papel que o pensamento social e político brasileiro parece ter desempenhado, sobretudo, entre os anos de 1960 e 1990, como uma (auto)descrição das mudanças particularmente do que se entendia e praticava como "teoria" na sociologia política. A segunda surpresa foi perceber senão uma continuidade da vertente da sociologia política tratada neste livro, ao menos de seu movimento teórico-metodológico característico fundamental de relacionar Estado e sociedade presente em artigos seminais dos anos de 1980 e 1990, por exemplo, de Elisa Pereira Reis e de José Murilo de Carvalho. A partir dos anos de 2000, em conformidade com as alterações mais gerais do universo de publicação da revista *Dados*, e do campo das

Ciências Sociais em geral, o pensamento social e político brasileiro passou a pensar o seu próprio lugar dentro de um novo padrão de relações que se configurava entre as subáreas, sem a proeminência do campo da sociologia política (o que não significa que suas relações tenham desaparecido em diferentes ramificações).

Como perceberá o leitor, um elogio teórico do anacronismo percorre, também como provocação analítica, meu empenho em rediscutir as interpretações do Brasil. Entendo que esses verdadeiros clássicos da sociologia abordados na primeira parte do livro e, em certo sentido, testados nas suas segunda e terceira partes, ainda são nossos contemporâneos por pelo menos dois motivos principais. Primeiro porque não se limitaram em suas análises ao (seu) presente da sociedade brasileira, operando antes com noções de processo social que lhes permitiram uma visão integrada do movimento mais amplo da sociedade brasileira no tempo. Segundo porque o aparato teórico que forjaram num momento anterior à hiperespecialização disciplinar em curso desde os anos de 1980, também na universidade brasileira, ainda se mostra potente o suficiente para compreender o processo social ofuscado pelas luzes do presente. Todavia, como as comunicações entre questões do presente e interpretações do passado não são autoevidentes, vale a pena enfrentar brevemente aqui uma questão geral, que orientou a pesquisa e organiza internamente a economia narrativa do livro, explicitando os procedimentos analíticos que, como espero, permitiram cumprir os objetivos enunciados.

Assim, e para me deter apenas no debate na minha disciplina, no que se refere às vertentes contemporâneas da sociologia voltadas para a pesquisa dos significados teóricos dos textos clássicos e, portanto, sensíveis à orientação semântica da vida social e ao papel da hermenêutica em todo trabalho teórico, podem-se apontar duas perspectivas metodológicas concorrentes: uma, que se poderia chamar de "analítica", afirma a validade em retomar os textos clássicos diretamente a partir de questões próprias do (nosso) presente, defendida por Jeffrey Alexander, por exemplo. Outra perspectiva, que se poderia chamar de "contextualista", afirma, por sua vez, a necessidade de reconstituir minuciosamente o contexto "original" em que os autores e seus textos estavam inscritos, de modo que se possa inclusive especificar a sua "intenção", sustentada, por sua vez, por Anthony Giddens. Relacionada ao chamado "contextualismo linguístico" de Quentin Skinner, esta segunda perspectiva parece, a princípio, favorecer muito pouco a comunicação entre questões do presente e interpretações do passado, pois, na medida em que estas interpretações são tomadas como resultados de um momento específico da sociedade, sua validade teórica tenderia a se esgotar em sua própria individualidade histórica. Mas combinada em tensão com uma perspectiva "analítica", pode representar uma forma de controle da própria identificação do significado teórico heurístico de certas formulações. Ou seja, se o fim é "analítico", no sentido de uma reivindicação da comunicação entre interesses teóricos contemporâneos e pesquisas sobre o significado de textos mais antigos, os meios para atingi-lo passam, necessariamente, por alguma contextualização ou avaliação dos textos em termos históricos. O significado teórico de qualquer texto não poderá ser identificado de modo consistente sem que seja minimamente contextualizado, ao menos em relação a determinadas tradições intelectuais que tornaram possível a formulação de determinadas ideias em determinados momentos da vida social e não noutros. Afinal, como sustenta Skinner: "é evidente que a natureza e os limites do vocabulário normativo disponível em qualquer época dada também contribuirão para determinar as vias pelas quais certas questões em particular virão a ser identificadas e discutidas" (SKINNER, 1999: 10-11).

Meu argumento é, assim, que uma visão disjuntiva entre essas perspectivas "analítica" e "contextualista" não é, portanto, nem inevitável nem desejável. Pois supor-se que a intenção de um autor possa ser plenamente recuperável implica mesmo um tipo de "confiança empírica de transparência do mundo social" difícil de sustentar no contexto da sociologia pós-positivista (ALEXANDER, 1999: 77); de outro lado, a contextualização dos textos representa um mecanismo de controle do risco de anacronismo envolvido na aproximação de preocupações atuais na compreensão dos textos mais antigos, podendo fornecer, assim, uma "sólida proteção contra as excentricidades do relativismo" (GIDDENS, 1998: 18). Por isso, entendo que a perspectiva "contextualista" desempenha um papel especificamente metodológico na pesquisa dos textos clássicos, e não um fim em si mesmo, ao menos quando, como aqui, busca-se identificar a capacidade de interpelação teórica à sociologia contemporânea que eles ainda podem ter.

Entre a intencionalidade dos seus autores, isto é, levando em conta o que tencionavam fazer ao escrever no contexto das questões da sua época, e os significados heurísticos daquilo que acabaram realizando para a sociologia, busco aqui, sobretudo, por meio da categoria de "sequências", rediscutir peças cruciais do repertório clássico da sociologia política brasileira e algumas de suas interpelações contemporâneas. Considero, assim, que a conexão entre pensamento social e teoria sociológica, aproximando questões do presente a interpretações do passado, permite fazer uma crítica consistente à abstração da constituição diacrônica e dinâmica da sociedade e, desse modo, questionar a tendência de parte importante da sociologia contemporânea a se refugiar no presente. É essa, aliás, uma das conquistas heurísticas da sociologia historicamente orientada em geral, ao permitir, na investigação das inter-relações de ações significativas e contextos estruturais, a compreensão das consequências inesperadas e também das pretendidas nas vidas individuais e nas transformações sociais.

A ideia de "sequências" forjada na pesquisa procura justamente, então, permitir a construção de um espaço dinâmico de embates entre "temporalidades", "linguagens" e "verdades" sobre as interpretações do Brasil – para evocar o Barthes da epígrafe. Convém, então, que eu esclareça, por fim, ainda que sinteticamente, já que este será o tema de discussão por toda a última parte do livro, a minha compreensão do que sejam "interpretações do Brasil". Entendo que como os processos de significação na sociedade envolvem sempre um fundamento *narrativo* da ordem social, as interpretações do Brasil são acima de tudo forças sociais reflexivas que conferem sentidos às ações, relações e processos sociais. Isto é, constituem espécies de códigos simbólicos potentes que ultrapassam o mero registro factual sobre a formação histórica e/ou social do país e tornam-se parte das relações sociais que visam interpretar, modelando tanto a compreensão dos especialistas quanto o autorreconhecimento social em geral. Em suma, como provoca Silviano Santiago (2000), as interpretações do Brasil "sempre serviram a nós de farol (e não de *espelho*, como quer uma teoria mimética apegada à relação estreita entre realidade e discurso)".

Não se trata exatamente de uma particularidade brasileira, ainda que a diferença histórica também no caso desse gênero intelectual não possa ser descartada como mero resíduo de relações supostamente universais. Antes, trata-se da particularidade do próprio conhecimento sociológico, aclimatado historicamente de diferentes modos, referida ao fato de que as formas de conhecimento sobre o social têm consequências práticas para a sociedade, ou ainda, que as práticas sociais são afetadas pelo constante reexame a que são submetidas a partir das informações produzidas sobre elas. Essa relação, como observa, por exemplo, Anthony Giddens em *A constituição da sociedade* (1991) é marcada por uma "hermenêutica dupla", na medida em que tanto o desenvolvimento da teoria social é influenciado pelas noções produzidas pelos agentes sociais quanto as "noções cunhadas nas metalinguagens das Ciências Sociais retornam rotineiramente ao universo das ações onde foram inicialmente formuladas para descrevê-lo ou explicá-lo" (GIDDENS, 1991: 24). Como venho insistindo há algum tempo (BOTELHO, 2005 e 2006, p. ex.), levar a sério a questão da reflexividade social como qualidade das relações entre ideias e sociedade implica enfrentar desafios teórico-metodológicos centrais da sociologia: nada menos, para usar uma fórmula relativamente simples, do que passar de uma sociologia do conhecimento – que se concentra, em suas diferentes vertentes, em demonstrar que as ideias estão socialmente enraizadas e são socialmente construídas – para uma teoria da reflexividade, mostrando como as ideias afinal participam da construção do social.

Semântica da permanência e da mudança, as interpretações do Brasil interagem no processo social com elementos de ordens diversas, mobilizando, reiterando e transformando repertórios ou gramáticas intelectuais e sentimentais – que são sempre culturais e políticos. Nesse processo, em meio às contendas dos atores e grupos sociais, formas de narrativas e de ação perdem e ganham eficácia, assim como se alteram os modos de sensibilização e reconhecimento diante dos problemas sociais. E apesar do aprendizado social envolvido, nem sempre resultam em mudanças na sociedade, pois dependem sempre de portadores sociais e das relações estabelecidas entre eles para se efetivarem ou não como forças sociais reflexivas. E essa relação reflexiva é mesmo particularmente importante no caso pesquisado, já que também cabe à sociologia política ultrapassar uma definição "minimalista" de política para incorporar não apenas os aspectos institucionais da política enfatizados pela pauta racional-legal, mas também aquilo que Alexis de Tocqueville chamava de "hábitos do coração".

***

Entreouvi anos atrás, num corredor do IFCS/UFRJ, alunos da disciplina de Sociologia III (Sociologia brasileira) que costumo ministrar comentando com os seus calouros que a chave para as minhas aulas era entender que "não há inovações institucionais na política que ocorram num vazio de relações sociais". É isso. Os alunos sempre sabem de tudo. Havia assumido como uma espécie de mantra, esta frase adaptada de Maria Isaura Pereira de Queiroz, que acabou de falecer nos últimos dias de 2018, e que consta naquela que seria a primeira comunicação sobre sociologia política apresentada entre nós, em 1954, por essa autora em tantos sentidos pioneira, no primeiro Congresso Brasileiro de Sociologia. A frase constitui ainda uma espécie de mínimo denominador comum teórico-metodológico dos diferentes autores e obras da vertente da sociologia política aqui tratada. Vista *da* e *na* sociedade, a política e as políticas ganham uma densidade e uma complexidade que nem sempre o caráter normativo das instituições deixa aparecer. Já que nunca ocorrem num vazio de relações sociais, a força ou a fragilidade que as inovações políticas acabam por assumir dependerá sempre da *qualidade* da sua interação *na* sociedade.

Petrópolis, 19 de janeiro de 2019.

Nota da edição

Os textos reunidos nesta coletânea foram publicados na forma de artigos nos seguintes periódicos:

• Sequências de uma sociologia política. Sob o título "Sequências de uma sociologia política brasileira". *Dados – Revista de Ciências Sociais*, vol. 50, 2007. Rio de Janeiro. E em inglês, "The Sequences of a Brazilian Political Sociology". *Dados – Revista de Ciências Sociais*, vol. 4, 2010. Rio de Janeiro.

• Passagens para o Estado-nação. Sob o título "Passagens para o Estado-nação: a tese de Costa Pinto". *Lua Nova*, vol. 77, 2009. São Paulo.

• A sociedade em movimento. Sob o título "A sociedade em movimento: dimensões da mudança na sociologia de Maria Isaura Pereira de Queiroz". *Sociedade e Estado*, vol. 26, 2011. Brasília.

• Dominação pessoal, vida social e política. Sob o título "Teoria e história na sociologia brasileira: a crítica de Maria Sylvia de Carvalho Franco". *Lua Nova*, 2013. São Paulo.

• Sociologia política: relações Estado-sociedade. Em inglês sob o título "Political sociology: State-society relations". *Current Sociology*, vol. 23, 2014. Sage.

• Participação social em perspectiva. Versão reduzida e modificada de "Passagens do rural ao urbano e participação social: a sociologia política brasileira dos anos 60". *Cadernos do CRH*, vol. 29, 2016. Salvador.

• Oliveira Vianna, um clássico em fluxo. Versão ampliada de "O potencial teórico de Oliveira Vianna". *Ciência Hoje*, vol. 42, 2008.

• Passado futuro dos ensaios de interpretação do Brasil. Em espanhol, sob o título "Pasado futuro de los ensayos de interpretación del Brasil". *Prismas*, vol. 13, 2009. Universidad Nacional de Quilmes, Argentina.

E em português, "Passado e futuro das interpretações do país". *Tempo Social*, vol. 22, 2010. São Paulo: USP.

• Por uma sociologia política dos intelectuais. Sob o título "Para uma sociologia dos intelectuais". *Dados – Revista de Ciências Sociais*, vol. 53, 2010. Rio de Janeiro.

• Um programa forte para o pensamento social. Em espanhol sob o título "Un programa fuerte para el pensamiento social brasileño". *Prismas*, vol. 19, 2015. Universidad Nacional de Quilmes, Argentina.

1ª PARTE

O BARALHAMENTO ENTRE PÚBLICO E PRIVADO

1ª PARTE

O EMBARALHAMENTO ENTRE
PÚBLICO E PRIVADO

1
SEQUÊNCIAS DE UMA SOCIOLOGIA POLÍTICA BRASILEIRA

> *O que eu esperaria para o Brasil era uma atividade complementar desse belo labor dos nossos filósofos sociais. Era, aos estudiosos com gosto da investigação, um apelo mais frequente aos métodos científicos de pesquisas, uma preocupação mais sistemática pelos problemas objetivos.*
> Francisco José de Oliveira Vianna. "Os estudos sociológicos no Brasil", 1931.

> *De modo geral, a ligação entre o conhecimento científico e a filosofia que o sustenta não conta para o especialista, que perdeu essa memória nos labirintos do treinamento.*
> Maria Sylvia de Carvalho Franco. *O moderno e suas diferenças*, 1970.

O baralhamento entre público e privado enquanto ordens sociais e princípios distintos de orientação das condutas como uma marca da cultura política, da sociedade e do Estado formados no Brasil desde a colonização portuguesa constitui uma das construções intelectuais mais tenazes do seu pensamento social. E também uma das principais linhas que, com continuidades e descontinuidades, o liga à produção das Ciências Sociais posterior à institucionalização, particularmente na vertente voltada para a investigação das bases sociais da vida política nacional, suas raízes rurais e influências duradouras sobre o urbano então emergente[1]. *Populações meridionais do Brasil* (1920) de Oliveira Vianna é paradigmático a esse respeito, na medida em que mostrou-se capaz de interpelar, no plano cognitivo, diferentes trabalhos posteriores, não obstante, muitos deles divergirem radicalmente do seu sentido político original – interpelação que pode ser identificada

---

1. A respeito da produção em livros das ciências sociais brasileiras entre 1945 e 1966 sobre a vida política nacional, cf. Villas Bôas (1992).

tanto no plano teórico-metodológico quanto no substantivo. No primeiro, porque, traduzindo crítica mais ampla ao *status quo* da Primeira República sobre a desarticulação entre as instituições liberais "transplantadas" e a realidade "singular" brasileira, o ensaio de estreia de Oliveira Vianna formaliza a tese segundo a qual na vida social encontrar-se-iam os fundamentos e a dinâmica das instituições políticas. Daí, ao lado da convicção que expressa sobre a necessidade de um conhecimento "objetivo" e "científico" do social (BASTOS, 1993; BRESCIANI, 2005), sua consistente, ainda que controversa, defesa da precedência lógica da sociologia sobre a política ou do *homo sociologicus* sobre o *homo politicus* (WERNECK VIANNA, 1993: 373; BRANDÃO, 2001). E substantivamente, porque sua tese sobre a particularidade da relação entre público e privado, segundo a qual a hipertrofia da ordem privada e seu predomínio histórico sobre a ordem pública constituiriam não apenas elementos centrais da formação rural da sociedade brasileira, como também representariam impasses tenazes para sua modernização, conheceu desdobramentos distintos na produção intelectual posterior.

É justamente da recepção de ideias de Oliveira Vianna na produção das Ciências Sociais institucionalizadas como cursos universitários desde a década de 1930, ou mais precisamente do seu papel na formação do "contexto intelectual" ou "léxico" de uma das suas vertentes, que trata o presente estudo[2]. *Populações meridionais do Brasil* é tomado, nesse sentido, como ponto de partida da formação de uma agenda de pesquisas que mais do que simplesmente relacionar política e sociedade ambiciona especificar as bases sociais e a dinâmica social da política originadas na formação rural do Brasil, e que justamente por isso é aqui nomeada de "Sociologia Política"[3]. Não obstante recente

---

2. Por "contexto intelectual" entende-se o "contexto das obras anteriores e dos axiomas herdados a propósito da sociedade política, bem como o contexto das contribuições mais efêmeras da mesma época ao pensamento social e político. Pois é evidente que a natureza e os limites do vocabulário normativo disponível em qualquer época dada também contribuirão para determinar as vias pelas quais certas questões em particular virão a ser identificadas e discutidas" (SKINNER, 1999: 10-11).

3. É controversa, e não conclusiva, a questão da denominação de "sociologia política" no Brasil, se como ramo especializado da sociologia, ou se como disciplina independente, ou ainda se diferente, e em que termos, da ciência política. Um mapeamento desse debate, com várias posições, encontra-se em Scherer-Warren e Benakouche (2002). Retomo, para meus propósitos, a sugestão de Elisa Reis segundo a qual mais do que um problema de definição de fronteiras disciplinares,

discussão sobre o papel de Oliveira Vianna como "precursor" dessa vertente disciplinar (SILVA, 2002), uma vez que voltada para a questão da formação de uma "ideologia autoritária" de Estado, a sua possível influência propriamente cognitiva nas Ciências Sociais, embora há muito assinalada (SANTOS, 1978), permanecia sem desdobramentos analíticos mais consistentes[4]. Neste estudo, procurar-se-á mostrar, em primeiro lugar, que *Coronelismo, enxada e voto*, de 1949, de Victor Nunes Leal; "Política, ascensão social e liderança num povoado baiano", de 1962, e *O mandonismo local na vida política brasileira e outros ensaios*, de 1976, de Maria Isaura Pereira de Queiroz (este último reunindo trabalhos produzidos desde a década de 1950); e *Homens livres na ordem escravocrata*, de 1964, de Maria Sylvia de Carvalho Franco, são paradigmáticos a esse respeito; e, em segundo lugar, que, consideradas em conjunto de uma perspectiva analítica, essas pesquisas forjam, no diálogo empreendido com o ensaio de Oliveira Vianna, uma vertente da sociologia política brasileira.

Para efeitos analíticos, destaca-se uma das teses principais de *Populações meridionais do Brasil* nem sempre considerada em primeiro plano, ainda que diferentes aspectos correlatos a ela já tenham sido tratados[5]. Refere-se à configuração particular que a formação da sociedade teria engendrado à dominação política no Brasil. Esta seria marcada não diretamente pelo conflito de classes enraizado na organização social da produção, mas antes, e na ausência dessa forma específica de "solidariedade social" entre nós, pelo conflito entre público e privado[6]. Noutras palavras, para Oliveira

---

sempre mais ou menos arbitrárias e instáveis, a investigação de sua "tradição de pesquisa", incluída as relações com os seus "clássicos", abre possibilidades efetivas de compreensão da sociologia política e dos desafios específicos aos quais ela procura responder (REIS, 1999).

4. Como sugere Elide Rugai Bastos o "pensamento de Oliveira Vianna está presente, ou mesmo adquire novos desenvolvimentos na obra de outros cientistas sociais"; lembra ainda que também "aqueles que se colocam criticamente, em face das interpretações e diretrizes apresentadas por Oliveira Vianna em seus escritos, também esses são obrigados a estabelecer um diálogo aberto ou implícito com ele" (BASTOS, 1993: 7).

5. Cf. Santos (1978); os diferentes trabalhos reunidos em Bastos e Moraes (1993); e, para uma exposição sistemática de *Populações meridionais do Brasil* (BRANDÃO, 2001).

6. E a "luta de classes", pondera Oliveira Vianna, constituiria não apenas uma "das maiores forças de solidariedade nos povos ocidentais, como a melhor escola da sua educação cívica e da sua cultura política" (VIANNA, 1973: 157).

Vianna, a chave para a compreensão sociológica da dominação política estaria no conflito entre público e privado enquanto ordens sociais distintas, concorrentes, regidas por princípios próprios de orientação das condutas apenas indiretamente associados às relações econômicas e cujo baralhamento histórico teria concorrido ainda para conferir um caráter direto, pessoalizado e violento às relações políticas. O fundamento dessa configuração particular da dominação política no Brasil, reiterado ao longo da formação da sociedade, estaria numa ambiguidade histórica que nos singularizaria: os mesmos processos que tornavam as relações de solidariedade entre a "aristocracia senhorial" e a "plebe rural" *frágeis, frouxas, instáveis, desnecessárias* no plano econômico (e secundariamente militar ou religioso), concorreriam para fortalecê-las para efeitos políticos.

A origem dessa ambiguidade da solidariedade social à brasileira – cabendo ressaltar que, no ensaio, Oliveira Vianna emprega a noção ora num sentido normativo (capacidade de livre-associação), ora num sentido mais descritivo (formas de identificação e interação intersubjetivas) – estaria nas formas sociais assumidas pela propriedade fundiária no Brasil desde a colonização portuguesa. Sua desmedida amplitude, dispersão pelo território e feição autonômica teriam moldado o latifúndio como centro de gravitação da sociedade colonial, cuja força centrípeta teria concorrido, de um lado, para a "simplificação" da estrutura social global da sociedade, dificultando a dinamização do comércio, da indústria, dos núcleos urbanos e seus atores sociais característicos (especialmente uma classe média autônoma e independente, base social crucial para o vigor associativo das sociedades anglo-saxônicas tomadas como contraponto à formação social brasileira); e, de outro, para definir, ao lado da escravidão, da amenidade dos climas tropicais e da abundância de terras privadamente controladas, mas não diretamente incorporadas à produção agrário-exportadora assegurada pela mão de obra cativa, as mesmas qualidades das relações de solidariedade social internamente aos domínios rurais.

Esses mesmos processos teriam engendrado a organização dos diferentes grupos sociais rurais formalmente livres sob a liderança do grande proprietário no "clã rural", não apenas unidade da sociedade que se vinha formando desde a colônia, mas, por isso mesmo, a "força motriz" de toda a nossa história política e "causa primeira da sua dinâmica e evolução" (VIANNA, 1973: 139). Sem ter quem lhes contestasse efetivamente o poder, os clãs rurais abriam espaços no incipiente domínio público da sociedade brasileira para formular e promover programas que expressassem seus interesses particulares. Mecanismo designado de "anarquia branca" e que expressa a capacidade de apropriação privada das instituições públicas que acaba por distorcer e redefinir-lhe o sentido, demonstrado no ensaio em relação à justiça, ao recrutamento militar e às corporações municipais. Nessas condições, a fragilidade e a parcialidade a que as instituições públicas estavam sujeitas favoreciam a que os diferentes grupos sociais subalternos se refugiassem sob o "poder tutelar" dos clãs rurais. E justamente por isso, argumenta Oliveira Vianna, aquilo que

> nem o meio físico, nem o meio econômico podem criar de uma forma estável, à semelhança do que acontece no Ocidente, cria-o a patronagem política, a *solidariedade entre as classes inferiores e a nobreza rural*. Vimo-las disjuntas; vemo-las agora dependentes e conexas (ibid., 1973: 148 – grifos no original).

São estes, em linhas gerais, os fundamentos sociais da dominação política no Brasil para Oliveira Vianna, verdadeiras "leis" regentes da formação e da organização da sociedade brasileira (ibid., 1973: 241) que redundaram na dificuldade ou mesmo impedimento de criação de instâncias de livre-associação entre os indivíduos que visassem aos interesses públicos. Noutras palavras, o papel desempenhado pelo latifúndio autossuficiente na formação da sociedade brasileira teria levado a uma restrição das práticas associativas ao âmbito privado, doméstico e familiar, constrangendo decisivamente a constituição de ações coletivas em torno de interesses comuns mais vastos, o que Oliveira Vianna chamou de "insolidarismo" social (ibid., 1973: 155). De tal modo que *nação, classes, partidos políticos, corporações, sindicatos* e outras formas sociais de associação seriam "entre nós, ou meras entidades artificiais e exógenas, ou simples aspirações doutrinárias, sem realidade efetiva na psicologia subconsciente do povo" (ibid., 1973: 242). Seria, pois, em face da ameaça de fragmentação da sociedade decorrente do próprio processo de formação social que se faria urgente reorganizar, fortalecer e centralizar o Estado, único ator considerado capaz de enfraquecer politicamente as oligarquias agrárias e sua ação corruptora das liberdades públicas e, desse modo, corrigindo os defeitos da nossa formação social, dar novos nexos institucionais à sociedade. Trata-se sem dúvida de proposição não apenas normativa, como teleológica, como se a construção desse Estado não fosse mais do que uma etapa necessária em uma sequência de desenvolvimento predeterminada pelos impasses sociais produzidos na sociedade brasileira.

Abordando, por sua vez, fenômenos como "coronelismo", "mandonismo" e "dominação pessoal" de perspectivas históricas e empíricas mais definidas, as pesquisas de Victor Nunes Leal, Maria Isaura Pereira de Queiroz e Maria Sylvia de Carvalho Franco retomam a problemática da dominação política proposta por Oliveira Vianna. A começar justamente pelo fato de que voltam ao passado remoto ou recente da sociedade brasileira para evidenciar aqueles fenômenos de dominação política que, já assinalados em *Populações meridionais do Brasil*, pareciam persistentes na passagem do rural ao urbano. Além disso, as pesquisas destacadas procuram tanto relacionar aquisição, distribuição, organização e exercício de poder político à estrutura social no plano teórico-metodológico, ainda que de uma perspectiva empírica própria da sociologia como especialidade; quanto situar suas análises a partir do conflito entre privado e público, e apenas indiretamente às relações desenvolvidas no mundo da produção, compartilhando ainda da tese de que o baralhamento entre aqueles diferentes princípios de coordenação social conformaria a peculiaridade da dominação política no Brasil. Também como no ensaio de Oliveira Vianna, esta é vista nas pesquisas integrando um "sistema de reciprocidades" assimétricas que envolveria bens materiais e imateriais, controle de cargos públicos, votos, recursos financeiros, prestígio, reconhecimento de autoridade legal ou não etc. com base em relações diretas, pessoalizadas e violentas engendradas entre os diferentes grupos sociais[7].

Todavia, com sentido crítico, aporte teórico, ênfase empírica e resultados também bastante diferenciados, as pesquisas de Leal, Queiroz e Fran-

---

7. A partir desse plano mais amplo, outras confluências cognitivas significativas podem ser identificadas na vertente da sociologia política destacada, tais como os impasses para a ação coletiva, o município como lócus da política, a centralidade das relações do poder local com o Estado nacional, a violência como código social e expressão da dificuldade de assentamento da autoridade pública, a apropriação das instituições públicas para fins privados, entre outros.

co recusam a visão normativa e teleológica de Oliveira Vianna, o que lhes permite desestabilizar progressivamente a própria oposição disjuntiva com que a relação público/privado é proposta na sua interpretação do Brasil. Levando às últimas consequências a tese dos fundamentos sociais da ação, das interações e das instituições políticas, e tomando para si a tarefa de investigar no que consistia exatamente o baralhamento entre público e privado, acabam por demonstrar a impropriedade de uma concepção dualista sobre esses diferentes princípios de coordenação social no Brasil. Como a recepção de uma mesma ideia não desempenha um objetivo único em diferentes análises, cumpre observar, por outro lado, a diversidade de sentidos assumidos pela tese de Oliveira Vianna sobre as relações entre público e privado na origem social da dominação política brasileira de uma pesquisa para outra. Isso nos remete, do ponto de vista teórico, para as diferentes concepções de sociedade que cada uma delas assume e, ao mesmo tempo, procura conferir verossimilhança com os resultados obtidos no estudo da dominação política. Com o objetivo de perscrutar os ganhos teóricos heurísticos produzidos pela vertente da sociologia política aqui abordada, o estudo explora as diferentes formulações de cada um dos trabalhos sobre a relação entre "ação" e "estrutura" presente em suas respectivas concepções de sociedade, dualidade em grande medida constitutiva da teoria sociológica em geral (DOMINGUES, 2004). E a visão renovada das bases e da dinâmica sociais da vida política a que chegam as pesquisas da sociologia institucionalizada em diálogo com a tradição do pensamento social encontra-se, como veremos, cronicamente associada às novas e diferentes variáveis analíticas sobre a própria sociedade que cada uma introduz e que lhes permite alcançar resultados distintos.

A ausência de provas textuais convencionais contundentes, já que as pesquisas de Queiroz e de Franco sequer citam Oliveira Vianna e a de Nunes Leal não lhe concede o lugar que estamos destacando, não é razão suficiente para desestimular a recomposição analítica de possíveis afinidades entre os seus trabalhos. Afinidades, aliás, já assinaladas no que diz respeito a Oliveira Vianna, Leal e Queiroz (CARVALHO, 1993, 1998), e às sociólogas da USP e ao ensaísta de Saquarema (BRANDÃO, 2005). Lembro que razões plausíveis para o silêncio sistemático que se abateu especificamente sobre a obra do consultor jurídico do Ministério do Trabalho e um dos principais ideólogos da política sindical e social corporativa do Estado Novo já foram persuasivamente apontadas, sobretudo tendo em vista que os principais resultados, em termos de produção de conhecimento, das ciências sociais institucionalizadas começaram a surgir justamente em torno da década de 1950 no contexto de redemocratização do Brasil (CARVALHO, 1993). Ademais, como todo silêncio é eloquente, deve-se observar que não apenas os limites do "vocabulário normativo" disponível em qualquer época contribuem "para determinar as vias pelas quais certas questões em particular virão a ser identificadas e discutidas"; como também que, no campo do conhecimento, os autores não se limitam a endossar ou contestar explicitamente as ideias uns dos outros, mas também se dedicam a ignorá-las de forma polêmica (SKINNER, 1999: 10ss.).

A pesquisa do perfil cognitivo da sociologia política brasileira não supõe, contudo, que as afinidades identificadas entre os diferentes trabalhos que a compõem impliquem qualquer filiação em termos ideológicos; tampouco que esgotem a questão das matrizes intelectuais que os alimentam, seja no campo do pensamento social brasileiro seja no da teoria sociológica[8], ainda que valha a pena explorar a hipótese mais ampla segundo a qual o pensamento social brasileiro tem representado um "afiado instrumento de regulação de nosso mercado interno de ideias em suas trocas com o mercado mundial" (BRANDÃO, 2005: 233). Isso não implica, igualmente, supor que as pesquisas de Leal, Queiroz ou Franco tenham sido formuladas meramente como uma resposta à interpretação do Brasil de Oliveira Vianna, ainda que esta tenha integrado o debate intelectual e desempenhado papéis cruciais como cultura política no relacionamento entre Estado e sociedade no Brasil ao longo do século XX.

Público e privado como "sistema"

Coronelismo, enxada e voto – O município e o regime representativo no Brasil, de 1949, formulado originalmente no ano anterior como tese para

---

8. No que se refere ao pensamento social brasileiro, cabe observar que, embora não ocupe o mesmo lugar analítico e tampouco o mesmo sentido político de uma interpretação para outra, a tese sobre o baralhamento entre público e privado está centralmente presente no ensaísmo da década de 1930, especialmente em *Casa-grande & senzala* (1933), de Gilberto Freyre, *Raízes do Brasil* (1936), de Sergio Buarque de Holanda, e *A ordem privada e a organização política nacional* (1939), de Nestor Duarte.

provimento da Cadeira de Política da Faculdade Nacional de Filosofia da Universidade do Brasil, representa um passo fundamental na desestabilização da antinomia público/privado[9]. Seu tema central são as relações entre poder local e poder nacional que se desenvolvem historicamente, no Brasil, num tipo de dialética entre a falta de "autonomia legal" dos municípios e a ampla "autonomia extralegal" de que os chefes políticos municipais governistas sempre gozaram (LEAL, 1997: 71). Embora destaque nessas relações a questão da liderança política do "coronel" e da sua influência nos municípios rurais, advertindo, contudo, que nem sempre os chefes políticos locais são "autênticos" coronéis (ibid., 1997: 41), a ênfase analítica de Leal incide sobre o sistema político. O coronel na verdade seria a parte mais aparente de um fenômeno mais complexo, apenas uma parte do "coronelismo" e sequer a mais forte. O coronel, como o autor esclareceu em texto posterior, "entrou na análise por ser parte do sistema; mas o que mais me preocupava era o sistema, a estrutura e maneira pelas quais as relações de poder se desenvolviam a partir do município, mostrando que na Primeira República a figura do senhor absoluto já desaparecera por completo" (ibid., 1997: 36).

Para chegar à compreensão sistemática da problemática da dominação política no Brasil para além da sua "aparência", os materiais de pesquisa selecionados e a maneira como foram tratados são fundamentais. Nunes Leal mobiliza um conjunto diversificado de materiais, entre interpretações de outros autores, e, sobretudo, recenseamentos, constituições e legislações das mais diferentes ordens, tais como sobre a qualificação dos eleitores e representantes políticos, sobre a distribuição de tributos e impostos e as relacionadas à disposição do poder judiciário e do poder político. Ao percorrer esse material, empregando recursos comparativos entre períodos históricos, sobretudo, entre a colônia e a Primeira República, este último o período específico em foco no seu trabalho, Leal tem dois objetivos principais relacio-

---

9. O que leva José Murilo de Carvalho a afirmar com razão que o livro não se inscreve diretamente na "tradição feudalista" que teria em Oliveira Vianna e Nestor Duarte seus "mais ilustres representantes" e, entre seus seguidores, Maria Isaura Pereira de Queiroz e Costa Pinto (CARVALHO, 1998: 140). Todavia, como o objetivo do estudo é mapear não apenas as continuidades, mas as descontinuidades na agenda de pesquisas *en train de se faire* entre as décadas de 1920 e 1970, não parece inadequado destacar o "diálogo" que, repita-se, não implica concordância, também de Victor Nunes Leal com *Populações meridionais do Brasil.* Para uma exposição sistemática de *Coronelismo, enxada e voto,* cf. Lamounier (1999).

nados. De um lado, estabelecer as interconexões significativas do processo político brasileiro a partir do município e, de outro, avaliar em que medida, através do tempo, as legislações favoreceram ou desfavoreceram os municípios. Isto porque, na lógica de *Coronelismo, enxada e voto*, quanto maior a descentralização e o aumento do poder legislativo, judiciário e tributário dos municípios, maiores seriam as condições para o combate ao coronelismo e sua estrutura clientelística (ibid., 1997: 70-74). No que, então, coloca-se em posição frontalmente oposta à de Oliveira Vianna e sua defesa da centralização e fortalecimento do Estado como condição crucial de enfraquecimento político do poder local dos grandes proprietários fundiários.

Com base na análise daqueles materiais de pesquisa, Nunes Leal chega a duas constatações fundamentais que, pondo à mostra a complexidade do fenômeno político e seus fundamentos sociais, contrariavam, em grande medida, as ideias até então mais difundidas a respeito do coronelismo. Em primeiro lugar, que este se fundava numa ampla rede de relações e pactos políticos em diferentes instâncias, do município à esfera federal, passando centralmente pela estadual, toda essa rede perpassada por favores e compromissos recíprocos entre as suas diferentes partes constitutivas. Neste "sistema de reciprocidade", como nomeia, entraria tanto o prestígio próprio dos coronéis, cujas raízes sociais estão na estrutura agrária do país quanto o "de empréstimo que o poder público lhes outorga", ambos "mutuamente dependentes" e funcionando "ao mesmo tempo como determinantes e determinados" (ibid., 1997: 64).

Ao lado dessa caracterização como "sistema de reciprocidade", já assinalada por Oliveira Vianna no que diz respeito às relações entre o "chefe de clã" e sua "clientela" (VIANNA, 1973: 148-149), a segunda constatação da análise de Nunes Leal é que o coronelismo consistiria fundamentalmente numa superposição de regimes políticos distintos: um regime baseado no poder do coronel e um sistema de representação política com base no voto individual (LEAL, 1997: 40). Também aqui, por assim dizer, a *sensibilidade* histórico-sociológica do catedrático de Política mostra-se mesmo fundamental. Pois soube tirar consequências decisivas do fato de que as inovações institucionais da Primeira República liberal-oligárquica, principalmente o regime eleitoral representativo que ampliou consideravelmente o contingente de eleitores em relação ao do Império, não se fizeram num vazio social. Mas antes, essas inovações encontravam uma sociedade formada e com cujas estruturas e relações sociais, econômicas e políticas foram forçadas inevitavelmente a interagir. Interação da qual resulta a dinâmica própria da vida política brasileira do período.

Afinal, de que sociedade se trata? De uma sociedade formada desde a experiência colonial marcada pelo predomínio do poder privado, hipertrofiado, baseado nos grandes domínios rurais, sobre o poder público, e mesmo contemporaneamente à escritura da tese, marcada, para Nunes Leal, por relações de desigualdade social, violência e pobreza decorrentes da estrutura agrária do país. Estrutura explicativa da própria "hegemonia" dos fazendeiros em relação "aos dependentes da sua propriedade, que constituem o seu maço de *votos de cabresto*" (ibid., 1997: 75 – grifos no original). Todavia, contrariando expectativas correntes, provavelmente baseadas também na vulgarização das ideias de Oliveira Vianna, não seria a força ou a pujança do latifúndio que explicaria o coronelismo, mas antes, a sua própria fraqueza e debilidade. O coronelismo, Leal argumenta, assentava-se em "duas fraquezas: fraqueza do dono de terras, que se ilude com o prestígio do poder, obtido à custa da submissão política; fraqueza desamparada e desiludida dos seres quase sub-humanos que arrastam a existência no trato das suas propriedades" (ibid., 1997: 78).

Nem o poder praticamente incontestável dos grandes senhores rurais do passado permaneceria incólume, nem a ordem pública sempre frágil. Na transição do rural ao urbano, latifúndios decadentes, mas ainda detentores de poder residual suficiente, e inovações institucionais e econômicas promissoras, mas ainda frágeis, encontram-se, misturam-se e redefinem-se uns em relação aos outros. Trata-se, então, de um fenômeno historicamente circunscrito que se tornou possível numa conjuntura muito especial marcada, no plano político, pela substituição do centralismo imperial pelo federalismo e pela expansão da base do regime representativo, operadas pela República; no plano econômico, pela decadência dos fazendeiros, cuja manutenção do poder político tornava-se cada vez mais dependente do Estado (CARVALHO, 1998).

Mesmo mantendo a proposição de Oliveira Vianna de que a inteligibilidade sociológica da dominação política se encontrava nas relações entre público e privado, *Coronelismo, enxada e voto* acaba, nesse sentido, por virar de ponta-cabeça a tese de *Populações meridionais do Brasil*. E isso, mesmo lembrando que, em primeiro lugar, Oliveira Vianna tinha relativa clareza daquele processo, o qual discutiu em termos de um "enfraquecimento" indireto e progressivo do poder privado em face da centralização da autoridade pública operada durante o Império (VIANNA, 1973: 167-262); e, em segundo, que a sua noção de "anarquia branca" (ibid., 1973: 139) pretendia-se explicativa do modo como o clã rural estendia a incipiente ordem pública da sociedade brasileira à sombra do seu poder tutelar. Em relação ao primeiro ponto, Nunes Leal afirma peremptoriamente que não se pode "reduzir" o coronelismo "a simples afirmação anormal do poder privado. É também isso, mas não é somente isso" (LEAL, 1997: 276). Como sistema político ele envolve, fundamentalmente, uma "relação de compromisso entre o poder privado decadente e o poder público fortalecido" (ibid.). Quanto à questão da apropriação privada das instituições públicas, diferente do que sugere a noção de "anarquia branca", cujo sentido é unidirecional, isto é, o privado modificando o público, Nunes Leal enfatiza a interdependência entre essas esferas, da qual resulta a própria dinâmica da vida política. Em suma, o coronelismo é uma "troca de proveitos entre o poder público, progressivamente fortalecido, e a decadente influência social dos chefes locais, notadamente dos senhores de terras" (ibid., 1997: 40).

No plano analítico, portanto, ao invés de permanecerem como um impasse, em *Coronelismo, enxada e voto* público e privado influenciam-se mutuamente determinando o escopo das ações possíveis na vida política. Público e privado estão, pois, propriamente numa relação de interdependência, no sentido de que nenhum dos dois isoladamente consegue adquirir um papel decisivo no processo político, isto é, determiná-lo na base dos seus valores ou interesses específicos. Nesse sentido, a pesquisa de Nunes Leal abre, de fato, novas perspectivas para a sociologia política, uma vez que sugere que são as formas particulares de articulação histórica entre público e privado que deveriam orientar a análise da vida política. Outra, contudo, seria a recepção da sua ênfase analítica na estrutura da dominação política, sintetizada na ideia de "voto de cabresto", no programa de pesquisas de Maria Isaura Pereira de Queiroz.

A "agência" social entre o público e o privado

Maria Isaura Pereira de Queiroz é, dentre os autores destacados neste estudo, a única a, de fato, formular deliberadamente um programa para a sociologia política como área de pesquisa no Brasil[10]. Apresentado já no I Congresso Brasileiro de Sociologia, da Sociedade Brasileira de Sociologia, realizado na Universidade de São Paulo entre 21 e 27 de junho de 1954, "Contribuição para o estudo da sociologia política no Brasil" lança e especifica um conjunto de tarefas nesse sentido, todas elas cumpridas pela socióloga paulista ao longo de pelo menos vinte anos de pesquisas desenvolvidas na Universidade de São Paulo. A primeira delas consistia na realização de estudos sociológicos historicamente orientados do passado político brasileiro que permitissem "fornecer um pano de fundo para os trabalhos efetuados sobre o presente, dando a visão de continuidade ou das transformações havidas na política" (QUEIROZ, 1976: 17). Queiroz recusa, nesse sentido, a validade dos estudos realizados até então a esse respeito com o argumento de que, "de acordo com o ponto de vista liberal" por eles adotado, seriam meras "histórias das ideias políticas"; acentuando que ainda nos faltaria uma "história dos fatos políticos feita do ponto de vista sociológico, em que sejam encarados como produtos da vida em grupo" (ibid., 1976: 18). Como já observado, Queiroz não se refere a Oliveira Vianna, destaca apenas, no que diz respeito aos estudos até então existentes, *Evolução política do Brasil* (1933) de Caio Prado Jr. como uma "tentativa" de interpretação do nosso passado político. Tentativa malsucedida, a seu ver, uma vez que o historiador paulista "fugira ao primeiro preceito sociológico que é observar antes de interpretar: fora ao campo munido da interpretação prévia através da luta de classes e tentara impô-la aos fatos brasileiros, quando só agora o Brasil desperta para essa luta" (QUEIROZ, 1976: 18). Avaliação com a qual, aliás, Oliveira Vianna provavelmente concordaria, tanto do ponto de vista teórico-metodológico quanto substantivo (VIANNA, 1973: 157)[11].

---

10. Para uma exposição sistemática da sociologia política de Maria Isaura Pereira de Queiroz, cf. Villas Bôas (2006).

11. Embora sugira que o fenômeno realmente "novo" da política brasileira seria o "desaparecimento da solidariedade familial" face ao reconhecimento das "diferenças de interesses das diversas camadas da população" – ainda que não se pudesse associar esse reconhecimento diretamente

É nesse sentido, também, que Queiroz critica, no próprio âmbito dos debates do I Congresso da SBS, a comunicação nele apresentada por Alberto Guerreiro Ramos, uma vez que sua proposta implicaria "estudar a política brasileira através de ideias e não da própria realidade" (*Anais*, 1955: 340). Crítica a que responde Guerreiro Ramos observando que "procurou mostrar em sua exposição como as ideias se relacionam com uma determinada situação social que sobre elas exerce pressão" (ibid., 1955: 342); proposição retomada, ao debater, por sua vez, a comunicação de Maria Isaura Pereira de Queiroz apresentada na sessão da tarde de 26 de junho. Registram os Anais, a propósito, a sugestão de Guerreiro Ramos de que a formação de um "mercado nacional de bens e ideias" constituiria fator decisivo que alteraria "o sentido e a tendência da política brasileira, travando-se então o conflito entre as velhas forças defensoras da política de clientela e as novas forças que procuram exprimir-se ideologicamente" (ibid., 1955: 349).

Em sua própria comunicação, "Esforços de teorização da realidade nacional politicamente orientados, de 1870 aos nossos dias", posteriormente reunida em *Introdução crítica à sociologia brasileira*, de 1957, Guerreiro Ramos recupera justamente a crítica de Oliveira Vianna ao "idealismo utópico" das elites brasileiras considerando-a "o máximo de objetividade que, até agora, os estudos sociológicos atingiram entre nós" (RAMOS, 1995: 79). Ressalta, contudo, os limites da visão de Oliveira Vianna, que não teria percebido que a conduta idealista-utópica das elites "foi, muitas vezes, menos decorrência de uma imitação voluntária do que um expediente pragmático a que tiveram imperativamente de recorrer a fim de racionalizar ou justificar interesses e reivindicações de grupos e facções atrelados a tendências nem sempre ilegítimas da sociedade nacional" (ibid., 1995: 80). Proposição com a qual, como registram os Anais do congresso, Paula Beiguelman teria concordado, enfatizando "a necessidade de superação de Oliveira Vianna [...] não tanto da obra em si quanto das conclusões, que muitas vezes não estão contidas nas premissas apresentadas" (*Anais*, 1955: 341). Guerreiro Ramos, por sua vez, se põe inteiramente de acordo com tal observação, ressaltando

---

ao surgimento de uma "solidariedade de classes" (QUEIROZ, 1976: 28), Queiroz afirma que a "linha de continuidade interna de nossa política" se evidenciaria, nos dias atuais, no surgimento de um tipo novo de coronelismo: o "coronelismo urbano" (ibid., 1976: 29).

48

ainda que "Oliveira Vianna negligenciou a historicidade do desenvolvimento econômico-social do Brasil, ao partir de uma concepção psicológica do processo social" (ibid., 1955: 343).

Assim, embora ausente especificamente do programa de Maria Isaura Pereira de Queiroz para a constituição da sociologia política no Brasil, Oliveira Vianna fez-se presente de modo nada aleatório no contexto em que seu programa fora originalmente apresentado e discutido junto à comunidade acadêmica dos anos de 1950 no I Congresso Brasileiro de Sociologia. Além disso, e mais importante ainda, é possível apontar uma primeira e decisiva afinidade do programa de Queiroz com as proposições teórico-metodológicas de Oliveira Vianna. Na proposta da socióloga paulista de uma sociologia dos "fatos políticos" tratados como "produtos da vida em grupo" (QUEIROZ, 1976: 18), ressoa, em grande medida, a própria autodefesa que Oliveira Vianna havia feito em relação à originalidade do método de análise por ele empregado em *Populações meridionais do Brasil*. Afinal, o ensaísta fluminense já acentuava, como faria mais tarde Queiroz em relação a Caio Prado Jr., que partir de "doutrinas políticas" para tentar compreender a vida política não poderia redundar senão em conclusões "inteiramente falsas"; daí que tenha procurado fazer um estudo "concreto, objetivo, realístico", tratando das instituições políticas "ao vivo, tais como o povo as praticava realmente na sua vida cotidiana" (VIANNA, 1973: 298).

Em todo caso, em seus trabalhos posteriores, sobretudo em "O mandonismo local na vida política brasileira", de 1969, e "O coronelismo numa interpretação sociológica", de 1975, Maria Isaura Pereira de Queiroz procuraria justamente suprir aquela apontada ausência de sínteses sociológicas dos fatos políticos do passado brasileiro. Nesses trabalhos, estrutura sua investigação da dominação política não em torno da categoria de "classes", ou qualquer outra forma mais ampla de solidariedade social, mas na de "parentela". Para a socióloga paulista, as parentelas estariam na origem da estrutura da dominação política brasileira, envolvendo formas de sociabilidade, conduta e solidariedade pessoalizadas num núcleo extenso e espacialmente disperso de indivíduos unidos entre si por relações de parentesco de sangue, espiritual (compadrio) ou de alianças (uniões matrimoniais), relações econômicas e políticas, além de rivalidades e conflitos (QUEIROZ, 1976:

181ss.). "Parentela" e "solidariedade parental", no entanto, também são noções já empregadas por Oliveira Vianna justamente para circunscrever, ao lado do "clã rural", a "única forma militante da solidariedade social em nosso povo" (VIANNA, 1973: 149). Enfatiza o ensaísta fluminense que a "solidariedade parental" encontrar-se-ia "tão enérgica ainda hoje nas zonas sertanejas" como no passado (ibid.), o que Queiroz pôde mesmo constatar em seus trabalhos de campo em Santa Brígida na década de 1950.

A segunda tarefa necessária à constituição da sociologia política como área de pesquisa no Brasil, apontada por Maria Isaura Pereira de Queiroz em sua comunicação ao I Congresso Brasileiro de Sociologia, consistiria na realização de estudos "concretos" sobre o presente que, confrontados às sínteses sociológicas do passado, pudessem dar a visão das continuidades ou descontinuidades na política (QUEIROZ, 1976: 17). Para o cumprimento dessa segunda tarefa, a socióloga paulista realizou, de fato, trabalhos de campo em Santa Brígida, distrito do município baiano de Jeremoabo, entre 1954 e 1959, cujos principais resultados foram apresentados em *Sociologia e folclore: a Dança de São Gonçalo num povoado baiano*, de 1958, e em "Política, ascensão social e liderança num povoado baiano", este último originalmente apresentado como comunicação ao II Congresso Brasileiro de Sociologia em 1962. Mas também recuperados em "O coronelismo numa interpretação sociológica" para se contrapor à tese de Vitor Nunes Leal sobre o voto de cabresto e demonstrar seu argumento de que, no âmbito das relações de dominação do coronelismo, o voto integrava antes uma ampla e complexa rede de reciprocidades fundada na posse e escassez de "bens de fortuna" na qual a barganha política tornava-se possível (ibid., 1976: 168).

Se a caracterização das relações de dominação política envolvendo uma rede de reciprocidades assimétricas já havia sido formulada em *Populações meridionais do Brasil* (VIANNA, 1973: 148ss.) e adotada por Nunes Leal para definir o coronelismo como "sistema" (LEAL, 1997: 64), nas pesquisas de Maria Isaura o problema ganha uma nova configuração sociológica com a introdução da dimensão da "agência" ou simplesmente da ação social. A marca da sociologia política de Queiroz está justamente, como sugere Glaucia Villas Bôas (2006), na tentativa de evidenciar que é na vida associativa que se encontram os motivos de compreensão das relações de "mando" e "obediência", concepção a partir da qual procura demonstrar a "racionalidade da política brasileira". Daí sua valorização da "experiência vivida" dentro dos grupos particulares de modo a se contrapor à tendência a avaliá-los somente a partir de modelos teóricos e de interpretações da sociedade global, bem como sua ênfase no caráter ativo da conduta humana para se contrapor à tendência a considerar as relações sociais como forças estranhas aos atores sociais, cujo significado lhes escapa à compreensão e mesmo ao controle[12].

Como propõe Oliveira Vianna, Queiroz situa as relações de dominação política entre público e privado, como também havia feito Leal. E também como seus predecessores (VIANNA, 1973: 229-243; LEAL, 1997), ela reconhece a necessidade de pesquisar as relações de dominação política a partir dos municípios, onde "o fenômeno político é mais violento e colore todos os outros aspectos da vida em grupo" (QUEIROZ, 1976: 30). Todavia, procurando abordar as relações de dominação política não do ponto de vista do "sistema social" que elas formariam, como Leal, mas antes da perspectiva dos próprios atores sociais que as vivenciariam, Queiroz introduz uma série de distinções analíticas e históricas que lhe permite enfatizar a variedade e a multiplicidade de níveis daquelas relações em suas interações com diferentes estruturas sociais, econômicas e fundiárias – aspectos que, segundo sustenta, teriam sido subestimadas por Victor Nunes Leal (QUEIROZ, 1976: 165). Realização paradigmática dessas proposições analíticas encontra-se em "Política, ascensão social e liderança num povoado baiano".

A escolha de Queiroz pela pequena comunidade sertaneja de Santa Brígida esteve, de fato, guiada por dois motivos sociológicos principais sobre os quais já vinha argumentando desde o texto-programa de 1954. Em primeiro lugar, contrariando o que identificava como tendência a anali-

---

12. Assinale-se a afinidade do interesse analítico de Queiroz pelos pequenos produtores rurais, pela ideia de rusticidade como característica distintiva desses grupos, pela ênfase no trabalho de campo como forma de controle das generalizações teóricas e, sobretudo, pela tendência a valorizar a "autorreflexão" dos grupos estudados, com a tradição sociológica de *Os parceiros do Rio Bonito* (1954) de Antonio Candido (JACKSON, 2002). Trata-se, como o próprio Candido assinalou, embora não se refira ao seu trabalho, de um movimento de deslocamento/rotação ao mesmo tempo metodológico e ético operado pela sociologia da Universidade de São Paulo em relação à perspectiva "senhorial", característica da abordagem de Oliveira Vianna, com a introdução do "homem comum" no centro do seu interesse analítico (CANDIDO, 2004: 233). Para outros aspectos da obra de Queiroz, cf. Kosminsky (1999).

sar a dominação política somente nas áreas litorâneas de monoculturas de exportação, buscava desvendar a diversidade de comportamentos políticos segundo as diferenças existentes "no próprio país, formando zonas geográfica, econômica e socialmente diferentes" (ibid., 1976: 30). Seus argumentos sobre o "voto como posse" contra o "voto de cabresto" estavam fundados justamente nas pesquisas empíricas realizadas naquela zona de sitiantes: nestas, a estrutura social tendia para uma configuração mais "igualitária", em contraste com as zonas de monoculturas de exportação ou de grandes criadores, nas quais, com base numa estratificação social mais diferenciada e rígida, a dominação política do coronel seria mais direta e mesmo mais violenta (ibid., 1976: 176). Fundamental, nos casos em que a barganha política se tornava possível, seria o papel dos "cabos eleitorais" como nível intermediário da estratificação e dominação políticas que ligava aos coronéis os seus eleitores (ibid., 1976: 166). Em segundo lugar, é da perspectiva desses atores sociais, os cabos eleitorais, que a pesquisa se realiza, procurando dar conta das possibilidades de acesso à liderança política, acesso este considerado uma forma de "ascensão social" em comunidades menos estratificadas.

Analisando as trajetórias de três cabos eleitorais de Santa Brígida, Maria Isaura Pereira de Queiroz conclui que, se o prestígio pessoal pode levar à liderança, é o "carisma" que, numa comunidade tão pouco diferenciada internamente, parece constituir um "verdadeiro canal de ascensão social" (ibid., 1976a: 116). É o caso do beato Pedro Batista, cabo eleitoral que ligava ao coronel do município os romeiros alagoanos por ele atraídos e estabelecidos em Santa Brígida. Ao beato, a quem chamavam de "Padrinho", os romeiros se subordinavam "inteiramente" devido aos benefícios materiais e imateriais que sob sua liderança receberam, acreditando ainda que ele dispusesse de "dons sobrenaturais" comprovados pelo seu "poder terapêutico" (ibid., 1976a: 110). Como no Padrinho dos romeiros inscrevem-se e entrelaçam-se dois princípios distintos de legitimação da dominação (WEBER, 1992), o "tradicional", na autoridade pessoal que exerce, e o "carismático" manifesto na crença nas suas qualidades extraordinárias, sua relação com os eleitores poderia até mesmo "independer de um esquema de dom e contra-dom" (QUEIROZ, 1976a: 111).

Assim, se o voto integrava um "sistema" de trocas recíprocas nas áreas de pequenos produtores autônomos, as relações entre coronéis, cabos eleitorais e eleitores seriam realmente muito contingentes, pois nem "liderança" implicava posição de "superioridade", e nem era em si mesma garantia suficiente de "ascensão social" nessas pequenas comunidades rurais. Com a reconstituição das trajetórias dos cabos eleitorais Queiroz procura, portanto, especificar as condições sociais que orientam as condutas individuais e, desse modo, recuperar as diferentes respostas dos agentes submetidos às relações de dominação política do coronelismo. Perspectiva a partir da qual, ao contrário do que uma investigação somente "sistêmica" teria permitido, tornava-se possível, para a socióloga paulista, identificar o caráter dinâmico das relações de dominação política na sociedade brasileira. A vida social que se desenha em Santa Brígida a partir de suas pesquisas é, assim, ilustrativa da contingência das relações entre público e privado e das possibilidades e limites de ascensão social nos contextos de dominação pessoal. Questão que será retomada por Maria Sylvia de Carvalho Franco ao problematizar, contudo, as possibilidades de negação da dominação política pessoal por parte dos "homens comuns" em geral.

Público e privado como unidade contraditória

A primeira afinidade significativa entre *Homens livres na ordem escravocrata* e *Populações meridionais do Brasil* é a recusa em tratar a escravidão como um "modo de produção" que teria estruturado a sociedade brasileira, determinando todo seu desenvolvimento posterior. Para Franco, a escravidão seria antes parte de um sistema socioeconômico mais amplo, "parte em que se pode encontrar, *nem mais nem menos* que em outra do sistema considerado, relações sociais em cujo curso se procede à unificação dos diferentes e contraditórios elementos nele presentes" (FRANCO, 1997: 13 – grifos no original). Assim, como no ensaísta fluminense, a ênfase analítica recai sobre as formas sociais assumidas pela grande propriedade fundiária no Brasil, especialmente no seu caráter *quase* autárquico, e na existência, no interior dos latifúndios, de áreas ociosas do ponto de vista da produção agrícola economicamente rentável direcionada para a exportação (ibid., 1997: 14). Essa estrutura socioeconômica desenvolvida desde a Colônia teria originado a formação de um grupo social específico entre senhores e escravos, estes últimos os responsáveis diretos pela produção agrário-exportadora[13].

Nomeado como "plebe rural" por Oliveira Vianna, esse grupo social cuja origem e destino estariam diretamente associados às formas sociais assumidas pela propriedade fundiária ligava-se aos senhores rurais, como vimos, ao mesmo tempo de modo "frouxo", no plano econômico, e "militante" para efeitos políticos. Sendo o paradoxo dessa situação explicado pela "anarquia branca", isto é, a capacidade demonstrada pelos "clãs rurais" de se apropriar das instituições públicas existentes para a consecução dos seus interesses privados mobilizando, se necessário, recursos extremamente violentos nesse processo (VIANNA, 1973: 139ss.). Já nos termos de Franco, eles são "homens livres", a um só tempo "destituídos da propriedade dos meios de produção, mas não da sua posse, e que não foram plenamente submetidos às pressões econômicas decorrentes dessa condição, dado que o peso da produção, significativa para o sistema como um todo, não recai sobre seus ombros" (FRANCO, 1997: 14). Pela dupla expropriação a que esse grupo social estaria submetido, Maria Sylvia de Carvalho Franco fala de "homens a rigor dispensáveis, desvinculados dos processos essenciais à sociedade", uma vez que a "agricultura mercantil baseada na escravidão simultaneamente abria espaço para sua existência e os deixava sem razão de ser" (ibid.) – aspecto que também foi discutido por Oliveira Vianna (1973: 127ss.). Em ambos os casos ainda, assinalam-se dificuldades decorrentes da dinâmica social formada a partir da existência desse contingente de homens livres pobres para a constituição de uma sociedade de classes no Brasil (VIANNA, 1973: 157; FRANCO, 1997: 237).

Ao contrário de Oliveira Vianna, contudo, Maria Sylvia de Carvalho Franco recusa peremptoriamente qualquer ideia de "ambiguidade" ou "dualidade" para explicar a estrutura social produzida pelo latifúndio e a situação paradoxal dos homens livres pobres a ela diretamente associada. Na verdade, é justamente para se contrapor a essa ideia que põe em movimento

---

13. Sem minimizar a importância que a escravidão assume na formação da população "livre", a ênfase analítica na questão fundiária na mesma medida em que aproxima a pesquisa de Franco de Oliveira Vianna, a afasta das pesquisas típicas da chamada "escola sociológica paulista", as quais tomam as relações entre senhores e escravos como eixo explicativo da formação social brasileira (BASTOS, 2002).

suas pesquisas históricas e teóricas, e é essa a principal diferença de *Homens livres na ordem escravocrata* em relação a *Populações meridionais do Brasil*. Para Franco, no Brasil, ao contrário do que teria ocorrido noutros contextos históricos, a simultaneidade das duas "modalidades de produção" – para a subsistência e para o mercado – não apenas indicava que se tratava de práticas "interdependentes", uma vez que encontrariam "sua razão de ser na atividade mercantil", mas propriamente "constitutivas" uma da outra (FRANCO, 1997: 11). Formariam antes uma "síntese" ou "unidade contraditória" que, "determinada na gênese do sistema colonial, sustentou, com suas ambiguidades e tensões, a maior parte da história brasileira" (ibid.). Por isso numa passagem que parece direcionada a Oliveira Vianna, argumenta que "a organização interna dos grandes estabelecimentos, *per se*, é insuficiente para caracterizá-los e para tornar inteligíveis as relações neles definidas" (ibid., 1997: 197); e enfatiza que a "referência a essa organização interna alcança teor explicativo quando associada ao modo de produção capitalista, que dominava os mercados mundiais" (ibid.)[14].

A pesquisa realizada por Maria Sylvia de Carvalho Franco refere-se à "velha civilização do café" compreendida na região do Vale do Paraíba fluminense e paulista do século XIX. Sua circunscrição empírica à comarca de Guaratinguetá, uma "área mais pobre da região paulista", foi orientada pela intenção de capturar os "nexos de recorrência entre estabilidade e mudança social", uma vez que nela as "transformações vindas com o café se fizeram sentir de maneira mais branda, conservando-se as características anteriores" (ibid., 1997: 17). O material primário da pesquisa é composto basicamente por atas, correspondências e processos criminais da Câmara de Guaratinguetá do período de 1830 a 1899. Dele, mobiliza com destaque os processos-crime, e é especialmente a partir da análise dos relatos contidos nesses depoimentos dados à polícia que a socióloga paulista procura recuperar as "situações vividas" (ibid., 1997: 18) pelos homens livres e pobres.

Assim como para as demais pesquisas tratadas neste estudo, no que todas seguem o ensaio de Oliveira Vianna, também para Franco os homens

---

14. Nesse ponto Franco se aproxima da interpretação do Brasil de Caio Prado Jr. e da própria tradição sociológica da Cadeira de Sociologia I da USP. Sobre a articulação do estudo da sociedade brasileira a uma configuração histórica mundial nessa tradição sociológica, cf. Bastos (2002).

livres pobres ganham inteligibilidade sociológica inseridos no âmbito da dominação marcada por relações diretas, pessoais e violentas que formam uma rede de contraprestações de toda sorte de serviços prestados e favores recebidos. A esse respeito, no entanto, *Homens livres na ordem escravocrata* apresenta contribuições notáveis. Em primeiro lugar, mostra como a violência característica das relações de dominação pessoal é constitutiva, também, das relações de solidariedade social internas aos grupos considerados, como evidencia de modo paradigmático a análise dos mutirões como forma cooperativa de trabalho entre os "caipiras" (ibid., 1997: 21ss.). A esse respeito, por exemplo, Maria Isaura Pereira de Queiroz, tal como Oliveira Vianna e Victor Nunes Leal, enfatiza a violência engendrada nas relações políticas entre os diferentes grupos sociais, ou, como diz, mais de uma "metade" para a outra, "do que no interior dos grupos", muito embora cite justamente *Homens livres na ordem escravocrata* para fazer a ressalva de que a violência não estivesse ausente também na dimensão intragrupal (QUEIROZ, 1977: 179).

Em segundo lugar, a análise de Maria Sylvia de Carvalho Franco dá atenção especial ao sentido sociológico das componentes sociais intersubjetivas presentes nas relações de dominação política pessoalizadas. A "dominação pessoal" sustentada nas relações de contraprestação é "pessoal", argumenta a autora, justamente porque fundada numa identificação entre aqueles que delas participam como "pessoas", categoria que cria uma aparência de indistinção social corroborada ainda pelo "estilo de vida" simples da região desde o início do século XIX, quando a situação de penúria das condições materiais era praticamente generalizada (ibid., 1997: 115-119). Por isso, as relações de dependência aparecem antes como uma "inclinação de vontades no mesmo sentido, como harmonia, e não como imposição da vontade do mais forte sobre a do mais fraco, como luta. Em consequência, as tensões inerentes a essas relações estão profundamente ocultas, havendo escassas possibilidades de emergirem à consciência dos dominados" (ibid., 1997: 95). O compadrio, por exemplo, é uma relação paradigmática da dominação pessoal porque permite ou mesmo exige uma quebra aparente das hierarquias sociais entre aqueles que, pelo batismo, são unidos ritualmente num "parentesco divino" (ibid., 1997: 84-86). Essa aparência de "igualdade" conferida pela categoria "pessoa" aos homens livres pobres, por oposição aos escravos vistos como "propriedade" ou "coisa", é fundamental porque suas relações com os senhores não são vividas diretamente como uma relação de dominação. Não apenas entre sitiantes e fazendeiros, mas também entre estes e seus agregados ou até mesmo com outras categorias sociais virtualmente menos dependentes deles, como tropeiros e vendeiros, todas elas submetidas à mesma trama de relações de fidelidades pessoais (ibid., 1997: 65-114). Tal qual, mais uma vez, as bases sociais da dominação política foram discutidas por Oliveira Vianna (1973: 127ss.), ainda que Franco, como Queiroz, assinale a possibilidade de ascensão social em termos estritamente individuais naqueles grupos sociais virtualmente menos dependentes (FRANCO, 1997: 65-114).

Ainda que não veja na dominação política, como Oliveira Vianna propõe, exatamente uma contrapartida para a fragilidade dos laços socioeconômicos que ligam os senhores rurais ao vasto contingente de homens livres pobres, Franco também considera a política uma área privilegiada para observar as relações de "dependência" dos grandes proprietários em relação aos seus "vizinhos menores" (ibid., 1997: 90). Mais do que isso, divisa na importância vital assumida na vida política por essa relativa sujeição do senhor, traduzida numa série de obrigações da sua parte, o principal motivo que desautorizaria uma caracterização da dominação pessoal em termos de uma relação "patrimonial típica" tal como definida por Max Weber (ibid., 1997: 91). Como Oliveira Vianna, no entanto, para quem "a natureza da solidariedade social produzida pela patronagem política define-se pela sua assimetria" (WERNECK VIANNA, 1993: 377), também Franco enfatiza a desigualdade de poder envolvida nas relações de dominação pessoal, sustentando, além disso, que esse tipo de situação constituiria uma base social pouquíssimo "propícia para a orientação racional da ação" (FRANCO, 1997: 29).

Aqui, Franco se afasta de Queiroz e sua caracterização da "racionalidade" da política. Ainda que Queiroz sublinhe, ao tratar do voto, que este é "consciente, mas orientado de maneira diversa do que é o voto de um cidadão de sociedade diferenciada e complexa": no primeiro caso, argumenta, "o voto é um bem de troca"; no segundo, "é a afirmação pessoal de uma opinião" (QUEIROZ, 1977: 178). Para Franco, ao contrário, um dos principais efeitos sociais da dominação pessoal seria justamente a "asfixia da consciência política" (FRANCO, 1997: 89), situação na qual o voto não encontraria sequer "condições para se expressar em mercadoria nem podia ser o resultado de uma autodeterminação enraizada na consciência de interesses autônomos" (ibid., 1997: 88). Aproximando-se da caracterização das eleições de Leal (1997), Franco enfatiza que mais do que na "manipulação do eleitorado" ou no "aliciamento de prosélitos", as técnicas empregadas para a conquista e manutenção do poder político incidiam antes no "processamento e no resultado das eleições" (FRANCO, 1997: 87).

Embora com discordâncias significativas em relação a algumas questões substantivas, a pesquisa de Franco apresenta até aqui afinidades decisivas no plano metodológico com o programa de sociologia política de Maria Isaura Pereira de Queiroz, quer pela eleição do "grupo social" como ponto de partida da análise (cap. 1) para depois tratar da sua relação com a sociedade inclusiva (cap. 2); quer pela ênfase nas situações "vividas" pelos homens comuns em suas interações cotidianas. Seu desenvolvimento a partir daí, contudo, acaba permitindo que Maria Sylvia de Carvalho Franco, a fim de dar conta de problemas de ordem macrossociológica, demonstre que a "dominação pessoal" é incorporada de modo constitutivo às instituições públicas (cap. 3) e às transformações econômicas necessárias à integração da produção agrícola brasileira aos mercados internacionais (cap. 4). Destaco sua argumentação de que a dinâmica da sociedade definida pela "dominação pessoal" cria e recria as instituições públicas, ao longo da qual a autora também se aproxima das preocupações de Oliveira Vianna com a dimensão institucional da dominação política e, particularmente, com os mecanismos sociais de apropriação privada das instituições públicas expressa na noção de "anarquia branca" (VIANNA, 1973: 139ss.). Ainda que, ao contrário do ensaísta fluminense, a análise de Franco dos processos sociais "subjacentes" à constituição e consolidação do Estado nacional e de seu aparato burocrático no século XIX procure se realizar do ponto de vista em que tais processos teriam sido "vividos pelo homem comum" (FRANCO, 1997: 165).

Partindo, como assinalou Werneck Vianna (1999: 184), da tese de Max Weber sobre a singularidade da burocracia ocidental moderna, Franco entende que o processo de organização burocrática do Estado brasileiro na primeira metade do século XIX esteve fundado "formalmente no princípio burocrático de obediência a um poder público abstratamente definido, legitimado e expresso por normas racionalmente criadas e legalmente estatuídas" (FRANCO, 1997: 121). Para o assentamento da autoridade pública, tratava-se, ao lado do emprego da força física e da guerra, de concentrar o aparelho tributário dispondo de um "corpo de agentes disciplinados para o exercício metódico e despersonalizado das funções públicas" (ibid.). Mas a burocratização da administração pública não se fazia num vazio de relações sociais e, mais do que isso, encontrava nas mesmas relações que a haviam tornado necessária os seus próprios limites. Em sua interação com a sociedade, a burocratização era rivalizada por fatores tão poderosos quanto o próprio princípio racional-legal que, formalmente, a animava. O servidor público do município sintetiza exemplarmente a disputa que então se trava pela orientação das condutas de indivíduos e grupos sociais entre, de um lado, aquele princípio abstrato e longínquo, de outro, os "fortes interesses e influências que envolviam a sua vida de maneira imediata" (ibid.). Nessa disputa entre solidariedades sociais, vence o pragmatismo que prendia o servidor público à sua sociedade local.

São principalmente duas as razões apontadas, com base nos materiais de pesquisa coligidos por Franco, para a demarcação pouco nítida entre as atividades privadas e públicas no âmbito das instituições do Estado. Em primeiro lugar, a precariedade com que as ordenações administrativas estavam estabelecidas em termos "positivos" e, portanto, sua fragilidade normativa para o conjunto da sociedade favoreciam a que o servidor público, no cumprimento de suas funções, continuasse orientando sua conduta no cotidiano pelo que o costume já havia assentado (ibid., 1997: 122-125). Seguindo mais uma vez Max Weber, o outro fator decisivo do desenvolvimento da burocracia na administração pública também ausente no Brasil do século XIX foi, segundo Franco, o processo de "expropriação do servidor público dos meios materiais de administração, separando-se com nitidez os recursos oficiais dos bens privados dos funcionários" (ibid., 1997: 130). Ausência devida à própria situação de penúria em que o Estado se encontrava e agravada pela política financeira do Império marcada por extrema concentração das rendas públicas (ibid., 1997: 128).

Diante dessa situação paradoxal – já que a própria penúria da administração pública que havia levado, desde 1834, à reorganização do aparelho tributário do Estado impedia que esse processo se consumasse em termos tipicamente burocrático-racionais, a solução encontrada foi o "apelo direto ao patrimônio particular do cidadão comum ou do próprio servidor público" (ibid.). Tal solução não apenas discrepava totalmente dos procedimentos característicos de uma ordem burocrático-racional, como reforçava o exercício personalizado do poder e o controle pessoal do patrimônio do Estado, pois, nessas condições, argumenta Maria Sylvia de Carvalho Franco, ao invés de o servidor público tornar-se progressivamente um "executivo que apenas gere os meios da administração, manteve-se preservada a situação em que ele os podia controlar autonomamente, *pois ele os possuía*" (ibid., 1997: 131 – grifos no original).

A articulação entre a debilidade material dos poderes públicos, o uso privativo dos aparelhos governamentais e as técnicas pessoais de dominação, portanto, fundem público e privado. E este entrelaçamento de esferas sociais distintas, por sua vez, constitui a própria condição da dominação pessoal, enquanto princípio mais geral de regulação das relações sociais no Brasil. Ou por outra, aquela "unidade contraditória" identificada no interior do latifúndio, ganhando a sociedade através da dominação pessoal, desdobra-se na própria organização do Estado unindo necessariamente público e privado (ibid., 1997: 240). Nessas condições, como pensar a ruptura por parte dos grupos sociais subalternos da condição de "dominação pessoal" a que estavam submetidos se esta constituía o princípio geral de organização institucional da sociedade? Essa demonstração de Maria Sylvia de Carvalho Franco de que a dinâmica da sociedade recria as instituições políticas e que, portanto, também público e privado formam uma "unidade contraditória" e não uma "oposição" ou "dualidade" é também o ponto de chegada da nossa investigação.

Diacronia com descontinuidades

Reconstituindo analiticamente a agenda de pesquisas formada em torno da problemática da dominação política no Brasil desde *Populações meridionais do Brasil* até *Homens livres na ordem escravocrata*, passando por

Coronelismo, enxada e voto e diferentes pesquisas de Maria Isaura Pereira de Queiroz, procurou-se neste estudo identificar as linhas centrais de continuidade e descontinuidade cognitivas de uma vertente da sociologia política brasileira *en train de se faire* entre os anos de 1920 e 1970. No plano das continuidades, argumentou-se que as pesquisas mantêm, em primeiro lugar, a tese central do ensaio de Oliveira Vianna sobre a configuração histórica particular das relações de dominação política no Brasil fundada no conflito entre as ordens privada e pública e não diretamente assimilável ao conflito de classes enraizado no mundo da produção; bem como, em segundo lugar, sua tendência teórico-metodológica a relacionar aquisição, distribuição, organização e exercício do poder político à estrutura social com o objetivo de identificar as bases e a dinâmica da política na própria vida social.

Com relação ao primeiro aspecto dessa continuidade entre as pesquisas destacadas e o ensaio de Oliveira Vianna, pode-se dizer que a agenda de pesquisas aqui reconstituída diferencia-se, substantivamente, de outras tradições intelectuais que também vêm sendo identificadas como "sociologia política" nas Ciências Sociais brasileiras. Como a formada a partir da Cadeira de Sociologia I da USP, fortemente marcada, por sua vez, pela associação entre dominação política e conflito de classes, bem como pelas questões da dependência e do desenvolvimento econômicos brasileiros (SALLUM JR., 2002). Certamente o privilégio analítico, já presente em Oliveira Vianna, que as pesquisas de Leal, Queiroz e Franco concedem às relações entre público e privado na definição da dominação política no Brasil não exclui totalmente sua associação às relações econômicas, embora a delimitação do econômico em relação às demais esferas da sociedade assuma sentidos diferentes em cada uma delas. Como vimos, Leal relaciona o fortalecimento do público à decadência econômica do latifúndio. Queiroz circunscreve sua abordagem das relações de dominação política às áreas de pequenos sitiantes sertanejos, tendo em vista também suas diferenças em termos de configuração socioeconômica em relação às áreas de monoculturas para exportação. E se Franco recusa tomar a escravidão como modo de produção, sua abordagem só ganha inteligibilidade a partir da sugestão da presença simultânea, no interior do latifúndio, da produção para a subsistência e para o mercado como práticas "constitutivas" uma da outra; questão que se desdobra teoricamente em sua tese de livre-docência, *O moderno e suas diferenças* (1970), até a afirmação de que na sociedade brasileira, "os critérios extraeconômicos de categorização dos indivíduos em sociedade aparecem, reiteradamente, perturbados pelos critérios de diferenciação social fundados em situação econômica" (FRANCO, 1970: 177).

Já quanto ao segundo aspecto de continuidade na vertente da sociologia política aqui reconstituída, pode-se dizer que os trabalhos analisados convergem, no plano teórico-metodológico, para uma abordagem que se quer especificamente sociológica da política. No lugar de uma lógica institucional autônoma que caracteriza em grande medida a demarcação disciplinar tardia da ciência política no Brasil (LAMOUNIER, 1982), tal abordagem privilegia a investigação das bases sociais da vida política, suas relações com a estrutura social e com as condições sociais do protagonismo dos diferentes atores coletivos. Daí o significado heurístico dessa vertente da sociologia brasileira para a compreensão dos desafios da democracia; afinal, ao correlacionar estrutura social do mundo agrário e relações de dominação política e ao problematizar a interação da capacidade de ação de indivíduos e grupos com o condicionamento de estruturas sociais, também ela coloca em discussão a problemática das bases sociais da democracia, para retomar formulação que se tornou clássica na sociologia política (MOORE JR., 1983).

Com relação, por sua vez, às descontinuidades cognitivas entre os diferentes trabalhos que compõem a vertente da sociologia política brasileira aqui reconstituída, são distintas, sobretudo, as concepções de sociedade que assumem e a que procuram conferir verossimilhança com os próprios resultados obtidos no estudo da constituição, organização e reprodução das relações de dominação política. No caso de Oliveira Vianna, sua caracterização permanece dependente de uma visão dualista das relações entre público e privado e, assim, da própria sociedade; visão que, se não leva necessariamente à construção do *consenso* em detrimento do *conflito*, acaba por circunscrever este último ao âmbito das relações entre Estado e sociedade e por subsumir, desse modo, a própria desigualdade de poder que está na base das relações entre os diferentes grupos sociais. Isso pode ser depreendido não apenas da sua ênfase na necessidade de uma nova moralidade unitária coordenadora das relações sociais que ele entrevê no fortalecimento e centralização do Estado, mas também da sua caracterização do "insolidarismo social" entre os indivíduos e grupos sociais para além dos círculos privados, como uma das principais consequências do baralhamento entre público e privado no Brasil[15].

Como vimos, por outro lado, a análise de Victor Nunes Leal do coronelismo introduz a noção de "sistema" para mostrar que nem o privado se sobrepõe inteiramente ao público e nem esses princípios diferentes de coordenação social se encontrariam numa relação de oposição; mas antes, enquanto forma de dominação, o coronelismo supõe um compromisso entre um poder privado decadente e um poder público progressivamente fortalecido numa relação de interdependência no sentido de que nenhum dos dois isoladamente consegue determinar o processo político na base dos seus valores ou interesses específicos. Ainda que não seja estática ou dotada de propriedades independentes do processo histórico e tampouco exclua os atores sociais que dele participam de modo constitutivo, a noção de "sistema" formado por público e privado determina em *Coronelismo, enxada e voto* o escopo das ações possíveis no âmbito da dominação política.

Maria Isaura Pereira de Queiroz, por sua vez, sobretudo com base em trabalhos de campo, busca evidenciar numa versão não voluntarista, porque também atenta aos condicionantes e variáveis estruturais, as possibilidades e limites da ação individual no interior das estruturas da dominação política do coronelismo, por mais diversas que essas fossem, como faz questão de acentuar. Em suas pesquisas, as possibilidades de ascensão socioeconômica individual e do uso do voto como "posse" para uma barganha política na estrutura coronelística expressam como as relações de dominação política, constituídas entre o privado e o público, podem produzir comportamentos em indivíduos e grupos sociais e não apenas restringir e controlar o escopo de suas ações. Teoricamente, a introdução da problemática da "agência" permite-lhe, portanto, enfatizar a capacidade manifesta por indivíduos e grupos

---

15. Assinale-se, nesse sentido, que a caracterização sociológica de *Populações meridionais do Brasil* do *processo* de formação da sociedade não encontra correspondência quando se trata da dimensão da ação social. Sempre que esta se insinua, por força da argumentação, constrangimentos de diferentes ordens extrassociais, não decisivos na caracterização do processo, são habilmente mobilizados para restringir as suas possibilidades efetivas.

sociais de agirem e, desse modo, responderem ao contexto de estruturas de dominação em que se inserem.

Por fim, Maria Sylvia de Carvalho Franco mostra que a "dominação pessoal" é incorporada, enquanto princípio mais geral de regulação das relações sociais, de um modo constitutivo às instituições políticas, o que se manifesta, fundamentalmente, no "exercício personalizado do poder". E porque é a dinâmica da sociedade que cria e recria as instituições políticas, procura, portanto, dirimir qualquer dúvida quanto ao fato de que, no Brasil, público e privado fundem-se formando mesmo uma "unidade contraditória" e não uma "oposição" ou "dualidade". Com *Homens livres na ordem escravocrata* temos, talvez, a tentativa mais consistente, dentre os trabalhos destacados, de articular as dimensões da "ação" e da "estrutura" num movimento analítico que busca dar conta tanto da socialização dos atores na dominação pessoal quanto da sua institucionalização. Mesmo realizando sua explicação sociológica da formação do Estado do ponto de vista em que o processo teria sido vivido pelo "homem comum", aquela articulação, segundo a própria autora, pôde ser atingida ao colocar, no centro da análise das relações entre "mundo objetivo" e "subjetividade", o conceito de "práxis" visando superar "velhos fantasmas como *indivíduo e sociedade*" (ibid., 1977: 16 – grifos no original).

Em suma, com relação ao ensaio de Oliveira Vianna, as pesquisas de Victor Nunes Leal, Maria Isaura Pereira de Queiroz e Maria Sylvia de Carvalho Franco introduzem descontinuidades cruciais por dentro dos próprios desdobramentos analíticos que direta ou indiretamente realizam. Embora elas partam da tese do papel do baralhamento entre público e privado na constituição, organização e reprodução das relações de dominação política, acabam por rejeitar, cada uma a seu modo, a perspectiva dualista formulada por Oliveira Vianna, bem como a alegação, em parte dela derivada, do "insolidarismo social" como um *ethos* dos brasileiros, perspectiva que levou às hipóteses ou de uma incompatibilidade intrínseca do Brasil em relação à democracia, ou da centralidade do papel do Estado em seu estabelecimento e direção. Embora também tenham constatado em diferentes frentes a restrição ou a preponderância da solidariedade social à esfera privada, as pesquisas de Victor Nunes Leal, Maria Isaura Pereira de Queiroz e Maria

Sylvia de Carvalho Franco não corroboram a tese de que isso configuraria um impasse intransponível à constituição de uma ordem pública no Brasil[16]. Mas tampouco permitem concluir que o baralhamento e as tensões entre público e privado fossem sem consequências para a democracia. Sem subestimá-las, mostram que a sociedade brasileira não estava – e nem poderia ficar – em suspenso à espera de resoluções puramente institucionais para suas tensões socialmente constitutivas, e assim acabam por contribuir para uma reorientação do interesse analítico da sociologia política para as formas históricas, concretas e contingentes da articulação entre público e privado na sociedade brasileira.

Com este estudo, enfim, espera-se ter sugerido que a análise comparativa e cumulativa entre ensaio e pesquisa sociológica como especialidade acadêmica pode contribuir efetivamente para a continuidade do conhecimento da história das ciências sociais no Brasil num plano propriamente cognitivo. É inegável que as interpretações de Victor Nunes Leal, Maria Isaura Pereira de Queiroz e Maria Sylvia de Carvalho Franco a um só tempo expressam e se beneficiam dos avanços teórico-metodológicos contemporâneos internacionais da disciplina; mas o destaque analítico dado à recepção crítica das ideias de Oliveira Vianna em suas pesquisas permite reconhecer que, também no âmbito das ciências sociais, estava em formação um "sistema de problemas e contradições, que de modo nenhum excluía, mas filtrava a oferta internacional de teorias sociais" (SCHWARZ, 1999: 20). É certo também que a comparação entre ensaio e pesquisa sociológica não deve levar, necessariamente, a um entendimento da formação dessa vertente da sociologia política meramente em termos evolutivos lineares. Nesse sentido, quero sustentar que cada um dos trabalhos que compõem a agenda de pesquisa analisada neste estudo tem não apenas autonomia e validade independentes uns dos outros, e de acordo com os diferentes objetivos e compromissos que apresentam; mas também que o reconhecimento de que formam um conjunto analítico e que, assim considerados, expressam conquistas cognitivas heurísticas cruciais da sociolo-

---

16. Para a discussão sobre as relações entre público e privado na modernização da política brasileira do século XX, cf. Gomes (1998).

gia, não invalida o caráter conflituoso e concorrente das suas perspectivas entre si. A abordagem analítica proposta justifica-se, então, fundamentalmente, tendo em vista que, sendo o sentido da construção do conhecimento sociológico cumulativo, ainda que cronicamente não consensual (GIDDENS, 1998; ALEXANDER, 1999; DOMINGUES, 2004), o reexame constante de suas realizações passadas inclusive através da exegese de textos assume papel muito mais do que tangencial na prática corrente da disciplina. Esse reexame, dado inclusive que os desafios atuais de qualquer sociedade estão associados também à sequência de seu desenvolvimento histórico, pode concorrer para que, parafraseando Reinhard Bendix (1996: 36), "os *insights* obtidos no passado" não sejam "descartados levianamente", como no caso das proposições da sociologia política aqui reconstituída face à construção social contemporânea da democracia no Brasil.

2
PASSAGENS PARA O ESTADO-NAÇÃO

A consolidação nas duas últimas décadas do "pensamento social" como área de pesquisa no âmbito das ciências sociais praticadas no Brasil, fruto de um número crescente de trabalhos que tem explorado sistematicamente suas dimensões sociais, ideológicas, institucionais e cognitivas permite e suscita o desenvolvimento de novos interesses de pesquisa. Como o voltado para a dimensão propriamente teórica das obras que compõem o seu acervo primário, especialmente os ensaios de interpretação do Brasil e as pesquisas das gerações pioneiras das ciências sociais institucionalizadas. Problema que se encontra, até o momento, praticamente inexplorado. Em parte, talvez, como decorrência da compreensão da dinâmica da vida intelectual brasileira, também ela marcada sistematicamente pela recepção de ideias, como se essa inevitável "aclimatação intelectual" não pudesse produzir formulações relevantes no plano propriamente teórico, ou interpelações às premissas da sociologia clássica ou moderna. Ou, talvez, pela persistência de visões segundo as quais as ciências sociais, quando concebidas em acepção positivista e orientadas para o mundo empírico, já deveriam ter solucionado as questões colocadas pelas interpretações mais antigas. Dessa perspectiva, a pesquisa do pensamento social, como a dos clássicos da sociologia em geral, constituiria, no máximo, um tipo de conhecimento antiquário sem maior significação para a sociedade e para a as ciências sociais contemporâneas.

Seja como for, um dos sentidos heurísticos da conexão entre pensamento social e teoria sociológica, aproximando questões do presente a interpretações do passado, talvez seja justamente o de permitir a crítica à abstração da constituição diacrônica e dinâmica da sociedade. Sem o que não se poderá ganhar uma visão mais integrada e consistente da dimensão de processo social que o nosso presente ainda oculta e no qual parte importante da sociologia contemporânea parece se refugiar. Ademais, cumpre lembrar que a aproximação das respostas do passado às perguntas do presente é suscitada porque os desafios atuais de qualquer sociedade também estão associados à sequência do seu desenvolvimento histórico.

Tendo em vista estas questões gerais, proponho neste estudo voltar a uma das pesquisas do acervo clássico da sociologia brasileira, *Lutas de famílias no Brasil (uma introdução ao seu estudo)*, de 1949, de Luis de Aguiar Costa Pinto. Meu interesse é evidenciar e discutir como o tema dessa obra e, sobretudo, o tratamento sociológico dado a ele por Costa Pinto, dialogando com a tradição sociológica brasileira, possuem significação teórica mais ampla para a compreensão da formação do Estado-nação no Brasil. Para que o seu significado teórico heurístico possa ser identificado e discutido, nos termos especificados na apresentação deste livro, situarei *Lutas de famílias no Brasil* numa das vertentes do pensamento social brasileiro anterior. Vertente que, partindo das relações sociais como âmbito de definição do sentido assumido pelas instituições políticas, aponta para a particularidade da realização do Estado no Brasil, dada a precedência histórica do privado em relação ao público na sua sociedade, e que tem sido tratada tanto como um tipo de "patrimonialismo societal" (VIANNA, 1999) quanto como uma "tradição feudalista" (CARVALHO, 1998). Nela, fundamentalmente, o privado é identificado à família de tipo patriarcal, e esta como a agência fundamental de coordenação da vida social que veio se formando desde a colonização portuguesa no Brasil e através de cuja práxis o privado foi se estendendo ao público, identificado ao Estado, modificando-lhe o sentido, quiçá, originalmente pretendido. Malgrado comporte significados instáveis, não ocupe o mesmo lugar analítico e tampouco o mesmo sentido político de uma interpretação para outra, nela destacam-se centralmente *Populações meridionais do Brasil* (1920), de Oliveira Vianna, *Casa-grande & senzala* (1933), de Gilberto Freyre, *Raízes do Brasil* (1936), de Sergio Buarque de Holanda e *A ordem privada e a organização política nacional* (1939), de Nestor Duarte.

Ainda que nem sempre voltados explicitamente no plano temático para a problemática da formação do Estado-nação no Brasil, podem-se recuperar, analiticamente, nos trabalhos que compõem tal vertente interpretativa, *Lutas de famílias no Brasil* incluído, elementos teóricos cruciais para uma compreensão sociológica renovada daquele processo. A começar pelo fato de que a identificação da precedência histórica do privado em relação ao público remete, em termos analíticos, ao problema da restrição da "solidariedade social" aos círculos privados e suas consequências para o assentamento da "autoridade pública" na sociedade brasileira. E, acima de tudo, porque o próprio Estado-nação pode ser entendido como um processo histórico que envolve fundamentalmente, do ponto de vista sociológico, a articulação entre uma "autoridade pública" burocratizada e racionalizada e novas formas de "solidariedade social" que tendem a se universalizar para além das lealdades locais e tradicionais, corporificando-se nas modernas noções de "nação" e "cidadania" (BENDIX, 1996; REIS, 1998). Noutros termos, o Estado-nação pressupõe a passagem das "solidariedades" locais à nacional, ainda que, como acentua a bibliografia contemporânea, possam inexistir condições para se atingir exclusivamente formas civis de "sentimentos de pertencimento" (ALEXANDER, 2001) ou de "repertórios" de ação coletiva (TILLY, 1996). Daí se tornar compreensível que o baralhamento entre público e privado apareça como problemático na experiência de construção da comunidade política típica da modernidade na sociedade brasileira, uma vez que, nesta, historicamente, "solidariedade social" e "autoridade pública" pareciam não se encontrar, posto que fragmentadas e circunscritas a círculos particularistas, como os familiares.

O recurso ao pensamento social brasileiro neste estudo não implica minimizar a importância das mediações teóricas e metodológicas internacionais da sociologia como disciplina acadêmica para a composição de *Lutas de famílias no Brasil*[17]. Mas, antes, reconhecer que o pensamento social também constituiu um corpo de problemas e soluções intelectuais – "um estoque teórico e metodológico" (BRANDÃO, 2005) – a que autores de diferentes épocas são levados a se referir, ainda que indiretamente e guardadas

---

17. Observo, a propósito, a importância de *La vengeance privée et les fondements du droit international public* (1936) de Jacques Lambert, professor de Costa Pinto na primeira turma do Curso de Ciências Sociais da então recém-criada Faculdade Nacional de Filosofia da Universidade do Brasil. De Lambert, Costa Pinto retoma em *Lutas de famílias no Brasil*, sobretudo, a hipótese de que a "história da vingança privada e da sua eliminação é a história da criação de um sistema jurídico e de seu desenvolvimento" (PINTO, 1949: 19) – hipótese que, aliás, continua a produzir frutos na sociologia jurídica contemporânea (BUSQUET, 1994).

as especificidades cognitivas e políticas de cada um, no enfrentamento de velhas e novas questões postas pelo desenvolvimento social. Como aqueles ensaístas que o precederam, Costa Pinto também parte da tese da hipertrofia do poder privado e sua identificação com a família como agência crucial na formação da sociedade brasileira em contraste com a dificuldade que o Estado teria demonstrado em centralizar os princípios mais amplos e abstratos de "autoridade pública" e "solidariedade social" que o definem. Pode-se mesmo dizer que a intenção de diálogo com esta vertente da tradição intelectual brasileira por parte de Costa Pinto é intencional, não constituindo, em suas palavras, uma "digressão", mas, antes, uma "necessidade de método" (PINTO, 1949: 43). E como também sugere sua resposta dada em entrevista inédita de 1995 à indagação sobre a importância de *Lutas de famílias no Brasil*:

> Na verdade, eu não fui o primeiro a tratar disso não, seguramente não [...] O Oliveira Vianna [...] e depois o mais celebrado foi o Gilberto Freyre, com *Casa-grande & senzala*. Quer dizer, eu não tenho nenhum pioneirismo nisso (PINTO, 1995: 9).

Seu diálogo com o pensamento social, contudo, não o leva a tratar a relação público/privado de uma perspectiva dualista como ocorreu muitas vezes, antes e depois dele, na tradição intelectual brasileira. Procura, antes, evidenciar com sua pesquisa sobre as lutas de famílias que, no Brasil, o Estado se teria formado a partir de uma interdependência histórica entre público e privado, já que nenhum desses princípios de coordenação social teria tido força suficiente para impor-se isoladamente ao conjunto da sociedade. *Lutas de famílias no Brasil* marca, nesse sentido, uma posição definida de Costa Pinto no debate mais amplo sobre as relações entre sociedade e Estado no Brasil, representando ainda, a meu ver, um momento decisivo na formação de sua posição teórica mais ampla contra a visão dualista sobre as relações entre tradição e modernidade e sobre a mudança social em geral. É esta proposição teórica e sua capacidade de interpelação contemporânea à compreensão da formação do Estado-nação no Brasil que cumpre agora discutir.

Pesquisa acadêmica e tradição intelectual

Lutas de famílias no Brasil apresenta os resultados de investigação empírica documental realizada por Costa Pinto na seção de Manuscritos da Biblioteca Nacional do Rio de Janeiro sobre as lutas travadas entre Camargos e Pires, no século XVII, na Capitania de São Vicente, e Montes e Feitosas, nos sertões do Ceará, no século XVIII. Como nos prefácios em geral, também no prefácio à primeira edição deste livro, escrito em 1946, encontram-se, entre outras, indicações significativas sobre o que Costa Pinto pretendia ao escrever o livro, particularmente, sobre a natureza do problema que ele tinha em vista e sobre as convenções intelectuais que ele desejava apoiar ou superar[18]. Nele, o então jovem sociólogo baiano procurou situar de modo preciso sua pesquisa sobre as lutas entre certas famílias poderosas que povoam a crônica da vida social da América portuguesa num quadro teórico mais amplo que nos permite tirar consequências, de um ponto de vista analítico, para a discussão da construção do Estado-nação no Brasil.

Costa Pinto começa por circunscrever o interesse sociológico nas lutas de famílias à problemática da "vingança privada", ou vendeta, como forma específica de "controle social" na sociedade colonial. Sustenta, ainda, que, para além do significado histórico "intrínseco" do fenômeno pesquisado, as lutas de famílias constituiriam um ângulo privilegiado para a pesquisa sociológica, como "exemplo e prova" das condições sociais mais amplas em que se desenvolveu o "poder político no Brasil" (PINTO, 1949: 10). Nesse sentido, argumenta, de um lado, que as lutas de famílias deveriam ser entendidas como "um estágio da evolução do direito", porém, dentro do conjunto de relações sociais de que o próprio direito seria parte; mas, de outro, que a própria formulação do problema nesses termos exigia que se buscasse na "formação social do Brasil" como as lutas de famílias haviam se configurado em face das relações entre público e privado no passado da sociedade (PINTO, 1949: 9-10). A esse respeito, Costa Pinto é categórico: a vingança privada seria a expressão síntese da "hipertrofia" do poder privado e da

---

18. A primeira versão de *Lutas de famílias no Brasil* foi publicada como artigo na *Revista do Arquivo Municipal* de São Paulo, em 1943. A publicação fora intermediada por Arthur Ramos, ex-professor e amigo de Costa Pinto, que, em carta de 5 de junho de 1942, apresenta o jovem sociólogo e sua pesquisa a Sergio Milliet, então diretor da Divisão de Documentação Histórica e Social do Departamento de Cultura de São Paulo (RAMOS, 1943, s. p.). Como livro, *Lutas de famílias no Brasil* apareceu pela primeira vez em 1949 pela Companhia Editora Nacional na *Brasiliana*, uma das mais prestigiosas coleções de "assuntos brasileiros" editadas no país, então sob a direção de Fernando de Azevedo. O livro conheceu ainda uma segunda edição, em 1980, apenas acrescida de uma brevíssima nota do autor intitulada "Na segunda edição".

"atrofia" do poder público na sociedade brasileira, e seriam nessas particulares relações históricas entre sociedade e Estado e nas disputas de poderes concorrentes nelas engendradas que a inteligibilidade sociológica das lutas de famílias deveria ser buscada (PINTO, 1949: 10).

Como discutido no capítulo 1 desta coletânea, a tese da superposição entre público e privado como princípios distintos de coordenação social, segundo a qual uma ordem privada vigorosa sobrepõe-se historicamente e redefine o sentido de uma ordem pública frágil, encontra em *Populações meridionais do Brasil* de Oliveira Vianna uma formulação paradigmática[19]. Retomando o fundamental do argumento, para Oliveira Vianna, os clãs rurais seriam a verdadeira "força motriz" de toda a nossa histórica política e "causa primeira da sua dinâmica evolução" (VIANNA, 1973: 139). Sem ter quem lhes contestasse o poder e efetivo, os clãs rurais abriam espaço no domínio público incipiente da sociedade para promover seus interesses particulares. É justamente essa capacidade de apropriação privada das instituições públicas que Oliveira Vianna chama de "anarquia branca", como o autor discute a partir dos casos da justiça, do recrutamento militar e das corporações municipais. São essas condições de fragilidade e parcialidade das instituições públicas que levariam diferentes grupos subalternos a se protegerem do Estado sob o poder tutelar dos clãs rurais. Diante da ameaça de fragmentação da sociedade decorrente dessa situação se fazia urgente reorganizar, fortalecer e centralizar o Estado de modo a enfraquecer politicamente as oligarquias agrárias e sua ação corruptora das liberdades públicas.

Em *Casa-grande & senzala* (1933), Gilberto Freyre também identifica a superposição do público e do privado como decorrência do papel desempenhado pela família patriarcal como unidade de formação e reprodução da sociedade. Ao contrário de Oliveira Vianna, no entanto, Freyre argumenta a favor do equilíbrio operado, também a esse respeito, pela colonização portuguesa na América, donde, para ele, a família ter tornado não apenas exótica a noção ocidental de indivíduo, como adjetivo o papel do Estado nesse processo (BASTOS, 2005). Situação sem dúvida abalada a partir da transfe-

---

19. Para uma visão representativa da bibliografia sobre Oliveira Vianna, cf. Bastos e Moraes (1993).

rência da Corte portuguesa para o Rio de Janeiro, discutida em *Sobrados e mucambos* (1936) como o marco decisivo de reorientação da vida social no sentido da sua modernização/ocidentalização. Processo que também se fez acompanhar, no plano político, pelo progressivo declínio do poder privado, representado pelo patriarca, em face do progressivo "aumento do poder político público, encarnado por órgãos judiciais, policiais, ou militares ou simplesmente burocráticos do governo monárquico" (FREYRE, 1981: LXXI).

Todavia, como a decadência do patriarcado rural não implicou totalmente o desaparecimento do seu poder, também a interpenetração entre público e privado não é rompida, ainda que as relações entre esses domínios tenham se alterado em face do peso relativo que as instituições teriam passado a assumir; como expressa o fato de a ascensão social do bacharel e do mulato, e sua inserção no próprio domínio público, estar condicionada a suas relações tradicionais com a família patriarcal (FREYRE, 1981: 574-575). Não por acaso são eles, o bacharel e o mulato, os personagens-sínteses desse processo de mudança social que, segundo Freyre, não se operaria por rupturas, mas, antes, por "acomodação", como o que garantiu a inserção daquelas criaturas da família patriarcal no Estado, que havia, originalmente, se organizado para contrapor-se ao poder privado. A minimização por parte de Freyre das consequências do baralhamento entre público e privado na definição da ordem social moderna está associada, contudo, não apenas à perspectiva positiva que manifesta em relação à ordem social tradicional fundada na família patriarcal, como ainda ao fato de não enfrentar diretamente a questão das instituições políticas na configuração da democracia, limitando-se a defender a superioridade da "democracia social" atingida justamente com a concorrência também daquele baralhamento (BASTOS, 2005).

Outra é a perspectiva de *Raízes do Brasil* (1936) de Sérgio Buarque de Holanda, que, embora também constate "uma invasão do público pelo privado, do Estado pela família" na formação da sociedade brasileira, não apenas nega qualquer gradiente entre público e privado (HOLANDA, 1995: 82), como ainda considera que a ruptura entre esses diferentes princípios de coordenação social representaria condição prévia para a constituição de uma ordem social moderna no Brasil (BASTOS, 2005). Entendida fundamentalmente como legado da colonização portuguesa, a precedência do privado em relação ao público configuraria uma restrição da solidariedade social aos círculos domésticos, cujos laços afetivos seriam "forçosamente restritos, particularistas e antes inimigos que favorecedores das associações estabelecidas sobre plano mais vasto" (HOLANDA, 1995: 39). Também em *Raízes do Brasil*, o baralhamento entre privado e público assume importância crucial na discussão sobre a transição do rural ao urbano e da sociedade brasileira que se seguiria, mas, ao contrário dos ensaios de Gilberto Freyre, as consequências daquele baralhamento seriam fundamentais no desenho das instituições democráticas no Brasil. Como bem expressa a discussão de Sérgio Buarque sobre a "cordialidade", numa sociedade onde "as relações que se criam na vida doméstica sempre forneceram o modelo obrigatório de qualquer composição social", as formas particularistas de orientação das condutas tendiam a permanecer rivalizando com as instituições democráticas que, "fundadas em princípios neutros e abstratos, pretendem assentar a sociedade em normas antiparticularistas" (HOLANDA, 1995: 146).

Mas porque, segundo a concepção do ensaio, o Estado "não é uma ampliação do círculo familiar e, ainda menos, uma integração de [...] certas vontades particularistas, de que a família é o melhor exemplo", não poderia existir entre o círculo familiar e ele "uma gradação, mas antes uma descontinuidade e até uma oposição" (HOLANDA, 1995: 141). Por isso, ao contrário de Gilberto Freyre, para Sérgio Buarque, "só pela transgressão da ordem doméstica e familiar é que nasce o Estado e que o simples indivíduo se faz cidadão, contribuinte, eleitor, elegível, recrutável e responsável, ante as leis da Cidade" (ibid.).

Embora com sentido político oposto, *Raízes do Brasil* aproxima-se a respeito da descontinuidade entre privado e público de *Populações meridionais do Brasil* que, em verdade, logrou fixar um programa intelectual de investigação da formação social brasileira a partir das relações entre aqueles domínios sociais. De fato, Sérgio Buarque recusa a solução autoritária apresentada por Oliveira Vianna, primeiro mediante a centralização e fortalecimento do Estado e mais tarde na associação deste Estado às corporações profissionais, mas compartilha a representação de que a hipertrofia da ordem privada constituiria não apenas elemento central da formação da sociedade brasileira, como também representaria problema crucial para a sua modernização. Todavia, em *Raízes do Brasil*, público e privado permanecem numa relação tenaz de dilema ou mesmo de impasse. Isso ocorre, em parte, porque o ensaio de Sérgio Buarque é desprovido, por um lado, de uma perspectiva normativa e teleológica mais definida, como o de Oliveira Vianna, manifesta no próprio caráter "aberto" da sua resposta às possibilidades efetivas da democracia no Brasil; e, por outro, de uma explicação mais consistente sobre as formas sociais de efetivação e, portanto, de possível rejeição do legado cultural ibérico na sociedade brasileira, como expressa a sugestão da "cordialidade" como extensão da "cultura da personalidade dos ibéricos" e ambas como expressões-sínteses das tentativas de recriar, na ordem pública, formas de orientação das condutas próprias à privada. Certamente, em *Populações meridionais do Brasil*, as relações entre público e privado só não permanecem em dilema se se aceitar o caráter autoritário da proposta política que o livro encerra constitutivamente, ou ao menos se houver concordância quanto ao caráter transitório do seu autoritarismo. Ainda assim, no entanto, pode-se reconhecer que o caráter autoritário da proposta de Oliveira Vianna está, sociologicamente, subordinado ao reconhecimento primeiro da possibilidade de mudança social, ainda que apenas através do Estado e não através de instâncias societárias (BOTELHO & BRASIL, 2005).

Perspectiva convergente, em parte à de *Raízes do Brasil*, em parte à de *Populações meridionais do Brasil*, origina *A ordem privada e a organização política nacional* (1939), de Nestor Duarte. Neste ensaio, o impasse do surgimento do Estado como fenômeno político moderno diferenciado também ganha inteligibilidade em face de uma sociedade dominada pelo poder privado, como em Vianna e Buarque, mas a solução autoritária do primeiro também é, como no segundo, claramente rejeitada. Tampouco incorre Duarte, por outro lado, exatamente numa concepção que mantém público e privado numa relação de dilema, ainda que a sua interpretação não seja livre de ambiguidades já que o determinismo privado da sociedade se apresenta como obstáculo à constituição via sociedade de um Estado democrático como propõe (PIVA, 2000). Como Sérgio Buarque, também Duarte reconhece a fragilidade do caminho societário de construção da cidadania democrática no interior da cultura política brasileira (vista, em ambos os autores, como uma continuidade em relação à cultura portuguesa), e sustenta que, nem por isso, ele fosse menos necessário. Mas Duarte recusa não apenas a ideia do Estado como princípio ordenador da sociedade (como Buarque), mas também a própria existência de um Estado como expressão da nação no Brasil (como Vianna); por isso, enfatiza claramente a tarefa política de formar na sociedade um "espírito público" de matriz democrática capaz de construir (e não apenas transformar) o Estado brasileiro em verdadeira comunidade política. Sua posição democrática, mas não antiestatista, manifesta-se, por exemplo, na defesa do próprio Estado democrático – acima da defesa da difusão do ensino propugnada por vários dos seus contemporâneos – como a forma de "poder educacional mais vivo e direto para interessar uma população tão alheia e indiferente como a nossa, nos acontecimentos políticos e problemas de uma nação" (DUARTE, 1966: 7).

Conflito e ação coletiva

Em *Lutas de famílias no Brasil,* a importância da tese de Oliveira Vianna é confirmada pelo lugar que ocupa na economia interna dos argumentos mobilizados por Costa Pinto, valendo lembrar que a vingança privada havia sido claramente assinalada pelo ensaísta fluminense em termos de "rivalidades de clãs" (VIANNA, 1973: 177ss.). De fato, embora sejam feitas recorrentemente referências à *Casa-grande & senzala, Raízes do Brasil* e *A ordem privada e a organização política nacional,* assim como a outros ensaios representativos do pensamento social, esses são citados, sobretudo, para corroborar ou ilustrar aspectos centrais já formulados na interpretação do Brasil de Oliveira Vianna[20]. Tais como o caráter *quase* autárquico da grande propriedade fundiária, sua dispersão pelo território, seu papel na organização e simplificação da sociedade rural, o papel do rural modificando desde as origens da sociedade o sentido possível assumido pelo urbano, o papel crucial da família extensa em todo esse processo, entre outros (PIN-

---

20. O diálogo de Costa Pinto com o pensamento social inclui ainda, mas de modo secundário, outros autores como Alcântara Machado, Roberto Simonsen e Caio Prado Júnior. Rohden (1999) situa de perspectiva diferente as formulações de *Lutas de famílias no Brasil* em relação aos ensaios aqui destacados de Oliveira Vianna, Gilberto Freyre, Sérgio Buarque e Nestor Duarte (dentre outros trabalhos) com o objetivo de identificar o "modelo de família" que concebem como fundamento da organização social da colônia e um "código de honra" orientador das condutas nele baseado.

TO, 1949: 47-59, p. ex.). Nesse sentido, pode-se dizer que, no uso que faz dos ensaios de Vianna, Freyre, Buarque e Duarte, Costa Pinto acaba mais por enfatizar uma linha de continuidade entre as interpretações do Brasil destacadas do que por demarcar e aprofundar as diferenças de sentido existentes entre elas – como procuramos assinalar anteriormente.

Do ponto de vista da questão substantiva que nos interessa aqui mais de perto, no entanto, em todos os ensaios anteriormente destacados com os quais Costa Pinto dialoga impõe-se, como vimos, o reconhecimento da precedência do privado em relação ao público e a restrição da solidariedade social aos círculos domésticos e aos laços afetivos. À exceção, no entanto, de Gilberto Freyre, que não vê problema no *continuum* privado/público, os demais autores, rejeitando essa posição, tendem a ver a sociedade brasileira como fragmentada e corrompida pelo privatismo historicamente dominante. E, por isso, Sérgio Buarque e Nestor Duarte acabam por colocar em dúvida a capacidade de, dessa mesma sociedade, emergir a constituição do Estado democrático que defendem. Problema que o autoritarismo de Oliveira Vianna, instrumental ou não, contorna ao sugerir a centralização e o fortalecimento do Estado como meio de contraposição ao poder privado. Ao recolocar o problema, Costa Pinto compartilhou com Oliveira Vianna, Sérgio Buarque e Nestor Duarte, mas não com Gilberto Freyre, a recusa à ideia de *continuum* entre privado/público; mas ao contrário desses seus predecessores, no entanto, abordando o tema da vingança privada, Costa Pinto identifica de uma perspectiva não dualista as interações históricas entre público e privado mostrando, fundamentalmente, que, se essas ordens sociais não se encontravam inteiramente separadas, já não estavam totalmente indistintas. Vejamos a proposição em detalhes.

Embora sua contraposição às interpretações do Brasil destacadas possa ser analiticamente reconstituída, é preciso assinalar, em primeiro lugar, que é ao seu conterrâneo Nestor Duarte, nomeado de "erudito professor baiano" (PINTO, 1949: 44, nota 37), que cabem as críticas mais explícitas e diretas de Costa Pinto ao dualismo público/privado. Com relação ao ensaio *A ordem privada e a organização política nacional*, Costa Pinto observa, basicamente, que a hipertrofia da ordem privada em detrimento da organização política na formação da sociedade brasileira é tratada como "resíduos históricos [...] trazidos na cultura do povo colonizador"; tese que, a despeito do "enquadramento, às vezes forçado, da realidade aos limites das proposições *a priori* estabelecidas", poderia ser confirmada de modo mais adequado com a pesquisa de "fatos" sequer abordados – justamente a vingança privada –, mas "cuja simples enunciação diria muito mais que muita frase sobre o tema abordado" (ibid.). O problema, neste caso, parece estar mais relacionado ao estatuto de "legado cultural" da hipertrofia da ordem privada que seria, senão desmentido, ao menos matizado pela investigação sociológica de "fatos sociais" como a vingança privada. Costa Pinto, com efeito, não explora a dimensão e os recursos simbólicos envolvidos na vingança privada como forma de controle social, tal como sugeriria a perspectiva de Nestor Duarte, e também a de Sérgio Buarque de Holanda, nas quais a herança cultural do colonizador português desempenha papéis centrais na explicação da relação entre Estado e sociedade. Mas Costa Pinto se concentra, antes, no que considera o conjunto fundamental de recursos materiais de que disporia a sociedade colonial para tentar assegurar a conformidade do comportamento de seus membros às regras socialmente prescritas. Verifica-se nesse aspecto uma descontinuidade crucial em relação às preocupações manifestas pelos ensaios dos anos de 1920 e 1930 com o papel do legado cultural ibérico na orientação das condutas dos "brasileiros", bastante característica da ênfase dada pela sociologia brasileira dos anos de 1950 às "relações sociais" como domínio cognitivo sociológico por excelência, além de princípio autônomo explicativo da vida social.

Em *Lutas de famílias* isso fica claro no capítulo dedicado às razões do desaparecimento "progressivo" da vingança privada no Brasil. São eles: o "medo ante a violência das retaliações", o "enfraquecimento dos laços de família e de clã", o "aparecimento dos neutros dentro da comunidade que se desenvolve" e o "fortalecimento da organização política" (PINTO, 1949: 35-41). E é em meio a esse processo que, em face da ascensão de formas mais racionalizadas de sanção, de "fator de ordem", que a vingança privada era, vai se tornando "germe de desordem e, de mantenedora da segurança e do equilíbrio sociais, transforma-se em sua negação" (PINTO, 1949: 11). Justamente como "instituição em declínio" no mundo ocidental e, portanto, com as características acima apontadas, é que a vingança privada teria surgido na sociedade colonial (PINTO, 1949: 35). E embora não negue a centralização da autoridade pública operada pelo Estado imperial, tal como já discutido em *Populações meridionais do Brasil* (VIANNA, 1973: 167-262), Costa Pinto considera que, apesar das mudanças então em curso, a consolidação daquele processo não teria se dado "tanto pelo enfraquecimento do poder privado, mas, essencialmente, pela fusão das duas ordens – o que foi a coluna-mestre da monarquia" (PINTO, 1949: 11). Voltaremos a essa questão da "fusão" entre público e privado adiante.

Para Costa Pinto, o que estava em jogo com a expressão "lutas de famílias" era, fundamentalmente, a dimensão ao mesmo tempo de ação e conflito coletivos na sociedade brasileira, uma vez que compartilhava da tese – segundo afirma, tomada a Durkheim – de que seria, "em última análise, na própria vida humana associativa que os produtos sociais e culturais, encontram explicação" (PINTO, 1949: 42). Nesse sentido, sem explicitar sua discordância, contrapõe-se igualmente à perspectiva, também proposta no ensaio de estreia de Oliveira Vianna, segundo a qual o poder das famílias na colônia, ou a hipertrofia dos núcleos privados de autoridade, pudesse ser explicado em função do "insolidarismo" ou debilidade das práticas associativas advindas da formação rural da sociedade brasileira. Para Costa Pinto, como foi observado, a vingança privada sintetiza as formas de ação coletiva vigentes na sociedade colonial. Baseada na solidariedade de parentesco, como ação coletiva a vingança privada realizava-se na busca de punição socialmente legítima de delitos das mais diferentes ordens: do adultério, como no caso da luta entre Camargos e Pires, aos conflitos pela posse de terras, como no caso da luta entre Montes e Feitosas. Comparando-a com a Lei de Talião descrita no Livro do Êxodo, por exemplo, Costa Pinto constata que, enquanto esta se caracterizaria tanto por um ideal "superior de justiça e de proporcionalidade da pena" (olho por olho, dente por dente...) quanto pela "individualização da responsabilidade", a vingança privada seria, ao contrário, de uma violência brutal e ilimitada, além de necessariamente coletiva (PINTO, 1949: 20ss.).

A noção de "responsabilidade coletiva" da vingança privada é crucial e também a de "obrigações coletivas" que acarretava. Obrigava, em primeiro lugar, todo o grupo a sofrer as consequências por uma transgressão ou delito cometido por um de seus membros (o que Costa Pinto chama de "solidariedade passiva") e, em segundo, todo o grupo a se unir para vingar a transgressão cometida por um de seus membros ("solidariedade ativa"). Noutras palavras, a solidariedade familial traduz-se em duas modalidades principais: "ativa", quando o grupo familiar é obrigado a punir um delito cometido contra um de seus membros, e "passiva", quando deve sofrer a represália ao delito praticado por um de seus membros (PINTO, 1949: 23ss.). Ilustrativa dessa lógica coletiva da vingança privada numa "sociedade de parentes", segundo a qual a individualização da responsabilidade constituiria verdadeiro "rebaixamento para o indivíduo" (PINTO, 1949: 26), é a indiferença em face dos atentados cometidos contra os estrangeiros neutros, pois ela "também revela que os direitos e deveres, em tais sociedades, não ultrapassam o âmbito da família" (ibid., 1949: 25). As lutas de famílias, portanto, expressariam a lógica da ação coletiva numa sociedade constitutivamente marcada pela solidariedade familiar, o que certamente implica relações diretas, pessoalizadas e violentas entre os grupos sociais, e não a sua insolidariedade social.

Não se poderá compreender a caracterização teórica que Costa Pinto faz da vingança privada como forma de "controle social" sem levar em conta que, segundo ele, a família constituía a unidade central na sociedade e da posição nela ocupada advinha diretamente o *status* do próprio indivíduo. É a isso que Costa Pinto chama de "sociedade de parentes" (PINTO, 1949: 23), cuja caracterização como dimensão hipertrofiada diante do público e multifuncional nas dimensões econômica, política e social é muito próxima da do "regime de clã" feita por Oliveira Vianna (1973: 138ss.). Próxima, mas não equivalente, pois na formulação de Costa Pinto, a "sociedade de parentes" constituiu "centro e núcleo, *quase* absoluto, da vida social" (PINTO, 1949: 48 – grifo meu). *Lutas de famílias*, poder-se-ia argumentar, está *todo* neste *quase*, e também sua diferença fundamental em relação a *Populações meridionais do Brasil* e aos ensaios que se lhe seguiram. Afinal, lembrando aqui especialmente o primeiro ensaio, é esta ponderação que permite a Costa Pinto contrapor-se frontalmente à afirmação de Oliveira Vianna, segundo a qual, em face das lutas de famílias, as autoridades públicas "não aparecem senão como simples espectadoras do tumulto. Em regra, recuam, cautelosas e tímidas, diante desse poder formidável, que os latifúndios elaboram" (VIANNA, 1973: 179).

Quase significa, em *Lutas de famílias no Brasil*, que, no plano histórico, apesar da hegemonia da ordem privada e suas formas correspondentes de solidariedade social, a autoridade pública não estava de todo ausente na sociedade. Por mais impotente que pudesse ser para monopolizar a violência de forma legítima, já que no Brasil, "o Estado foi sempre instituição precária" (PINTO, 1949: 51), argumenta Costa Pinto, a autoridade pública era sim constantemente chamada a intervir nas "pendências privadas", pondo "fora da lei os vingadores, exercendo pressão pacificadora, aplaudindo os perdões (escrituras) em separado" (PINTO, 1949: 87). Mais ainda, no plano analítico, *quase* significa que Costa Pinto não concebeu as ordens pública e privada de um modo dualista, mas, antes, soube valorizar as tensões constitutivas entres esses domínios para investigar, através da ação coletiva, a dinâmica conflituosa e ambígua da vida social[21]. Demonstra-o o sociólogo baiano com os capítulos dedicados aos estudos de casos e, sobretudo, com a transcrição de documentos históricos oficiais cujo conteúdo aponta, invariavelmente, para a presença decisiva, ainda que incipiente, do Estado na definição da legitimidade ou não das lutas de famílias na sociedade colonial.

A esse propósito deve-se atentar ainda para a relevância da perspectiva histórico-comparada presente em *Lutas de famílias no Brasil*. Como diz o autor: "Se, porém, ao encararmos historicamente a repressão privada como um estágio da evolução do direito, dissemos que a fraqueza do poder público resulta do fato de ele ainda estar em formação", no caso da América portuguesa, "as debilidades da organização política, se explicam, entretanto, como produtos da situação material e social" próprias à nossa vida colonial (PINTO, 1949: 56-57). No contexto da colonização, argumenta Costa Pinto, "a estrutura administrativa, jurídica e política trazida e implantada pelos colonizadores" acaba por sofrer "uma como que *retificação* de sua história, atravessando etapas que mal conhecera" (ibid., 1949: 57 – grifo no original). Afirmação na qual se manifesta, mais uma vez, a convicção sociológica de

---

21. Para Glaucia Villas Bôas, embora inscrita em *Lutas de famílias*, a hipótese de um "entrelaçamento conflituoso e dinâmico de condutas sociais referidas a ordens sociais distintas" (no caso público e privado) que assinalava um "caminho próprio e singular de constituição do país", seria aperfeiçoada por Costa Pinto em pesquisas posteriores. Especialmente em *Recôncavo. Laboratório de uma experiência humana* (1958), no qual o sociólogo teria logrado relacionar aquele entrelaçamento à conjugação de temporalidades diferentes (VILLAS BÔAS, 2006: 113).

que, como as instituições transplantadas da Metrópole para a Colônia não caem num vazio em termos de relações sociais, seu sentido será definido justamente a partir das suas interações com a estrutura e as relações sociais vigentes na sociedade colonial.

Assim, se a distinção clássica entre público e privado não se aplica diretamente ao período estudado, isso se deve justamente ao fato de que, em sua interação com a sociedade colonial, as estruturas europeias de Estado importadas tinham que lidar com outras exigências sociais. O que nos particularizaria, argumenta Costa Pinto, já não era, desde a sociedade colonial, exatamente a ausência de instituições públicas, como na Europa feudal, mas o uso a que desde então estas foram socialmente submetidas entre nós (PINTO, 1949: 57ss.). Interpretação que, num certo sentido, encontra correspondência na historiografia brasileira contemporânea que tem mostrado que, se na Europa Moderna o privado se define em relação à formação do Estado, na Colônia, no mesmo período, ele se associa, por sua vez, fundamentalmente, à própria "passagem da colônia para a nação, ou melhor, à própria gestação da nação no interior da colônia" (NOVAIS, 1997: 17).

A nacionalização da vida social

É verdade que Costa Pinto não afirma que a vingança privada encontraria plena vigência no presente, tal qual se apresentava no passado investigado. Todavia, não afirma igualmente que este, o passado colonial, estivesse exatamente morto na sociedade brasileira. Justamente porque a "antinomia dialética" entre público e privado seria, "em nossa história, fato que vem dos primeiros tempos aos nossos dias, numa constância que revela estarem suas causas entranhadas nos fundamentos mesmos de nossa formação como sociedade" (PINTO, 1949: 51-52). Tal como para os ensaístas que o precederam, as consequências previsíveis ou inesperadas do fenômeno abordado na sequência de formação da sociedade justificam para Costa Pinto a pesquisa sociológica do passado, mesmo num momento em que, como nos anos de 1950, muitos acreditavam viver plenamente a transição do rural ao urbano e o fortalecimento das instituições públicas democráticas (BOTELHO et al., 2008).

O singular entrelaçamento entre público e privado identificado em *Lutas de famílias no Brasil* desempenha ainda papel crucial em certos desafios tenazes da sociedade brasileira relacionados à identidade e à ação coletivas próprias ao Estado-nação. Sobretudo se levarmos em conta, como vários estudos têm chamado a atenção, que o modelo de cidadania historicamente institucionalizado no Brasil pode mesmo se mostrar potente o suficiente para tornar mais estreita e indiscriminada a esfera pública e a participação democrática ainda mais reduzida na atualidade[22]. E a passagem para o Estado-nação, isto é, a reconquista legítima das lealdades tradicionais às formas de autoridade e solidariedade próprias aos círculos privados originalmente ligados à família, sua centralização e reconstrução social em instituições impessoais e universais que pudessem justamente controlá-las e limitá-las não é processo que se realize sem violências, tensões e sequer em direção unívoca. Afinal, como lembrou entre nós Sérgio Buarque de Holanda, ao evocar o conflito entre Antígona e Creonte, as *leis da casa* sempre podem ser reivindicadas contra as *leis da cidade* (HOLANDA, 1995: 139ss.).

Ao destacar o tema da "vingança privada" como forma de controle social, Luis de Aguiar Costa Pinto problematiza um aspecto específico, mas central, do processo de construção do Estado-nação: a dificuldade que o próprio Estado brasileiro apresentou – e talvez ainda hoje apresente – para "pacificar" internamente a sociedade; isto é, conquistar o poder dos grupos privados e estender territorialmente a "autoridade pública" que representa por meio da reivindicação bem-sucedida do monopólio do uso legítimo da violência como construção normativa e racional-legal, ao lado de outras formas cruciais de coerção econômica, administrativa e simbólica (GIDDENS, 1985; WEBER, 1992; ELIAS, 1993; BENDIX, 1996; TILLY, 1996). Mas a identificação da família como agência vigorosa da formação da sociedade em contraste com a fragilidade que o Estado teria demonstrado em centralizar o princípio de autoridade pública e, desse modo, de controlar e limitar o poder privado permite a Costa Pinto uma compreensão sociológica original da violência privada como forma de controle social. A violência endêmica na vida social brasileira desde o período colonial passa a ser entendida, da

---

22. Como sugere, p. ex., Reis em análise comparativa da América Latina e do Leste europeu, quanto mais "orgânicas e holistas foram as concepções tradicionais das identidades coletivas, mais provável se torna hoje em dia encontrar sentimentos de alienação, e mais razões existem para que as pessoas se refugiem em suas redes privadas de relações" (REIS, 1998: 130).

sua perspectiva, como um código regente das relações sociais e das condutas numa sociedade marcada pela dominação política de base pessoal, problemática que conheceria desdobramentos cruciais noutras pesquisas contemporâneas e posteriores, a exemplo de *Homens livres na ordem escravocrata* (1969) de Maria Sylvia de Carvalho Franco. Com efeito, embora contraponha "vingança privada" a "autoridade pública", tomando-a como expressão mesma das dificuldades históricas de seu assentamento numa sociedade tão profundamente marcada por "solidariedades" restritas (PINTO, 1949: 11), isso não leva Costa Pinto, como procuramos mostrar, a tratar a relação público/privado de uma perspectiva disjuntiva.

Mais do que isso, *Lutas de famílias no Brasil* acaba por contribuir para desestabilizar a própria oposição dualista com que a relação público/privado havia sido lançada na interpretação de Oliveira Vianna e, em grande medida, recebida, ainda que com sentidos políticos distintos, em ensaios paradigmáticos posteriores, como acompanhamos[23]. Fundidos, público e privado encontrar-se-iam, como mostra a análise de Costa Pinto, numa relação de interdependência histórica no sentido de que nenhum dos dois princípios de coordenação social isoladamente teria conseguido determinar o processo social na base dos seus valores ou interesses específicos. Tal como a ideia de "marginalidade estrutural" que Costa Pinto forjaria anos depois de *Lutas de famílias no Brasil* para explicar, mais uma vez contra a perspectiva dualista, a situação social singular na qual um padrão arcaico, "embora ainda permaneça, não mais domina, e o *emergente*, embora já presente, ainda não predomina" (PINTO, 1970: 37).

É certo que Costa Pinto não se deteve de modo deliberado na análise do processo de "nacionalização" da vida social brasileira e, salvo engano, sequer chegou a empregar a expressão "Estado-nação" em sua vasta e diversificada obra, preferindo sempre os conceitos mais genéricos de "Estado" e "sociedade". Mais do que isso, Costa Pinto mostrou-se mesmo cético, como discutiu em outro trabalho, quanto à possibilidade de "nacionalismo" poder oferecer uma base social para a construção de sentimentos de pertencimen-

---

23. O empenho de Costa Pinto na crítica ao dualismo público/privado não é isolado; como discuti no cap. 1, ele estrutura igualmente as pesquisas de alguns dos seus contemporâneos, como Victor Nunes Leal, Maria Isaura Pereira de Queiroz e Maria Sylvia de Carvalho Franco.

to, repertórios de ação coletiva e mesmo legitimidade para as instituições independentes da estrutura social de classes na sociedade moderna (PINTO, 1975). Mas talvez por isso, justamente ao destacar o vigor da vingança privada, não objetivasse evidenciar os *impasses* para a construção do Estado no Brasil de uma perspectiva normativa, privilegiando antes a questão das *tensões* imprimidas por esse processo histórico à dinâmica da vida social e ao contexto da ação coletiva no Brasil. *Tensões* que, como sugere a análise empreendida, são, segundo o sociólogo baiano, ao mesmo tempo historicamente contingentes e sociologicamente constitutivas da própria vida social.

Assim, mais do que simplesmente no tema, considerado em si mesmo, é nessa compreensão histórico-sociológica singular dele que a significação teórica heurística de *Lutas de famílias no Brasil* para o entendimento do Estado-nação deve ser reconhecida: a valorização das *tensões contingentes* imprimidas pelo processo de "nacionalização" da vida social operado pelo Estado-nação, antes que os *impasses estruturais* que qualquer sociedade deveria vencer, caso desejasse modernizar-se (visão em geral vinculada à adoção teleológica de modelos de construção nacional, mas eles mesmos, por sua vez, igualmente historicamente circunscritos). Processo de "nacionalização" da vida social, com suas formas de autoridade e solidariedade características, sem dúvida, de proporções mundiais, além de simultaneamente econômico, político e cultural e que se estende da estrutura social às condutas individuais, mas que não se realiza de modo homogêneo, e sim a partir de configurações históricas particulares colocando questões igualmente próprias. O que certamente não significa, necessariamente, que não se possam buscar regularidades sociológicas comparativas entre diferentes processos de construção nacional, ainda que, até mesmo para atingir esse objetivo, seja preciso antes reconhecer que "vários modelos de mudança são necessários, e são preferíveis a qualquer tentativa de forçar todos os tipos de mudança no leito de Procusto da experiência europeia" (BENDIX, 1996: 364).

Interpelado, como outros intelectuais brasileiros, a responder por que a "sua" sociedade parecia não se encaixar inteiramente nos modelos teóricos e políticos hegemônicos, já que, no caso pesquisado, o vigor da vingança privada mostrava-se historicamente relacionado à fragilidade do Estado em monopolizar legitimamente a violência, Costa Pinto não sucumbiu, contudo, a explicá-la em termos de *atraso*, *desvio* ou *patologia*. Soube antes, em suma, explorar as consequências sociológicas do fato de que a própria implantação da autoridade pública moderna e sua forma de solidariedade social correspondente não ocorrem num "vazio" de relações sociais e sim de modo tenso e potencialmente conflituoso com outras formas mais antigas, persistentes, ou mesmo, apenas mais verossímeis de controle social do que aquelas pautadas por critérios abstratos e racionais que definem a noção de monopólio legítimo da violência como prerrogativa do moderno Estado-nação, como a *vendeta* em *Lutas de famílias no Brasil*.

As tensões imprimidas pelo Estado-nação sobre a dinâmica da vida social integram centralmente o escopo de questões teóricas cruciais que vêm sendo recolocadas por diferentes vertentes da sociologia contemporânea. Críticas contemporâneas voltam-se, sobretudo, contra os aspectos normativos e teleológicos das teorias que pressupunham que a construção do Estado-nação configuraria um modelo universal definido a partir de certas experiências europeias, na realidade, historicamente muito diversificadas e contingentes (TILLY, 1996; BALAKRISHNAN, 1996); ou que a construção do Estado-nação pudesse, de fato, engendrar laços puramente civis, minimizando-se, neste caso, a persistência de formas mais primordiais de solidariedade – dadas, por exemplo, pelo próprio parentesco – na sociedade moderna (ALEXANDER, 1980). Mas, bem pensada, essa valorização teórica das tensões imprimidas pelo Estado-nação sobre a dinâmica da vida social só ocorre após a generalização da apontada "crise" do Estado-nação como eixo político, cultural e institucional da modernidade. Quando então o caráter contingente de construto histórico desse tipo de ordenamento se torna, enfim, mais evidente nas próprias experiências sociais que até então pareciam muito bem-sucedidas e mesmo acabadas a esse respeito, e que, desse modo, serviram de *referência*, na melhor das hipóteses, ou de *modelo* para a construção da inteligibilidade sociológica da passagem de *uma* sociedade concreta para *o* Estado-nação abstrato, ainda que, como no caso brasileiro, uma ex-colônia em processo (descontínuo) de conversão ao nacional. E como recomenda um dos seus analistas contemporâneos, não por acaso no "Prefácio à edição brasileira" de seu livro, o programa sociológico crucial para pesquisadores "não europeus" da construção nacional é hoje – e aqui deveríamos insistir: *continua sendo* – o de entender de que modo "a exportação de estruturas europeias de Estado produziram Estados tão diferentes em regiões de colonização europeia"; programa para cuja boa execução o importante, como sugere, não é "aplicar mecanicamente modelos europeus, mas examinar os tipos de causas e efeitos que produziram coisas diferentes quando foram aplicados nos ambientes distintivos" (TILLY, 1996: 37 e 40). Programa sociológico, a seu modo, consistentemente presente em *Lutas de famílias no Brasil* e ao qual o livro deve, em parte, seu interesse teórico contemporâneo.

3

A SOCIEDADE EM MOVIMENTO

(com Lucas Carvalho)

Mudança social, já se disse muitas vezes, é tema que se inscreve no "coração" da Sociologia (STOMPKA, 1998). Desde o seu surgimento no século XIX, quando sua motivação fundamental era compreender a transição da sociedade "tradicional" para a "moderna", até o presente, marcado pela reestruturação das relações e processos sociais pela chamada "globalização", um dos desafios cruciais da disciplina, afinal, é explicar como as sociedades mudam ou não. É certo que cada geração tende a acentuar o caráter radical da sua era de mudança, e do mesmo modo parecem inexistir condições cognitivas suficientes para que se possa falar em consenso sobre o "sentido" da mudança social, mesmo entre sociólogos de uma mesma geração.

Por outro lado, como o conhecimento sociológico sempre afeta as práticas sociais que interpreta, também as diferentes teses sobre a mudança acabam por se tornar recursos cruciais que participam, ao lado ou contra outras forças sociais, da definição dos rumos da sociedade. Nesse sentido, o próprio caráter cronicamente não consensual das teorias da mudança social, como da produção sociológica em geral, concorreu para que, em meados do século XX, a sociologia se tenha consagrado como uma forma válida (e privilegiada) de autoconsciência "científica" da sociedade moderna. Sendo plausível falar de uma pulverização de certezas quanto à mudança social no mundo contemporâneo, alimentada em parte por algumas interpretações atualmente hegemônicas de certas correntes dominantes do século XX, não deixaria de ser ingênuo de todo modo supor que o tema e mesmo suas formulações passadas, tenham perdido importância. Até porque, se interessa compreender as teorias contemporâneas da mudança social, é imprescindível conhecer as visões anteriores às quais elas pretendem se contrapor.

Uma série de pesquisas recentes (ARRUDA, 2001; OLIVEIRA, 2001; VILLAS BÔAS, 2006; BOTELHO et al., 2009; CARVALHO, 2010, p. ex.) tem recolocado essas e outras questões cruciais e perenes da teoria sociológica a partir da sua sistematização cognitiva pela tradição sociológica brasileira, sobretudo, nos anos de 1950. Como parte das prerrogativas que apenas o distanciamento no tempo permite, percebe-se, na revisão do tema em curso, que as tensões entre os inevitáveis "antes" e "depois" de qualquer sequência de mudança, no lugar de simplesmente informarem a perspectiva de análise, constituem o núcleo mesmo do problema a ser explicado. O que, noutro nível, não altera o fato de "antes" e "depois" serem sempre ideais contrastantes, cujos significados são extraídos tanto do que se nega quanto do que se busca afirmar sobre as continuidades e as rupturas em qualquer sequência de mudança (BENDIX, 1996). Justamente por isso as diferentes teses sobre a mudança social, e as visões de passado e futuro nos estudos e pesquisas dos sociólogos brasileiros, atuam não apenas num sentido cognitivo, de compreensão da sociedade; mas também normativo, de um desejo de intervir nos rumos de seu desenvolvimento, identificando grupos e pautando normas de conduta e projetos de alcance político. No entanto, o próprio caráter "conservador" assumido pelo processo de modernização da sociedade brasileira, a partir da qual a mudança social tem se efetivado a despeito de deixar praticamente intactos ou redefinidos noutros patamares problemas seculares, deixava descoberta a reprodução de desigualdades sociais, econômicas e políticas. Críticos por excelência dos caminhos que a modernização estava tomando no Brasil entre os anos de 1950 e 1970, os cientistas sociais visaram discutir as práticas sociais que serviam de base a esse processo. É esse o caso da socióloga paulista Maria Isaura Pereira de Queiroz que abordaremos.

Conhecida por sua vasta obra, Maria Isaura Pereira de Queiroz dedicou-se ao longo de sua carreira à pesquisa da sociedade camponesa ou "mundo rústico", como costumava designar, em nomenclatura tomada de Antonio Candido (2010), não somente um estilo de vida pobre, mas a organização social e cultural dos interiores do Brasil. Foram várias as dimensões e expressões do "mundo rústico" estudadas por ela, do folclore ao cangaço, dos movimentos messiânicos ao coronelismo e ao mandonismo, e, passando por todas elas, a parentela. A socióloga paulista sempre manifestou uma preocupação acentuada com a inserção desses grupos no processo de modernização, cujas aceleradas transformações sociais, políticas, culturais e econômicas alteraram, a partir dos anos de 1950, o perfil da sociedade brasileira.

Sem dúvida a industrialização e a urbanização constituíram os principais vezos do processo de modernização e implicaram novas definições da relação campo-cidade, inclusive na produção sociológica do período que, em grande medida, as assumiu como perspectiva para o estudo da mudança social. E se mesmo com a urbanização e com a expansão da atividade industrial, o campo ainda despertava interesse, não se pode dizer o mesmo das camadas camponesas (CANDIDO, 1955; PALMEIRA, 1971; PEREIRA DE QUEIROZ, 1963 e 1973a). Expressivo desse deslocamento do interesse das ciências sociais para o urbano é a criação, na década de 1960, de centros de pesquisa, como o Centro de Sociologia Industrial e do Trabalho (1962) e o Centro Brasileiro de Análise e Planejamento (1969). Ambos ligados a docentes da Universidade de São Paulo, e, em grande medida, dedicados a questões que tinham a cidade como foco, como a formação da classe operária, urbanismo, marginalidade e migração.

No mesmo período, mais precisamente em 1964, Maria Isaura Pereira de Queiroz – incorporada à USP como professora adjunta apenas em 1978 –, funda com ajuda de colaboradores o Centro de Estudos Rurais. Este centro é renomeado em 1968 em decorrência da amplificação das pesquisas e de revisões do encaminhamento metodológico das mesmas, passando a se chamar Centro de Estudos Rurais e Urbanos (Ceru). Este novo nome, embora envolva injunções institucionais que não cabe detalhar aqui, é de todo modo muito significativo da perspectiva imprimida pela socióloga ao estudo do mundo rústico e da mudança social. Afinal, se é notória a sua aposta nos estudos do meio rural devido às alterações das relações entre cidade e campo, não caberia ao último um simples papel de coadjuvante, como muitos imaginavam. Além disso, insistindo na importância dos estudos de campo, Maria Isaura perscruta a sociedade camponesa não apenas em suas diversas manifestações, mas acima de tudo na movimentação de seus atores e nas relações que estabeleciam com a sociedade global. Nesse sentido, afirma ser falso o pressuposto de que o isolamento da população rústica tenha conformado sua cultura, já que a integração à sociedade global sempre se deu historicamente de maneira variada no Brasil[24]. Vale salientar ainda que ao eleger a camada camponesa como objeto de pesquisa, Maria Isaura compartilha com seus companheiros de geração da USP a tendência metodológica de que o elo mais fraco, representado pelos marginalizados do processo de modernização, é foco privilegiado para a elucidação ao mesmo tempo da dinâmica social em que se inserem e das suas possibilidades de ação (ARRUDA, 1999; BASTOS, 2002).

Tendo essas questões em vista, propomos recompor a construção sociológica da mudança social como campo problemático na sociologia de Maria Isaura Pereira de Queiroz. Para isso, privilegiamos alguns trabalhos, especialmente, *Contribuição para o estudo da sociologia política no Brasil* (1954), *O mandonismo local na vida política brasileira* (1970), *O coronelismo numa interpretação sociológica* (1975) e *O messianismo no Brasil e no mundo* (1976). A obra de Maria Isaura tem sido revisitada nos últimos anos em seus mais diversos aspectos, inclusive no que diz respeito ao tema da mudança social (KOSMINSKY, 1999; VILLAS BOAS, 2006, 2009, 2010; LIMA, 2007; BOTELHO, 2009; CARVALHO, 2010). O que nos leva novamente à obra de Maria Isaura, porém, é a necessidade de uma perspectiva ao mesmo tempo mais matizada e integrada do campo problemático da "mudança social",

---

24. Pode-se dizer que a inserção da camada camponesa em processos de mudança social foi sempre um tema importante nas ciências sociais, gerando uma ampla gama de perspectivas teóricas, desde aquelas que apontavam o desaparecimento total desse grupo e da economia de subsistência, até as que salientavam sua reprodução no interior mesmo do sistema capitalista – ainda que de forma subordinada. No Brasil diversos estudos buscaram também tratar da relação entre "mundo rústico" e mudança social, ressaltando o lugar ocupado pelos camponeses na estrutura social. Euclides da Cunha talvez tenha sido o pioneiro nessa discussão ao tratar do isolamento como fator organizador da vida sertaneja, acrescentando ao enfoque geográfico o aspecto social A partir das formulações de Euclides da Cunha, Lucas Carvalho (2010) recompôs na sociologia brasileira uma sequência cognitiva que toma os trabalhos de Emilio Willems, Antonio Candido e Maria Isaura acentuando como de modo diverso cada autor avalia as mudanças sociais, nas quais se inseriam a população rústica, de maneira tensionada e conflitiva. Assim, pode-se observar que o próprio tratamento analítico dispensado ao conflito na vida social varia conforme o autor, e em alguns casos dentro de sua própria obra, tendendo a ser observado não somente como decorrência de um "choque cultural" entre ordens sociais distintas, mas integrado aos movimentos internos à própria sociedade rústica. Dessa forma, torna-se compreensível, conforme veremos adiante, o esforço de Maria Isaura em contrapor-se a teorias que tomavam a sociedade tradicional camponesa e a dinâmica dos grupos rústicos como realidades estáticas, acentuando o caráter ativo de suas condutas individuais e coletivas.

quando visto em suas relações com os temas do "mundo rústico" e da "ação social", constitutivos da sua obra.

Afastando-se de visões disjuntivas de "tradição" e "modernidade", que então ganhavam força na sociologia da modernização e no debate mais geral sobre o desenvolvimento, Maria Isaura Pereira de Queiroz procurou antes investigar as bases e os portadores sociais dos processos de mudança em curso. Para a socióloga, portanto, a mudança social não poderia ser compreendida tomando unicamente as variações mais amplas de estrutura; mas, correlata a isso, a "necessidade iniludível de conhecer a posição das camadas e dos grupos sociais numa estratificação socioeconômica e política, a fim de compreender em profundidade a ação deles – e quem diz ação, refere-se também aos produtos das mesmas" (PEREIRA DE QUEIROZ, 1978: X). Por outro lado, como a mudança social "não se dá ao acaso nem segundo a vontade individual", também "é indispensável o conhecimento das estruturas para podermos captar com maior acuidade o rumo das transformações" (ibid.: X). Se é certo que toda formulação da mudança social – e da vida social em geral – parece assentar-se, implícita ou explicitamente, em pressupostos teóricos (e/ou ontológicos) acerca da concepção de seus mecanismos e funcionamento (ALEXANDER, 1984; ARCHER, 1996; SZTOMPKA, 1998), no caso da obra de Maria Isaura, fica patente seu empenho em não desvincular o estudo da mudança social, de um lado, das próprias relações sociais e do sentido conferidos pelos atores às suas ações individuais em suas vidas cotidianas, e, de outro, dos constrangimentos que sobre elas exerce a estrutura social.

Por isso a reconstituição da construção da problemática mudança social, mundo rústico e ação na obra de Maria Isaura Pereira de Queiroz apresenta também interesses heurísticos mais amplos na teoria sociológica. Afinal, a questão da interação entre a capacidade de ação dos indivíduos e grupos sociais e o condicionamento de estruturas sociais constitui ainda hoje desafio central da pesquisa sociológica, e a possibilidade da superação da polarização entre "ação" e "estrutura" um dos desafios centrais da teoria social (GIDDENS, 2003). No caso de Maria Isaura, nem a ação social é concebida em termos voluntaristas, nem tampouco as estruturas de dominação política são tratadas como propriedades estáticas ou impessoais e independentes, seja do processo histórico, seja dos atores sociais que delas participam de modo constitutivo (BOTELHO, 2009).

Buscando discutir esses aspectos, propomos percorrer grande parte da obra de Maria Isaura, a começar por seus trabalhos de campo, nos quais as discussões sobre ações e relações sociais estabelecidas no interior do mundo rústico são tomadas a partir de uma observação *in loco* do funcionamento do sistema coronelista. Os estudos sobre movimentos messiânicos – um deles presenciado por Maria Isaura quando trabalhava em campo – serão destacados a seguir na tentativa de elucidar as formas de organização da ação coletiva no mundo rústico, suas atuações e as consequências engendradas estruturalmente. Por fim, a análise se debruçará sobre o esforço de síntese de Maria Isaura expresso na tentativa de reunir os resultados de pesquisas empíricas às discussões teóricas empreendidas ao longo de sua obra. Essa reconstituição analítica, como esperamos, permitirá uma nova abordagem do conjunto da obra de Maria Isaura Pereira de Queiroz que também destaque o encaminhamento cumulativo, não sem tensões internas, de questões que a permeiam.

A ação numa estrutura coronelista

Entre 1954 e 1959, Maria Isaura Pereira de Queiroz viajou intermitentemente para a localidade de Santa Brígida, então parte do município de Jeremoabo, no interior da Bahia, onde efetuava suas pesquisas de campo[25]. Região predominantemente ocupada por sitiantes, alguns destes donos de grandes propriedades, que, devido à falta de recursos, não podiam exceder certos níveis de produção. Essa estrutura social mais igualitária contrasta totalmente com aquelas zonas litorâneas mais estudadas vinculadas à agricultura de exportação. Nestas, uma complexa estratificação social envolve

---

25. O interesse de Maria Isaura por Santa Brígida surgiu por ocasião de sua participação em um grande projeto de pesquisa no interior da Bahia viabilizado por um convênio entre o governo do estado da Bahia e a Columbia University de Nova York em 1949. A direção geral da pesquisa cabia a Charles Wagley, tendo Thales de Azevedo como diretor regional e Luiz Aguiar Costa Pinto como consultor. O projeto buscava a partir "de pesquisas socioculturais em comunidades típicas" a "obtenção de conhecimentos que servissem de base ao planejamento da educação, da assistência médica e da administração" por parte do governo da Bahia. Coube a Maria Isaura o estudo em Santa Brígida sobre o folclore que originou o livro *Sociologia e Folclore: a Dança de São Gonçalo num povoado baiano* de 1958. Sobre o trabalho de campo de Maria Isaura em Santa Brígida, cf. a dissertação de Eliene do Nascimento Cunha de Lima (2007).

arrendatários, parceiros e camaradas formando uma pirâmide social na qual o prestígio e o poder do grande proprietário se exercem sobre todas as demais camadas. Mesmo nessas zonas de agricultura de exportação, como ressalta Maria Isaura, também se encontravam sitiantes proprietários, cuja proximidade com a estrutura social conformada pelo latifúndio os "fazia ficar completamente integrados nela, submetidos e subordinados" (PEREIRA DE QUEIROZ, 1973a: 100). A multiplicidade de hierarquias existentes dentro da estrutura coronelista, congregando grandes e pequenos coronéis, cabos eleitorais, sitiantes e fazendeiros, e favorecendo a competição pelos votos, é o que a torna aberta, "fluida" e suscetível não só às ações dos coronéis – como é comum apontar –, mas também às ações de suas camadas mais baixas. Dissecando as relações internas à estrutura coronelista, a autora nota a sobreposição de camadas e indivíduos que, em determinados momentos, não permite ao coronel exercer seu mando senão de modo indireto e muitas vezes precário; afinal, "a 'dominação direta' só se teria dado num número muito restrito de casos, ou então no caso do último coronel da escala, em relação ao seu eleitorado que comandaria diretamente" (ibid., 1976b: 171).

Esse é o caso de Santa Brígida, onde "o poder se torna mais flutuante", de modo que o coronel recorre a figuras de maior prestígio que sirvam de intermediários entre ele e o eleitorado (ibid.: 166). Atraídos pelo contingente de votos que os sitiantes representavam, dada a "raridade do voto" imposta pela sua restrição aos alfabetizados, e sem poder exercer o mando direto, esses coronéis são obrigados a praticar uma espécie de "paternalismo diplomático" na consecução de seus interesses, no qual o favor é parte constitutiva e essencial da troca pela lealdade ao voto. Ao contrário das zonas de monocultura voltada para a exportação, onde impera o mando direto do coronel, explicitado na própria hierarquia social cujo topo ele ocupa, em Santa Brígida a posse da terra e o nivelamento da renda eram reforçados pelo trato igualitário entre seus moradores. Relação que se revela no próprio "ideal de homem" dos sitiantes: "orgulhosos da liberdade, vangloriam-se da insubmissão a qualquer tipo de disciplina e não importa a que autoridade, desde que imposta pela força" (ibid., 1973a: 104). A independência econômica que desfrutavam estes sitiantes influi na própria relação com coronéis da região. Impedidos de exercer o mando direto, os coronéis são forçados a recorrer a "cabos eleitorais", geralmente indivíduos que desfrutam de algum prestígio na comunidade, como forma de intermediar seus interesses na arregimentação de votos.

Numa comunidade em que o mercado pouco penetrara, a ascensão individual dependia fundamentalmente das qualidades individuais e das relações pessoais de que porventura o indivíduo fosse capaz de reunir. Era o caso em Santa Brígida tanto de um fazendeiro, cuja simpatia advinha de seu desprendimento econômico e de sua maneira caridosa de ser, quanto de um dono de armarinho, indivíduo de algumas posses, que tinha a confiança e o afeto do coronel da região, o que lhe conferia algum prestígio. Ambos desempenhavam o papel de mediador seja entre a população sitiante e o partido, como no primeiro caso, seja entre aquela e um coronel distante, como no segundo. No entanto, a liderança que manifestava maior estabilidade era a do beato Pedro Batista, a quem os fiéis chamavam de "Padrinho", em decorrência de dons sobrenaturais que lhe faziam o líder carismático inconteste de um movimento messiânico que se instalara na região. Entre todos, sem dúvida, o beato, pelas características em que se funda a sua liderança, e pelo contingente de seus seguidores, era o mais atraente aos olhos dos coronéis. Isto porque, devido à sua crença nas qualidades sobrenaturais do líder carismático, a liberdade de movimento dos indivíduos é bem pequena, de modo que é impensável votar em alguém diferente da indicação do Padrinho. Condição distinta daqueles que estão fora da órbita de influência do beato, e que, cientes da importância de seus votos, utilizam-nos como "bem de troca" em busca de benefícios pessoais, tornando-os objetos de disputa entre coronéis e cabos eleitorais. Isolada do resto do país, a estrutura política penetrou em Santa Brígida de fora para dentro, fazendo do voto, enquanto expressão da opinião pessoal, um valor quase nulo.

No entanto, a "barganha" não se dá somente em uma direção, ela sela compromissos entre as partes, ainda que seja ela mesma suscetível de ruptura, inclusive por parte dos sitiantes. Como observa Maria Isaura, o voto encerra em si um elo de favores e reciprocidades em sentido próximo ao apontado pelo antropólogo Marcel Mauss (2003) em seu "Ensaio sobre a dádiva". Argumenta Mauss que mesmo nos atos mais gratuitos de liberdade como a troca que envolve o "dom", existem condicionantes importantes que tornam a própria relação social de troca necessária e até obrigatória. Como observa, "essas prestações e contraprestações se estabelecem de uma forma sobretudo voluntária, por meio de regalos, presentes, embora elas sejam no fundo rigorosamente obrigatórias" (ibid.: 191). Em vez de tomar o fato social como exterior e coercitivo, como fizera Durkheim (1978), Mauss o pensa como parte de um sistema formado por indivíduos livres, estabelecendo relações simétricas, não havendo, por isso, imposição, mas somente obrigatoriedade envolvida no ato da troca (KARSENTI, 1994). Esta perspectiva coloca em seu centro a contingência como parte constitutiva da dinâmica social, uma vez que o próprio sistema de trocas pode ser interrompido por uma das partes integrantes. Como um "espaço de possibilidades", a liberdade é apreendida não como "fait de l'impulsion extérieure d'une norme, mais de l'action d'un champ de forces qui oriente le sujet dans une certaine direction et l'incite à circonscrite l'espace dans lequel se déploiera sa conduite" (ibid.: 55).

No caso dos sitiantes estudados por Maria Isaura Pereira de Queiroz, a liberdade que envolve a escolha e a barganha é circunscrita a partir do momento em que as partes efetivam a troca, e o voto dado passa a simbolizar adesão a um coronel e a seu grupo. Ainda que tal laço possa ser rompido – e sua observância e manutenção sejam expressão de grande valor e honradez pessoal –, espera-se do favor prestado sempre uma contrapartida. São as relações coronel-cabo eleitoral-sitiantes que expressam a integração de "fato" da comunidade à sociedade global, em contraposição à ineficiente integração "legal" pelas instituições do Estado e seu aparelho burocrático. Há uma verdadeira "redefinição da política" em que "o voto é, pois, *consciente*, mas orientado de maneira diversa do que o voto de um cidadão de sociedade diferenciada e complexa; no primeiro caso, o voto é um bem de troca; no segundo caso, o voto é a afirmação pessoal de uma opinião" (PEREIRA DE QUEIROZ, 1973a: 120 – grifo nosso).

A simetria existente na troca do voto entre sitiantes, cabos eleitorais e coronel – muito embora o polo mais livre para decisão, por força das circunstâncias acima descritas, seja o primeiro deles – revelar-se-ão assimétricas no plano estrutural da análise. Contudo, antes de avançarmos neste ponto, cumpre discutir outro nível de análise dos estudos de Maria Isaura sobre mudança social. Fixemos agora que se o voto integrava um "sistema" de trocas recíprocas nas áreas de pequenos produtores autônomos, as relações entre coronéis, cabos eleitorais e eleitores seriam realmente muito contingentes – afinal, nem "liderança" implicava posição de "superioridade", nem era em si mesma garantia suficiente de "ascensão social" nessas pequenas comunidades rurais. Reconstituindo as trajetórias pessoais dos cabos eleitorais, Maria Isaura procura especificar as condições sociais que orientam as condutas individuais de modo articulado à estruturação da dominação política do coronelismo. Perspectiva a partir da qual, ao contrário de uma investigação realizada apenas do ponto de vista "estrutural" ou "sistêmico", permitiu à autora identificar o caráter dinâmico das relações de dominação política no Brasil.

Os movimentos messiânicos rústicos

Um fenômeno amplamente estudado por Maria Isaura Pereira de Queiroz, típico dessas regiões de sitiantes, são os movimentos messiânicos. Interesse que remonta a sua tese de doutoramento, *Guerre Sainte au Brésil: Le mouvement messianique du Contestado*, defendida na França em 1956. Em *O messianismo no Brasil e no mundo*, sua tese de livre-docência defendida em 1963 e posteriormente publicada com modificações em 1976, o messianismo é objeto de um amplo estudo teórico e comparativo. Em sua última versão, precisamente nas "Reflexões finais", a autora expõe seu grande esforço de síntese e apresenta uma teoria geral dos movimentos messiânicos e das condições que os propiciam. A principal delas é que tais movimentos só poderiam ser desencadeados em sociedades cujas relações sociais se fundam predominantemente no parentesco e não no mercado; seriam, portanto, fenômenos exclusivamente de sociedades tradicionais. Além disso, estes movimentos surgem como respostas a momentos de "crise", encadeadas seja por fatores internos à sociedade – anomia, por exemplo – ou externos – como guerras e subjugação de um povo a outro.

Vale ressaltar, portanto, que Maria Isaura Pereira de Queiroz abriu com essa frente de pesquisas do mundo rústico uma nova dimensão de análise da problemática ação e mudança social, tomando a ação coletiva de grupos subalternos como forma de contestação e ajustamento a crises socioeconômicas. Num sentido teórico mais amplo, pode-se dizer que a autora, de um lado, ressalta como os messianismos são movimentos coletivos que pressupõem organização e ideologia próprias; e de outro, como esses movimentos respondem de diferentes modos às mudanças ocorridas em estruturas tradicionais nas quais se inserem, tornando possível a identificação de diversos tipos de movimentos messiânicos.

Como reação a processos de mudança social, o messianismo é visto como um movimento ativo que pretende, sobretudo, reconduzir aqueles mesmos processos que o desencadearam, restabelecendo a ordem anterior abalada ou pautando o ritmo da mudança de forma que ela se dê menos abruptamente. Ao afirmar isso, Maria Isaura se contrapõe a uma concepção de sociedade tradicional como "um arranjo formal de indivíduos e grupos segundo um modelo específico", e nesse sentido "estática" ou "imóvel", propondo pensá-la como "um conjunto de indivíduos e grupos cuja adaptação não é dada de uma vez por todas, mas está constantemente em instância de se fazer" (ibid.: 365). E como integrante de uma sociedade dinâmica, embora tradicional, o movimento messiânico é ele mesmo "um processo social, mas eminentemente transformador", na medida em que lhe cabe reorientar o ritmo interior da mudança num sentido diferente daquele contra os quais reage (PEREIRA DE QUEIROZ, 1976b: 365). Não se constitui, portanto, em simples reflexo dos condicionantes sociais, mas resposta ativa a contextos socioeconômicos específicos.

Em seu esforço de teorização dos messianismos, Maria Isaura sempre dedicou especial atenção para aqueles que tiveram origem no "mundo rústico", termo que designa o espaço de cultura e sociabilidade do homem rural brasileiro, especialmente, dos sitiantes. No Brasil, historicamente, essa camada sempre ocupou os níveis mais baixos da hierarquia social, ficando à margem das mudanças, situação agravada devido à alta concentração de terras e às decorrentes pressões socioeconômicas do latifúndio sobre a pequena propriedade, tornando as constantes migrações e lutas familiares os principais motivos da instabilidade social no interior do país. A isso se deve o estado de "anomia endêmica" (PEREIRA DE QUEIROZ, 1973a: 28) das populações rústicas, contra o qual se insurgem os movimentos messiânicos quando a crise atinge um nível acentuado[26]. Contra essas condições é que o movimento messiânico surge, e sua função será determinada a partir dela, podendo tomar um caráter conservador ou revolucionário. Nota-se que o fato de ser revolucionário denota aqui uma atitude contrária a um retorno aos costumes e práticas anteriores derrocadas com a mudança social, não obstante o recurso à tradição seja o meio eficaz e legítimo de introdução de transformações requeridas pelo líder carismático. Contudo, as reformas obedecem a certo ritmo e amplitude definidos pelos limites característicos de uma sociedade tradicional. É esse o caso dos movimentos ocorridos na Idade Média, período em que uma ordem social baseada numa divisão de classes começava a se instaurar, e onde o "tradicional que se afirmava copiar servia, pois, para garantir a bondade da nova criação, demonstrando que as fontes máximas de valor continuavam religião e tradição. A novidade era mascarada por uma tentativa de conservar o passado" (ibid., 1976b: 135). Da mesma forma, o termo conservador não implica ausência de reformas, necessárias inclusive para os fins do próprio movimento, e sem as quais não teria ele razão de existir. Neste caso, a tradição tem papel fundamental e, pode-se dizer, mais acentuado que em outros casos, pois é ao mesmo tempo meio e fim de uma ação que visa ao retorno a práticas e costumes considerados perdidos.

É contundente a conclusão a que chega Maria Isaura de que, no que se refere especificamente ao mundo rústico brasileiro, os movimentos messiânicos tenham assumido uma atitude eminentemente conservadora. Consequência de crises que, embora de incidência suficiente para sublevar o movimento, foram insuficientes para atingir a estrutura social e sua hierarquia de modo a estabelecer uma verdadeira reviravolta das camadas sociais no interior da Cidade Santa. Daí que o sentido e as circunstâncias de que se cerca o messianismo rústico não o tornam um movimento de classes. Não há uma ideologia que se volte contra o "rico" ou "a classe dominante", e nem a formação de uma solidariedade mais orgânica com fins políticos. A constatação é a de que "os comportamentos tradicionais não são mais seguidos,

---

26. Numa outra frente de estudos, Maria Isaura ressalta como as mesmas condições sociais, experimentadas como crises socioeconômicas, estão na base da aglutinação de grupos armados no sertão nordestino mais comumente conhecidos como "cangaceiros".

a ruindade dos homens (e não a ruindade de uma camada social superior) desviou-os da senda segura divinamente estabelecida. Por isso o messias foi enviado: para fazer com que os homens retomassem os bons costumes, e não para que mudassem os pobres de posição social" (ibid.: 324). Este se torna reconhecido não só por seus milagres, mas pela liderança que assume também frente a outros homens de igual prestígio: "insere-se nesta ou naquela facção, identifica-se com este ou com aquele coronel e segue-lhe as vicissitudes" (ibid.: 328).

A identificação por Maria Isaura de movimentos messiânicos conservadores, no sentido bem entendido de que não exclui medidas reformistas, aponta para um problema de monta na teoria weberiana da dominação carismática. Segundo Max Weber, esse tipo de dominação só é "legítima" na medida em que "vale", ou seja, enquanto o carisma pessoal encontra reconhecimento em virtude das provas dos messias (WEBER, 2004: 161). Reconhecido os dons sobrenaturais do portador do carisma, as modificações que leva a cabo dependem, em alto grau, da obediência dos dominados – condicionada por ratificação – na sua capacidade criativa. A força revolucionária do carisma reside justamente no novo que é instaurado através da tradição, conforme expresso na máxima *"Está escrito – mas em verdade vos digo"* (ibid.: 160 – grifos no original).

No caso dos movimentos messiânicos rústicos, o carisma através de seu portador, o messias, é o meio de restauração da ordem, julgada enfraquecida ou perdida, e não do novo. A criatividade do movimento não é negada por Maria Isaura, uma vez que ele se constitui em resposta ativa a momentos de crise; no entanto, ela se vincula eminentemente ao passado através do reforço da tradição. Nesse sentido, a dominação carismática é ela mesma fator de conservação da ordem social, embora mantenha o impulso para a reforma. Atestam isso a organização da Cidade Santa, que coloca lado a lado hierarquia profana e sagrada, e a presença de coronéis em seu interior. Além disso, a própria característica da liderança exercida pelo messias se integrava à ordem coronelista, pois não se "erguiam contra os coronéis, num sentido de luta de classes; quando muito se podia dizer que se manifestavam contrários a determinados coronéis porque eram partidários de seus opositores", do que serve de exemplo a liderança de Padre Cícero no interior do Ceará (PEREIRA DE QUEIROZ, 1976b: 324). O carisma, portanto, tal como identificado empiricamente por Maria Isaura, perde aquela qualidade ingênita *in statu nascendi* de "poder revolucionário especificamente 'criador' da história" como observado por Weber (2004, vol. II: 328).

Ao caracterizarem-se como uma ação coletiva, os movimentos messiânicos se afastariam da caracterização de movimentos milenaristas, pois "não destinam salvação e paraíso a indivíduos, e sim a coletividades" (PEREIRA DE QUEIROZ, 1976b: 31), e para isso dependem de um líder carismático, cuja ausência poderia resultar na formação de seitas sem chefes ou somente de práticas mágicas. Afirma a autora, no entanto, que, para que o movimento messiânico irrompa, não basta apenas a presença de um líder ou uma ideologia religiosa, mas a vivência de uma crise, cuja resolução é a medida do êxito do próprio movimento. Observa-se, particularmente no caso do mundo rústico, que os contextos de crise são desencadeados por uma estrutura social fundada em parentelas ou famílias extensas nos quais o poder de mando dos coronéis associa-se à instabilidade própria do mundo rústico causada, entre outras razões, por brigas de famílias e migrações forçadas, gerando um estado constante de anomia (PEREIRA DE QUEIROZ, 1976b: 315).

Ao responderem a um contexto de crise, os movimentos messiânicos rústicos imprimem um ritmo próprio e direcionam as mudanças desejadas pelo grupo. Estas se dão dentro do escopo de uma sociedade tradicional, ainda que isso não signifique, como ressalta Maria Isaura, que as possibilidades abertas seguissem uma via única – como, aliás, demonstram os diversos tipos de messianismo que identificou –; nem que os próprios caminhos abertos pelo movimento fossem totalmente premeditados, como atesta o desenvolvimento econômico propiciado por uma ética de trabalho e por melhorias técnicas, podendo colocar em xeque a ordem tradicional que o funda e, por conseguinte, o próprio movimento[27].

---

27. Embora reconheça a ocorrência de movimentos desse tipo em sociedades modernas – portanto, em sociedades em que o âmbito econômico tem primazia, Maria Isaura mantém a sua hipótese sustentando que esses se deram em contextos em que as relações pessoais de tipo mais tradicional de certa maneira permaneciam. Dialogando com essa hipótese, Lísias Nogueira Negrão aponta justamente para a emergência de messianismos em grandes cidades brasileiras, com "perspectivas ecléticas e plurais, introduzindo elementos do imaginário da vida moderna de alguma forma ligados a antigas tradições ocultistas e esotéricas" (NEGRÃO, 2001: 128).

Ao estudar pioneiramente os movimentos messiânicos no Brasil, Maria Isaura descartou qualquer visão mais conservadora que os tomava como fruto de uma "loucura coletiva" destacando sua organização ativa, e, assim, logrando demonstrar que sociedades tradicionais não são tão estáticas como se pensava. No caso do Brasil, tais questionamentos ainda tiveram o êxito de interpelar diversas análises que enfatizavam a insolidariedade de nossas classes mais baixas, consideradas incapazes de se auto-organizarem de maneira efetiva (BOTELHO, 2007; BRASIL JR., 2007). Como afirma a autora, "é, pois, errôneo pensar que apenas o homem moderno voluntariamente trabalha para transformar o mundo em que vive, a reestruturação intencional não é privilégio de nossos contemporâneos" (PEREIRA DE QUEIROZ, 1976b: 425). A análise até aqui focalizou a ação – individual e coletiva – nos diversos contextos estudados por Maria Isaura. Cabe agora ressaltar as propriedades estruturais que ensejam as ações, e cujos limites e tensões são fundamentais para avançarmos no entendimento mais integrado da relação ação/estrutura e mudança social.

A parentela como estrutura global

Em "O coronelismo numa interpretação sociológica", originalmente publicado na coleção *História da Civilização Brasileira*, organizada em 1975 por Sérgio Buarque de Holanda, Maria Isaura identifica na categoria de "parentela" o princípio estruturante da sociedade brasileira. Conclusão a que chega adotando uma perspectiva histórica da mudança social na sociedade brasileira, e da posição e das relações de diferentes grupos e indivíduos. Este estudo se destaca em grande medida por seu esforço de síntese, já que reúne evidências empíricas coletadas por Maria Isaura em estudos anteriores numa abordagem que tem em vista aspectos macroestruturais. Além disso, pode-se mesmo dizer que este trabalho integra a agenda de pesquisas da autora para a área de sociologia política, conforme demonstra o trabalho que apresentou no I Congresso Brasileiro de Sociologia, em 1954, com o sugestivo título "Contribuição para o estudo da sociologia política no Brasil". Como se depreende dos anais daquele Congresso, a comunicação destoava do tom geral, não apenas pelo tema – sociologia política –, por si só bastante significativo, mas pelo esforço que propugnava a formação de uma agenda de pesquisas, a qual deveria suprir certas deficiências programáticas que julgava atravancar o desenvolvimento desse campo de pesquisas entre nós. Como visto no capítulo 1 desta coletânea, o tripé básico do desenvolvimento da sociologia política deveria se assentar em (a) estudo sociológico "de nosso passado político, que pudesse fornecer um pano de fundo para os trabalhos efetuados sobre o presente, dando a visão de continuidade ou das transformações havidas na política" (PEREIRA DE QUEIROZ, 1976a: 17); (b) pesquisas empíricas efetuadas a partir do município e (c) estudos que ultrapassem apenas as "ideias" e se detivessem nos "fatos", observando sempre o preceito sociológico básico de "observar antes de interpretar" (ibid.: 18).

Fornece esse texto apresentado no I Congresso Brasileiro de Sociologia uma visão geral do nosso passado político, na tentativa de lançar a pauta da agenda de pesquisa que propunha e que, de fato, serviria de fio condutor para diversos de seus trabalhos. A base social fundamental de nossa vida política, segundo Maria Isaura, é a solidariedade familial, marca indelével de nossas origens e que aflora constantemente no fluxo do processo político, seja através de lutas de famílias, seja através da importância do eleitorado arregimentado pelos coronéis, seja ainda pela manutenção de uma economia exclusivista fundada durante longo tempo no trabalho escravo. Por isso, qualquer investigação de nossos acontecimentos políticos deve partir, antes de tudo, do local de origem dessas pugnas, o plano municipal, onde a vigorosa solidariedade familial e as lutas dela decorrentes enfraquecem "o mito de que um grupinho de figurões, na Corte e na Capital Federal, comandava as pugnas partidárias, puxando de longe os cordõezinhos que moviam os coronéis no interior" (ibid.: 25).

A perspectiva histórica efetuada a partir do município informa igualmente o trabalho "O mandonismo local da vida política brasileira", publicado originalmente em 1956 na revista *Anhembi*, no qual propõe uma síntese interpretativa da nossa política, da Colônia a 1930. O texto foi escrito na França durante o seu doutoramento, o que, segundo a autora, justificaria não só o privilégio dado às fontes secundárias em detrimento das primárias, como também o seu "caráter interpretativo" (ibid.: 34). Pesquisas anteriores de Maria Isaura a teriam levado a notar uma "coerência interna que através do tempo apresentou a vida política nacional" (ibid.: 33). Essa se caracterizaria pela força de permanência de uma estrutura social que se baseava no latifúndio exportador e no que designa como "família grande", resultado das grandes extensões de terras ao cuidado de um colono, cuja produção monocultora e escravista forçava diversas famílias a se reunirem ao seu redor. Postas as motivações mais gerais do ensaio, uma "interpretação da nossa política" (ibid.: 33), a autora reconstituiu os diferentes períodos históricos desde o início da colonização, passando pela vinda da família real e a independência, até a abolição e a proclamação da República. O que permeia todos esses momentos, constata, é a permanência do poder privado dos grandes latifundiários capaz até de fazer frente à Metrópole, durante a Colônia, e ao governo central, quando instalado no Brasil.

A análise de Maria Isaura retrata bem as constantes tentativas do governo central de impor-se frente ao mando dos coronéis. No entanto, não consiste apenas em um exercício de recapitulação de fatos políticos significativos de nossa história. Se for válida a crítica de que certos acontecimentos analisados parecem ser reduzidos a um único fator comum, qual seja, o mandonismo local, isso não significa, todavia, que o tom geral do ensaio seja esse[28]. O panorama geral traçado é de um perene "choque" entre governo central e poder local que, ao fim e ao cabo, resultam no fortalecimento do primeiro e no lento enfraquecimento do último. Na contracorrente de acontecimentos que marcam o Brasil desde a Colônia, no fundo da "confusão entre as esferas públicas e privadas" (PEREIRA DE QUEIROZ, 1976a: 155), surge assim um tipo novo de organização política e de ordem social que, se não era capaz de liquidar com a ordem social privatista pretérita, a debilitava em muitos pontos. Para a autora:

> O ponto nevrálgico inicial da nova etapa – a etapa do fortalecimento do poder central – é sem dúvida a Revolução de 1930; e temos a impressão que, a partir dessa data, embora não podendo

---

28. Octavio Ianni, em resenha do trabalho, aponta que "havia áreas na Colônia (no Brasil meridional, p. ex.) onde os latifúndios não se caracterizavam por elevado poder econômico, nem desenvolvimento da estrutura social. Nelas encontrava-se uma economia de subsistência, ou, no máximo, uma economia subsidiária da colonial, o que significa que as câmaras poderiam manifestar outros tipos de ajustamentos em face da metrópole" (IANNI, 1958: 131). Regiões estas que Maria Isaura dedicava-se em pesquisas de campo, como em Santa Brígida, desde 1954.

prescindir ainda do apoio dos coronéis, não é mais o governo que acaba se acomodando com estes, mas são estes que, muitas vezes, se veem coagidos a compor com o governo, o qual mostra ter assim adquirido consistência (ibid.: 33-34).

Restaria ainda explicar como a base social sobre a qual se deu a perpetuação do poder dos coronéis; o mandonismo logrou se estabelecer e se adequar às mudanças sociais. Nesse ponto, voltamos ao ensaio "O coronelismo numa interpretação sociológica", fundamental para o entendimento do conceito de estrutura social na obra de Maria Isaura. Este ensaio incorpora a análise histórico-social feita em "O mandonismo" e busca, como reforçado no próprio título, desvendar a estrutura e organização sociais do coronelismo. Isso teria lhe permitido, segundo a própria autora, extrapolar o fenômeno e entendê-lo como fruto de um processo mais amplo. É nesse texto, portanto, que a definição de uma estrutura global brasileira ganha maior precisão. Se em trabalhos anteriores a definição era imprecisa pelo emprego alternado de expressões como "famílias extensas", "famílias grandes" ou "clãs", neste texto Maria Isaura ressaltará as raízes do coronelismo no mandonismo local, e este como alicerçado na estrutura de parentela. Cabe primeiro reforçar, observa Maria Isaura, que o coronelismo remonta à estrutura social de dominação presente no mandonismo; e, por isso, estudá-lo em seu aspecto estritamente político e institucional, como Victor Nunes Leal teria feito (LEAL, 1997), seria negligenciar certos aspectos econômicos e sociais que lhe dão solidez. Assim, a socióloga paulista se propõe a "não apenas analisar as bases políticas da organização coronelista, como também os fundamentos socioeconômicos da mesma, e finalmente esclarecer o processo de sua decadência" (PEREIRA DE QUEIROZ, 1976a: 165).

Seu primeiro passo, portanto, foi desvendar, através de suas partes, o funcionamento da estrutura coronelista, toda ela entrecortada por diversas camadas que se justapõe e que define o "tipo de chefia" do coronel (ibid.: 167). Conforme vimos, as pesquisas realizadas em Santa Brígida permitiram à autora estabelecer dois tipos básicos de estruturas coronelistas: o primeiro se configura quando o poder do coronel é exercido diretamente sobre o eleitorado; o segundo é aquele em que entre o coronel e o eleitorado se interpõe indivíduos capazes de arregimentar votos, entre os quais se incluem tanto os cabos eleitorais que desfrutam de algum prestígio em determinada área quanto pequenos coronéis com clientelas restritas. A formação de uma multiplicidade de hierarquias confere poder de barganha não só ao coronel, mas também às posições mais baixas da estratificação social, tornando a estrutura coronelista mais fluida.

Se a estrutura parental comporta uma hierarquia em que até os dependentes – sitiantes e coronéis de menor prestígio, por exemplo, – têm sempre a possibilidade de fazer valer, em algum grau, seus interesses, resta indagar o que faz dessa "estrutura estruturável", utilizando os termos do sociólogo Georges Gurvitch (1977). A explicação para Maria Isaura Pereira de Queiroz estaria na origem dessa estrutura social, ou seja, no processo histórico que antecede o próprio coronelismo: os grupos de parentela. Baseando-se no estudo comparativo de Lia Garcia Fukui (1979) sobre relações familiares, Maria Isaura define as parentelas como estruturas vigorosas de solidariedade social formadas por um conjunto de indivíduos que estabelecem entre si laços de parentesco de sangue, espiritual (compadrio) ou de aliança (uniões matrimoniais). Por sua capacidade de reunir diferentes grupos sociais numa ampla rede de solidariedade, a parentela não pode ser confundida com "clã", que remonta a uma "ascendência comum", de tipo consanguíneo ou mítico (como no caso do totem); tampouco com o conceito de "famílias extensas", pois as diversas famílias conjugais que dela fazem parte não residem no mesmo local, não sendo a distância geográfica, portanto, fator que impeça a vitalidade dos laços ou das obrigações que reúnem os indivíduos uns aos outros. Particularidades que fazem Maria Isaura afirmar que "não estamos longe de acreditar que se trata de um tipo *sui generis* de família, não suficientemente definido na literatura socioantropológica existente, pois não encontramos outra que se lhe assemelhe, quanto às características" (PEREIRA DE QUEIROZ, 1976a: 184).

Como no caso do coronelismo, a estrutura parental varia também de acordo com a estrutura socioeconômica, tendendo a uma estratificação social mais acentuada e rígida em regiões monocultoras e mais igualitárias nas regiões de pequena produção de subsistência. Acontece não raro de diversos indivíduos e famílias oriundos de diferentes estruturas socioeconômicas pertencerem a uma mesma parentela, ligados entre si por um amplo "sistema de contraprestações" sedimentando uma vigorosa "solidariedade vertical". Sendo internamente constituída por diferentes grupos socioeconômicos, a parentela, como indica Maria Isaura, se assemelha a uma "pirâmide" situando-se no cume o patriarca, com seus mais próximos, e na base aqueles mais distantes. Contudo, menos do que expressar possíveis distâncias – que como vimos não eram fundamentais na parentela – a figura de uma pirâmide parece ser mais adequada por ilustrar a "subordinação" constitutiva dessa estrutura. Ao contrário de Antonio Candido, que "representou a parentela brasileira sob a forma de círculos concêntricos", cujo núcleo seria formado pela família do "patriarca" e os sucessivos círculos concêntricos por parentes e agregados, Maria Isaura acredita que seja mais adequado pensar num "esquema geométrico" de "pirâmide truncada", "formada internamente de camadas sociais sobrepostas, divididas entre si pelo dinheiro e pelo prestígio, pois mostra claramente a *subordinação* de umas camadas a outras" (ibid.: 189, nota de rodapé 53 – grifo nosso).

A solidariedade parental, portanto, é de tipo "vertical", muito embora Maria Isaura não exclua formas de solidariedade "horizontais" existentes não só entre os coronéis, mas nas camadas mais baixas da estratificação social, como bem atestam seus estudos sobre bairros rurais paulistas, folclore e até mesmo o messianismo e o cangaço (ibid., 1958, 1973a, 1973b, 1976a, 1977).

A esta solidariedade vertical vigorosa, mais outros dois fatores se reforçariam na "*conservação* da estrutura brasileira de parentelas" (ibid., 1976 – grifo no original). O segundo fator seria o *conflito*, definido como "oposição consciente ou latente entre indivíduos ou grupos, com a finalidade de subordinar ou destruir o opositor" (ibid.). Conflito e solidariedade convivem necessariamente, surgindo na sociedade brasileira "como duas faces da mesma moeda, não existindo uma sem a sua oposta, inerente, complementar e recíproca, por mais ambígua e paradoxal que seja a parelha" (ibid.). E porque solidariedade e conflito se complementam, argumenta, existe sempre a violência, o último fator do sistema coronelista de dominação política, definido como "abuso da força levado a efeito com vigor excessivo, sem hesitação e com uma constância que a faz durar no tempo, associada ao conflito, contribuindo para tornar mais resistentes as solidariedades" (ibid.). A interação histórica desses três fatores concorreria, portanto, segundo a autora, para a "conservação" da estrutura das parentelas e sua "acomodação" a "diversas formas políticas que sucessivamente se instalaram no país – colônia, império, república. E se traduziram em ditados como este: 'para os amigos, tudo; para os inimigos, o rigor da lei'" (ibid.).

Assim, fatores que poderiam enfraquecer a solidariedade parental surtem o efeito contrário, promovendo a união entre grupos distintos e reforçando a dominação que lhe é característica. A permanência da parentela depende da sua própria maleabilidade característica, pois fosse ela mais rígida, acentuando as diferenças entre os grupos e fortificando as solidariedades intragrupos, os conflitos poderiam ter resoluções distintas. A caracterização de estrutura feita por Maria Isaura, vale ressaltar, é muito próxima da discussão promovida na França pelo sociólogo Georges Gurvitch com Lévi-Strauss, de um lado, e com Talcott Parsons, de outro. Forte influência na sociologia de Maria Isaura (cf. 1978), Gurvitch não define estrutura como categorias universais do pensamento, como fizera Lévi-Strauss; tampouco a associa tão estritamente à noção de instituição, como Parsons, pois em ambos os casos a ação perderia seu caráter propriamente de "ato", de invenção e criação coletivas (GURVITCH, 1977, 1979). Retomando o conceito de "fato social total" de Marcel Mauss (2003) no âmbito da sua proposta de uma "sociologia em profundidade", Gurvitch adverte sobre a importância de se tomar a estrutura social não em seu estado estático, mas em seu movimento intrínseco – "o elemento perfeitamente inesperado, totalmente imprevisível, descontínuo, completo e concreto, inseparável de uma *totalidade em marcha*, em fluxo e refluxo, em que o esforço coletivo é desnudado de todas as cascas envolventes, em que o ato, a liberdade-invenção, a liberdade-decisão, a liberdade-criação irrompem na vida social, fora de todos os caminhos previsíveis" (ibid., 1979: 504 – grifos no original).

Com essa definição Georges Gurvitch buscava articular as relações sempre instáveis e contingentes entre ação e estrutura, ao mesmo tempo em que salientava a primazia dos fenômenos sociais totais sobre as demais camadas em profundidade, primazia não só metodológica, mas ontológica (ibid.: 28). Foi justamente baseando-se nessa definição de estrutura social que Maria Isaura Pereira de Queiroz buscou caracterizar a parentela articulando ação e estrutura. Foi nela ainda que buscou elementos teórico-metodológicos para se opor aos chamados estudos de comunidade. Diz a autora:

> Se nossos pesquisadores não levam em consideração a recomendação tantas vezes feita por Marcel Mauss, de que os fenômenos sociais devem ser estudados como "fenômenos totais", é porque, desde o florescimento dos estudos de comunidade entre nós, mais e mais se avolumou aqui a influência americana: na sociologia Americana, a multiplicação das pesquisas parceladas é incalculável, permanecem isoladas e fechadas sobre si mesmas, não levando a nenhuma formação sintética explicativa. Parece que, entre nós – herança infeliz da influência americana –, também aumentam aceleradamente os trabalhos que poderiam ser rotulados de "colheita de dados sem teoria" (PEREIRA DE QUEIROZ, 1972b: 523).

Muito embora concorde com Gurvitch em que "qualquer sociedade, *sem exceção*, possui uma estrutura", e que o estudo desta é meio privilegiado de se reconstituir os tipos de fenômenos sociais totais (GURVITCH, 1977: 469 – grifo no original), Maria Isaura o critica, pois, "com sua técnica, não alcança mais do que descrever as posições e relações dos grupos sociais entre si, sem chegar realmente aos processos sociais" (PEREIRA DE QUEIROZ, 1976a: 369, nota de rodapé). Para isso a análise deveria levar em conta não só o "encadeamento global" das partes de que se compõe o fenômeno social, mas suas configurações na história, o que permitiria captar com mais acuidade seus nexos significativos ao longo do tempo. Para firmar tal perspectiva, Maria Isaura se apoia numa diferenciação elaborada pelo próprio Gurvitch, entre "analisar" e "explicar": a dialética analisaria e a história explicaria (ibid., 1987). No entanto, ao contrário do sociólogo russo, que toma a história como uma ciência social particular, reservando à sociologia o estudo dos fenômenos sociais totais, Maria Isaura reforça que o estudo das estruturas sociais não deve estar apartado dos processos históricos. Afinal, "a explicação estaria, sempre, na história, pois é na história que se inserem os fenômenos sociais globais; as explicações se encontram sempre nas configurações da totalidade, diversas conforme o momento histórico, e não em seus aspectos parciais" (PEREIRA DE QUEIROZ, 1978: 276).

A necessidade de uma perspectiva histórica dos fenômenos sociais integra, como observado anteriormente, o programa de pesquisas de Maria Isaura para a sociologia política. Cabe ainda salientar que a história é um recurso heurístico fundamental na sua obra como um todo na medida em que possibilita evidenciar as relações entre diferentes grupos e as posições assumidas no processo de mudança social. Comprova isto sua visão sobre a permanência das vicissitudes de uma ordem social no bojo mesmo do processo de modernização e industrialização do país. Por sua fluidez, que congrega diferentes grupos, a parentela se infiltra nos interstícios da ordem emergente e a ela se acomoda. Não à toa a recorrência de expressões tais como "acomodações sucessivas", "acomodações defensivas", e outras afins, como "linha de continuidade interna de nossa política", que expõem justamente a conservação da estrutura de parentela em meio a novas conjunturas, inclusive redefinindo a posição dos seus principais agentes. Assim, Maria Isaura aponta para o aparecimento na cidade de uma solidariedade de classes, ainda que incipiente e muito restrita às classes burguesas, em nítida consonância com práticas antigas de exercício do poder; marca de uma formação social "em que tempos históricos diferentes coexistem", como atesta o surgimento de um "novo tipo de coronelismo, o coronelismo urbano" (ibid., 1976a: 29). Mas, se Maria Isaura afirma a importância da perspectiva histórica como integrante da análise da mudança social, isso não significa que o pesquisador pudesse descurar das relações micro da vida social. Cabe aqui, ao falarmos de parentela, utilizarmos uma imagem criada por Mauss do fato social total como algo "atmosférico", que "découle directement de son caractère inassignable, de sa nature fluide et de son impossible fixation à une instance sociale déterminée, mais aussi de la vertu cohésive et synthétique qui est corrélative de cette fluidité et de cette diffusion" (KARSENTI, 1994: 101).

Estrutura e ação

Ao investigar os diversos níveis de análise que compõem a obra de Maria Isaura Pereira de Queiroz, buscamos elucidar a perspectiva teórico-metodológica que a informa na construção de um campo problemático sobre a mudança social; bem como mostrar como em sua análise articula as dimensões micro e macrossociais, ou ação e estrutura nos processos históricos de mudança social. Não obstante ser possível destacá-los analiticamente, Maria Isaura ressalta a importância de tomá-los em conjunto, afirmando a multidimensionalidade e o dinamismo intrínseco da vida social. Ao mesmo tempo, é a introdução das interações entre "ação" e "estrutura" como um problema de pesquisa que abre novas possibilidades, no plano teórico e metodológico, para o estudo matizado da mudança social.

Cabe destacar que Maria Isaura compartilha com Georges Gurvitch uma visão ontológica da sociedade dividida em níveis ou patamares, estabelecendo entre si relações dialéticas que estruturam uma sociedade global. As camadas sociais estão ligadas por uma relação de interpenetração – de cima para baixo – e de agregação – de baixo para cima. As ações e relações estabelecidas no nível inferior da escala exercem influência no nível das estruturas, ao mesmo tempo em que é possível, a partir deste nível superior da escala, identificar os efeitos agregados de processos que se operam nos níveis inferiores, generalizando seus resultados – muitas vezes involuntários e não percebidos. Esse ponto é importante porque Maria Isaura destaca o coeficiente agencial das ações, o qual depende, em grande medida, das estruturas nas quais se encontram e das consequências não premeditas que geram.

A análise sociológica, portanto, segue o movimento que a socióloga julga ser o da vida social, movimento em que diferentes patamares se conjugam e se redefinem de maneira dialética, o que torna a relação ação e estrutura intimamente ligada aos mecanismos de mudança social. Se não existem agentes sem estruturas e nem estruturas sem agentes, vale dizer que para Maria Isaura as estruturas não se dissolvem nos agentes e os agentes não se dissolvem nas estruturas. "Pois hoje não há mais possibilidade de se negar que o fato social tem realidade própria que não se reduz à soma de seus componentes" (PEREIRA DE QUEIROZ, 1995: 83). Perspectiva esta que atribui causalidade não só às ações, mas também às estruturas, cujas propriedades são ao mesmo tempo coercitivas e capacitadoras. Assim, a integração de diferentes grupos na estrutura de parentela não subsume, por exemplo, as ações dos sitiantes e nem sufoca o surgimento de movimentos messiânicos, não obstante a irrupção de conflitos resultar por vezes no reforço dessa estrutura. Por outro lado, vale ressaltar que as próprias estruturas exercem e sofrem influências causais de outras estruturas. Dentro de uma perspectiva processual da história, as estruturas também devem ser vistas em sua transformação, não somente em sua permanência; afinal as mudanças sociais são também propriedades emergentes da ação dos indivíduos e dos movimentos das coletividades. A constatação de Maria Isaura do aparecimento de um "coronelismo urbano" é bem a expressão disso, como vimos.

Ao recuperarmos os trabalhos histórico-sociológicos de Maria Isaura tivemos o intento de demonstrar como as análises sobre as ações individuais e de grupos extrapolam o contexto em que se desenvolvem e atingem de forma imprevista para seus agentes o nível das estruturas. Não é de surpreender, portanto, que as ações dos sitiantes desenvolvidas dentro de uma ampla margem de liberdade, algo que é reforçado pela própria concepção que tomam de si mesmos e do tratamento igualitário que recebem dos coronéis, convertam-se, no nível estrutural expresso pelo funcionamento da parentela, na condição de subordinação da camada camponesa em geral.

Do ponto de vista metodológico, a obra de Maria Isaura recebe a marca desse constante "vaivém entre a unidade pesquisada e a sociedade global" (ibid., 1978: 52). Dessa forma, a análise tenta captar os movimentos estruturais sem recair numa espécie de empiricismo histórico em que certas ações e relações circunstanciadas, independentemente dos condicionamentos estruturais, definem o caminho histórico. Aliás, essa era a principal crítica de Maria Isaura endereçada aos "estudos de comunidade" e ao modelo teórico do *continuum* tradição-modernidade, que buscava auferir dessa escala uma localização exata de diferentes coletividades, sem atentar para o fato de que cada uma delas formava uma "totalidade".

Não se trata, naturalmente, de imaginar que as pesquisas de Maria Isaura Pereira de Queiroz analisadas tenham resolvido de modo permanente a dualidade ação/estrutura; mas sim de reconhecer que, justamente porque problematizaram teórica e empiricamente de perspectivas diferentes as relações entre ação e estrutura, elas conseguem divisar tanto mudanças como aspectos persistentes na organização e reprodução social, como a própria capacidade manifesta por indivíduos e grupos sociais de agirem e, desse modo, responderem criativamente ao contexto de estruturas em que se inserem. A abordagem analítica do conjunto da obra de Maria Isaura Pereira de Queiroz sugere, assim, contribuições heurísticas que extrapolam a identidade histórica do seu contexto intelectual original ou as discussões dele decorrentes, podendo ganhar sentido crítico em meio às controvérsias que cercam e definem ainda hoje a teoria social[29].

---

29. "É interessante ressaltar que contemporaneamente a 'teoria da morfogênese' de Margaret Archer parte do pressuposto ontológico – ainda que o considere analítico – da divisão da realidade social, postulando ainda que as propriedades estruturais seriam emergentes e não seriam redutíveis aos poderes de seus componentes. Em polêmica com o que chama de teorias 'elisionistas' (como as de Giddens) que tenderiam a circunscrever sincrônica e diacronicamente ação e estrutura, Archer propõe uma perspectiva 'sequencial', na qual 'condicionamento estrutural, interação social e elaboração estrutural' compõem ciclos infinitos da relação entre ação e estrutura. Maria Isaura Pereira de Queiroz, embora afirme também uma divisão ontológica, não elabora uma visão sequencial da mudança social, pois, ainda que isso possa ser feito analiticamente, 'as sociedades globais, frisamos, são tão dinâmicas quanto as partes que as compõem e estão em constante devenir', o que exige do trabalho interpretativo um constante 'vaivém' entre os objetos tomados pela pesquisa e a sociedade global" (PEREIRA DE QUEIROZ, 1978: 52).

4
DOMINAÇÃO PESSOAL, VIDA SOCIAL E POLÍTICA

Para Nísia

Em *Homens livres na ordem escravocrata*, Maria Sylvia de Carvalho Franco investiga as relações entre homens livres no Vale do Paraíba, ao longo do século XIX, com o objetivo principal de mostrar como, no Brasil, se constituiu um princípio mais geral de coordenação das relações sociais, que chama de "dominação pessoal", desdobrada no Estado e nas práticas de mercado. Com sua pesquisa, a autora não intentou, porém, caracterizar ou qualificar esse tipo de associação moral que ligava homens livres pobres e fazendeiros como marca de uma sociedade tradicional, ou atrasada, ou ainda incompatível com os processos de mudança social e o dinamismo que o capitalismo ia assumindo também entre nós. Em verdade, toda argumentação do livro visa, ao contrário, desmontar essa visão sobre a sociedade brasileira.

Visão persistente e que, aos olhos da autora, se renovava com a autoridade das ciências sociais, especialmente a partir da adoção de paradigmas do funcionalismo norte-americano, em diferentes perspectivas, explicativos da modernização, os quais a socióloga acaba reunindo sob a designação de "sociologias do desenvolvimento". Maria Sylvia de Carvalho Franco tem em vista, portanto, a então influente teoria da modernização de Talcott Parsons, mas também a tradução da sociologia weberiana a partir desta tradição e sua transplantação direta para o estudo da realidade latino-americana, em geral, e brasileira, em particular. Perspectivas que, a seu ver, transformavam relações históricas em modelos abstratos, isolando variáveis e construindo séries temporais desconectadas dos processos históricos concretos e variáveis. Essa posição se desdobra em diferentes níveis no conjunto da sua obra sociológica, aparecendo também como tema recorrente nas várias entrevistas que a autora tem concedido ao longo de muitos anos.

A hipótese geral da pesquisa em que o presente estudo se insere é que a crítica de Maria Sylvia de Carvalho Franco às interpretações da sociedade brasileira identificadas com as teorias da modernização da sua época recoloca em debate as relações mais amplas entre teoria e história na sociologia brasileira, com efeitos teóricos heurísticos para pensarmos a contemporaneidade. Espécie de denominador comum dessas interpretações, constituindo-as e deformando-as, seria o modo disjuntivo – a que a autora se contrapõe – como as relações históricas foram tomadas como polaridades conceituais antitéticas, a exemplo de "tradição" *versus* "modernidade". Assim, em sua obra, Maria Sylvia de Carvalho Franco recoloca em questão o problema da historicidade da vida social para a sociologia, em uma análise fina que busca esclarecer as conexões de sentido que o processo histórico-social engendra entre categorias e relações sociais.

As conclusões da sua tese de doutorado *Homens livres na velha civilização do café*, orientada por Florestan Fernandes, defendida em 1964 perante a comissão examinadora composta por Antonio Candido, Sérgio Buarque de Holanda, Octavio Ianni e Francisco Iglesias, além do orientador, e publicada como livro cinco anos depois, com o título *Homens livres na ordem escravocrata*, parecem ter levado a autora a questionamentos teóricos mais amplos e profundos sobre o problema da historicidade da vida social. É desse tema que se ocupa especialmente em sua tese de livre-docência, defendida em 1970 junto ao Departamento de Ciências Sociais da Universidade de São Paulo, intitulada *O moderno e suas diferenças*. Por isso, é preciso reconectar a interpretação substantiva do Brasil feita em *Homens livres na ordem escravocrata* a essas formulações teóricas contemporâneas e posteriores. Quanto a estas, concentrar-me-ei na sua interpretação de Max Weber, e seu esforço em ressignificar o sentido histórico das construções típico-ideais, a seu ver, indevidamente transformadas em modelos abstratos e recursos de generalização a-históricos. Um breve contraponto com a interpretação de Fernando Henrique Cardoso a respeito do caráter patrimonial e estamental da sociedade brasileira nos ajudará a situar de modo menos abstrato as ponderações teóricas da autora.

Maria Sylvia de Carvalho Franco esteve ligada à Universidade de São Paulo desde 1949, quando ingressou no curso de Ciências Sociais, nele se bacharelando em 1952. Entre 1955 e 1969, integrou como assistente a cadeira de Sociologia I, sob a direção de Florestan Fernandes, que reunia ainda Fernando Henrique Cardoso, Octavio Ianni, Renato Jardim Moreira, Marialice Foracchi, Celso Rui Beisiegel, Leôncio Martins Rodrigues Neto, entre outros. Sua pesquisa de doutoramento foi defendida em 1964 e publicada como livro apenas cinco anos depois, como já citado, pelo Instituto de Estudos Brasileiros (IEB), da própria USP. Embora possuam a mesma estrutura geral de capítulos, com apenas algumas alterações internas a eles, as duas versões do trabalho guardam algumas diferenças de redação, sendo as mais importantes encontradas na introdução, que foi, em sua maior parte, suprimida da versão em livro. Nela, Maria Sylvia de Carvalho Franco realiza uma discussão detalhada e articulada dos temas da herança portuguesa, expansão ultramarina e escravidão. É verdade que, num tipo de intertextualidade muito própria à obra sociológica da autora, em que inclusive algumas partes dos seus escritos mais antigos reaparecem parcial ou quase integralmente em publicações posteriores, a discussão sobre a escravidão colonial moderna e o surgimento do capitalismo, suprimida da introdução do livro de 1969, seria retomada, entre outros escritos, como tema do artigo "Organização social do trabalho no período colonial", publicado na revista *Discurso*, em 1978, e apresentado em um seminário na Unicamp nos anos de 1980. Para Maria Sylvia de Carvalho Franco, a demora na publicação da tese sugere bem "sobre o teor da pesquisa realizada e sobre as resistências que enfrentou. Do lado conservador, foi recusado por ser marxista; pela esquerda, foi recusado por não ser 'ortodoxo'" (FRANCO, 1988: 16) – como avaliou em seu Memorial Acadêmico apresentado para o Concurso de Professor Titular do Departamento de Filosofia da USP, em 1988, para onde se transferira em 1970, durante a intervenção da ditadura militar naquela universidade. Nas décadas de 1970 e 1980, Maria Sylvia de Carvalho Franco seguiu lecionando, pesquisando e orientando trabalhos no Departamento de Filosofia da USP, transferindo-se para a Unicamp no final dos anos de 1980, e, mesmo aposentada, tem produzido em diversos campos da filosofia e publicado artigos na imprensa de grande circulação até o presente.

Como sugerido no primeiro capítulo, a obra sociológica de Maria Sylvia de Carvalho Franco constitui o ponto de chegada mais consistente em termos teórico-metodológicos da formação de uma sociologia política no Brasil. Formada entre os anos de 1920 e 1970, essa vertente bastante heterodoxa do ponto de vista doutrinário e político envolve ensaios de Oliveira Vianna e pesquisas acadêmicas realizadas, entre outros, por Victor Nunes Leal, Luís de Aguiar da Costa Pinto, Maria Isaura Pereira de Queiroz, além da própria Maria Sylvia de Carvalho Franco. Investigando diferentes fenômenos políticos, como clãs rurais, clientelismo, lutas de famílias, voto de cabresto e dominação pessoal, os trabalhos analisados convergem, no plano teórico-metodológico, para uma abordagem que se quer diferencialmente sociológica da política. Por abordagem "sociológica" entende-se aqui a ênfase nas bases sociais do Estado e da vida política, em suas relações com a estrutura social e as condições de protagonismo dos atores sociais, no lugar de uma lógica institucional autônoma que viria a caracterizar, em grande medida, o desenvolvimento da ciência política no Brasil (LAMOUNIER, 1982). Ao articularem aquisição, distribuição, organização e exercício de poder político à estrutura social, aqueles trabalhos recusam a ideia de que as instituições seriam por si mesmas capazes de transformar a dinâmica social e, portanto, pudessem constituir variáveis autônomas na explicação do Estado e da vida política.

Ao aproximar *Homens livres na ordem escravocrata* dessa sequência sociológica cognitiva – e não institucional ou político-ideológica – flagrei a possibilidade de, estabelecendo uma visão diacrônica das ideias sociológicas, entre outras coisas, problematizar alguns aspectos reificados nas análises da história das ciências sociais no Brasil. No caso de Maria Sylvia de Carvalho Franco, por exemplo, fica relativamente claro o quão problemática pode ser uma abordagem exclusiva ou preponderantemente institucional de sua produção, uma vez que seu pertencimento à cadeira de Sociologia I da USP dificilmente pode ser traduzido diretamente em termos de orientação intelectual e realização cognitiva. O pertencimento institucional parece poder ajudar a entender, no máximo, a definição de uma agenda intelectual e as disputas que se desenrolam em torno dela, mas, ainda assim, de modo limitado, uma vez que outros fatores contextuais de ordens muito diversas também atuam na modelagem das trajetórias – como as clivagens sociais de origem socioeconômica (PULICI, 2008) e de gênero (SPIRANDELLI, 2009), já abordadas em relação à Maria Sylvia de Carvalho Franco. A perspectiva institucional ajuda menos ainda, por outro lado, a esclarecer os sentidos teóricos heurísticos de uma obra. Sendo esse o caso, como neste estudo, o corpo a corpo com a obra e com os arquivos de documentos continua sendo recurso incontornável na pesquisa do pensamento social ou de teoria social comparada.

A "sociologia política" de Maria Sylvia de Carvalho Franco não apenas discrepa da orientação vigente na cadeira de Sociologia I, como pode mesmo ser considerada uma crítica potente dos pressupostos de grande parte dos trabalhos nela desenvolvidos. Em importante artigo sobre a sociologia política forjada nesse espaço institucional, Brasilio Sallum Jr. (2002) mostra como as pesquisas realizadas por Florestan Fernandes e seu grupo de alunos e assistentes, especialmente Fernando Henrique Cardoso e Octavio Ianni, estabelecem a associação entre dominação política e conflito de classes, articulando-as às questões da dependência e do desenvolvimento econômicos. Ora, o argumento crucial deste estudo é que a sociologia política de Maria Sylvia de Carvalho Franco pode ser entendida como um tipo de contraposição crítica persistente à ideia, presente nas teorias da modernização, de que as inovações modernizadoras funcionariam como variáveis sistêmicas interligadas e intercambiáveis de modo (relativamente) independente dos seus contextos históricos. O que recoloca em discussão, de maneira pungente, a relação entre teoria e história na sociologia.

Uma unidade contraditória

A primeira e, talvez, mais decisiva característica da pesquisa de doutoramento de Maria Sylvia de Carvalho Franco, *Homens livres na velha civilização do café*, que permite problematizar a naturalização de suas relações com a orientação intelectual de Florestan Fernandes e da cadeira de Sociologia I da USP, é a recusa da autora em tratar a escravidão como um "modo de produção" que teria estruturado a sociedade brasileira, determinando todo o seu desenvolvimento posterior[30]. Naquele âmbito, no início

---

30. Os trabalhos de Maria Sylvia de Carvalho Franco anteriores ao doutorado são dedicados, sobretudo, a questões de ordem metodológica e de socialização de estudantes na pesquisa cien-

da década de 1960, apareceram os principais resultados de um programa consistente de investigação liderado por Florestan Fernandes sobre escravidão e racismo. Dentre as pesquisas estavam *Capitalismo e escravidão no Brasil meridional* (1962), de Fernando Henrique Cardoso, *As metamorfoses do escravo* (1962), de Octavio Ianni, e *A integração do negro na sociedade de classes*, tese de cátedra apresentada pelo próprio Florestan em 1964 e publicada no ano seguinte. Juntas, estas e outras pesquisas constroem a tese segundo a qual a escravidão constituiria uma instituição essencial que articularia a totalidade da sociedade brasileira e cujos elementos componentes permanecem em tensão na vida social mesmo no período pós-abolição. Assim, o eixo das análises extrapola a questão racial: o negro, ao ocupar um posto desprivilegiado na sociedade, resultado das desvantagens históricas definidas pela escravidão, torna-se objeto privilegiado para a compreensão das condições históricas e sociais de formação do povo, entendido como conjunto de aspirantes a novos sujeitos sociais (BASTOS, 1987; ARRUDA, 1995; BRASIL JR., 2011).

Retomando os argumentos apresentados anteriormente no capítulo 1 desta coletânea, para Maria Sylvia de Carvalho Franco, por sua vez, embora seu trabalho seja justamente sobre uma sociedade forjada no regime escravocrata, a escravidão seria antes parte de um sistema socioeconômico mais amplo, "parte em que se pode encontrar, nem mais nem menos que em outra do sistema considerado, relações sociais em cujo curso se procede à

---

tífica, em função, talvez, de ter assumido a disciplina de "Métodos e técnicas de investigação sociológica", substituindo Florestan Fernandes, na qual dirigiu uma pesquisa sobre a clientela da Faculdade de Filosofia, cujos procedimentos e conclusões foram apresentados em um boletim da cadeira de Sociologia I, intitulado "Os alunos do interior na vida escolar e social da cidade de São Paulo: técnica e resultados de uma pesquisa de treinamento". Nesse estudo, a autora reflete sobre o pensamento científico no Brasil, afirmando que aqui faltaram as condições e os estímulos sociais para sua difusão, e aborda a formação e o treinamento de pesquisadores em ciências sociais. Segundo ela, "a única chave para realizar o tipo de civilização para o qual tendemos está na capacidade de refletir na procura de soluções para problemas inéditos" e "somente a experiência do trabalho forma o aluno para a reflexão e para a atividade criadora" (FRANCO, 1962). Para a autora, o aproveitamento de técnicos qualificados não é um problema diante das condições de desenvolvimento do país da década de 1950. Defende, então, que "podem as Ciências Sociais numa instituição universitária alargar seus horizontes e libertar-se das contingências da simples transmissão de conhecimentos e da produção individual" (FRANCO, 1962). A análise desse material, como indicam estas passagens, aponta em geral para a concordância de Franco com as orientações científicas mais gerais associadas à cadeira de Sociologia I sobre o ensino da Sociologia no Brasil. Sobre o assunto, cf. Arruda (1995).

unificação dos diferentes e contraditórios elementos nele presentes" (FRAN-CO, 1997: 13). A ênfase analítica da pesquisa recai, igualmente, sobre as formas sociais assumidas pela grande propriedade fundiária no Brasil, especialmente no seu caráter quase autárquico, e na existência, no interior dos latifúndios, de áreas ociosas do ponto de vista da produção agrícola economicamente rentável direcionada para a exportação (1997: 14). É essa estrutura socioeconômica forjada desde a Colônia que originou um grupo social específico entre senhores e escravos.

Assim, sem minimizar a importância que a escravidão assume na formação da população "livre", a ênfase analítica na questão fundiária, na mesma medida em que aproxima a pesquisa de Maria Sylvia de Carvalho Franco do ensaio de Oliveira Vianna e da tradição bastante heterodoxa que sua perspectiva favorece, afasta-a das pesquisas típicas dos seus colegas da chamada "escola sociológica paulista", e do seu próprio orientador, as quais tomam as relações entre senhores e escravos como eixo explicativo da formação social brasileira (BASTOS, 2002). Se Franco recusa tomar a escravidão como modo de produção, porém, sua abordagem só ganha inteligibilidade a partir da sugestão da presença simultânea, no interior do latifúndio, da produção para a subsistência e para o mercado como práticas "constitutivas" uma da outra. Questão que se desdobra teoricamente em sua tese de livre-docência, *O moderno e suas diferenças* (1970), até a afirmação de que na sociedade brasileira, "os critérios extraeconômicos de categorização dos indivíduos em sociedade aparecem, reiteradamente, perturbados pelos critérios de diferenciação social fundados em situação econômica" (FRANCO, 1970: 177). Em todo caso, em passagem da tese de doutorado, Maria Sylvia de Carvalho Franco não deixa dúvidas quanto ao interesse de ordem prática pelo mundo rural como crucial no encaminhamento do seu trabalho:

> O que me levou nos rumos deste trabalho foram os complicados problemas da estrutura agrária que tão agudamente se fizeram sentir em vários momentos da história brasileira e que tão vivamente são experimentados nos dias presentes. Em especial, parecem-me importantes os estudos que tragam contribuição para o conhecimento do trabalhador rural, elucidando as condições sociais que presidiram à sua constituição como tipo humano e expondo as pressões que dificultam a sua integração na sociedade como um ser autônomo (FRANCO, 1964: 46).

O grupo estudado pela autora é o dos homens livres pobres, homens a um só tempo:

> [...] destituídos da propriedade dos meios de produção, mas não da sua posse, e que não foram plenamente submetidos às pressões econômicas decorrentes dessa condição, dado que o peso da produção, significativa para o sistema como um todo, não recai sobre seus ombros (FRANCO, 1997: 14).

Pela dupla expropriação a que esse grupo social estaria submetido, a autora fala de "homens a rigor dispensáveis, desvinculados dos processos essenciais à sociedade", uma vez que a "agricultura mercantil baseada na escravidão simultaneamente abria espaço para sua existência e os deixava sem razão de ser" (1997: 14). A autora não deixa de afirmar, ainda, as dificuldades decorrentes da dinâmica social formada a partir da existência desse contingente de homens livres pobres para a constituição de uma sociedade de classes no Brasil (FRANCO, 1997: 237).

Maria Sylvia de Carvalho Franco, porém, recusa a ideia de "ambiguidade" e a de "dualidade" para explicar a estrutura social produzida pelo latifúndio e a situação paradoxal dos homens livres pobres. É antes para se contrapor a essas ideias que a autora desenvolve seu argumento. Para ela, no Brasil, ao contrário do que teria ocorrido noutros contextos históricos, a simultaneidade das duas "modalidades de produção" – para a subsistência e para o mercado – não apenas indicava que se tratava de práticas "interdependentes", uma vez que encontrariam "sua razão de ser na atividade mercantil", mas propriamente "constitutivas" uma da outra (FRANCO, 1997: 11).

Pesquisando a "velha civilização do café" compreendida na região do Vale do Paraíba fluminense e paulista do século XIX, a autora justifica a delimitação empírica da investigação à comarca de Guaratinguetá por ser essa uma "área mais pobre da região paulista" (FRANCO, 1997: 17). Seu objetivo, como afirma, era capturar os "nexos de recorrência entre estabilidade e mudança social", já que na área estudada, as transformações vindas com o café se fizeram sentir de maneira mais branda, conservando-se as características anteriores (ibid.). O objeto original da pesquisa de doutoramento, porém, não seria Guaratinguetá, e, sim, a cidade de Roseira, também no Vale do Paraíba, conforme indica uma carta de Florestan Fernandes a Roger Bastide, datada de 21 de junho de 1957, na qual dá notícias das novidades na cátedra: "Maria Sylvia passou a interessar-se por um estudo de comunidade [sic], que toma por objeto a cidade de Roseira. Para este projeto, consegui reunir auxílio de três fontes diferentes, que darão a Maria Sylvia a possibilidade de conduzir o trabalho até o fim". Vale observar ainda que Lucila Hermann, sob cuja direção Maria Sylvia de Carvalho Franco trabalhou ao lado de Fernando Henrique Cardoso no Instituto de Administração da USP, na década de 1950, realizou importante análise histórica intitulada *Evolução da estrutura social de Guaratinguetá num período de trezentos anos*, publicada em 1948, a que Maria Sylvia de Carvalho Franco recorre em sua argumentação. O material primário da pesquisa é, como sabido, composto por atas, correspondências e, sobretudo, processos criminais da Câmara de Guaratinguetá de 1830 a 1899. Note-se que é especialmente a partir da análise dos depoimentos dados à polícia que a autora procura recuperar as situações vividas pelos homens livres e pobres (FRANCO, 1997: 18). Temos aqui um indício bastante significativo da influência de Antonio Candido, então ligado à cadeira de Sociologia II, a que a própria Maria Sylvia de Carvalho Franco faz menção recorrentemente (voltaremos a esse aspecto nas considerações finais do estudo).

Para Maria Sylvia de Carvalho Franco, os homens livres pobres ganham inteligibilidade sociológica no âmbito da dominação marcada por relações diretas, pessoais e violentas, que formam uma rede de contraprestações de toda sorte de serviços prestados e favores recebidos. Duas contribuições notáveis a esse respeito podem ser apontadas em *Homens livres na ordem escravocrata*. Primeiro, mostra como a violência característica das relações de dominação pessoal é constitutiva, também, das relações de solidariedade social internas aos grupos considerados, como mostra de modo paradigmático a análise dos mutirões como forma cooperativa de trabalho entre os "caipiras" (FRANCO, 1997: 21ss.).

Segundo, a análise se concentra no sentido sociológico das componentes sociais intersubjetivas das relações de dominação políticas pessoalizadas. A "dominação pessoal" sustentada nas relações de contraprestação é "pessoal", argumenta a autora, justamente porque fundada numa identificação entre aqueles que delas participam como "pessoas", categoria que cria uma aparência de indistinção social corroborada ainda pelo "estilo de vida" simples da região, desde o início do século XIX, quando a situação de penúria material era praticamente generalizada (1997: 115-119). Assim, as relações de dependência aparecem antes como uma

> [...] inclinação de vontades no mesmo sentido, como harmonia, e não como imposição da vontade do mais forte sobre a do mais fraco, como luta. Em consequência, as tensões inerentes a essas relações estão profundamente ocultas, havendo escassas possibilidades de emergirem à consciência dos dominados (FRANCO, 1997: 95).

O compadrio, por exemplo, é uma relação paradigmática da dominação pessoal porque permite ou mesmo exige uma quebra aparente das hierarquias sociais entre aqueles que, pelo batismo, são unidos ritualmente num "parentesco divino" (FRANCO, 1997: 84-86). A aparência de "igualdade" conferida pela categoria "pessoa" aos homens livres pobres, por oposição aos escravos vistos como "propriedade" ou "coisa", é fundamental porque suas relações com os senhores não são vividas diretamente como uma relação de dominação. Não apenas entre sitiantes e fazendeiros, mas também entre estes e seus agregados ou até mesmo com outras categorias sociais virtualmente menos dependentes deles, como tropeiros e vendeiros, todas elas submetidas à mesma trama de relações de fidelidades pessoais (ibid.: 65-114).

Franco não vê na dominação política, ao modo de Oliveira Vianna, exatamente uma contrapartida para a fragilidade dos laços socioeconômicos que ligam os senhores rurais ao vasto contingente de homens livres pobres. A socióloga, porém, também considera a política uma área privilegiada para observar as relações de dependência dos grandes proprietários em relação a seus vizinhos menores e, assim, considera essa relativa sujeição do senhor, traduzida numa série de obrigações de sua parte, o principal limite para uma caracterização da dominação pessoal nos termos de uma relação "patrimonial típica", tal como definida por Max Weber (FRANCO, 1997: 91) – questão a qual voltaremos com mais vagar. Mais do que isso, não deixa de enfatizar a desigualdade de poder envolvida nas relações de dominação pessoal, considerando ainda que esse tipo de situação constituiria uma base social pouquíssimo "propícia para a orientação racional da ação" (ibid.: 29).

Em suma, a pesquisa de Maria Sylvia de Carvalho Franco mostra como a "dominação pessoal" se constituiu num princípio mais geral de coordenação das relações sociais, testado em diferentes níveis complementares. Ela está presente no modo como os homens livres pobres se relacionam entre si (discutido no capítulo 1 de *Homens livres*) e no modo como eles se relacionam com a sociedade inclusiva, mostrando como a dominação pessoal constitui técnica de dominação política nas associações com os fazendeiros (capítulo 2). Dominação pessoal que se desdobra no Estado, pois é incorporada de modo constitutivo às instituições fundidas entre público e privado (capítulo 3), e nos nexos entre a estrutura interna das fazendas cafeeiras e o exterior, atravessados pelos circuitos do capital produtivo, comercial e financeiro, cujo movimento, ao mesmo tempo, franqueou-lhes a prosperidade e levou-as à falência (cap. 4). Desse roteiro, depreende-se seu intuito, exitoso em seus termos, a meu ver, em demonstrar a "unidade contraditória" que, "determinada na gênese do sistema colonial, sustentou, com suas ambiguidades e tensões, a maior parte da história brasileira" (FRANCO, 1997: 11). Como recordaria ainda em outra oportunidade, o exame do cotidiano dos homens livres pobres "permitiu elucidar que a brutalidade não se restringiu à imediatez da escravidão: sua própria figura resultou da inclemência inerente ao capitalismo, regenerador dessa instituição e base da crueza espraiada por toda a organização socioeconômica" (FRANCO, 1997: 17). Ao dirigir o foco para o homem livre, portanto, visava esquivar-se das "interpretações tendenciosas, tal como atribuir a violência às mazelas do 'atraso' brasileiro, ao 'sistema escravista', absolvendo o capitalismo então considerado etapa necessária ao 'progresso' histórico" (id.: 18).

Tradição e modernidade

"Unidade contraditória", portanto, constitui, talvez, a categoria mais próxima de uma síntese analítica da interpretação substantiva de Maria Sylvia de Carvalho Franco sobre a formação da sociedade brasileira, afinal é disso que trata *Homens livres na ordem escravocrata*. Não cabendo aqui fazer uma história do conceito, limito-me a chamar a atenção para o fundamental: é essa caracterização sociológica atinente à historicidade própria da formação da sociedade que permite, em primeiro lugar, explicitar o contexto intelectual mais amplo do período e o debate interno à própria cadeira de Sociologia I da USP, em que a tese/livro tomava parte e marcava uma posição própria da autora. É ela ainda que, em segundo lugar, permite a Maria Sylvia de Carvalho Franco fazer a crítica teórica mais detalhada e consistente das visões disjuntivas entre tradição e modernidade, correntes, a seu ver, nas teorias da modernização em sua época. Essa crítica, ponto de chegada da análise realizada em *Homens livres na ordem escravocrata*, ganha o primeiro plano da narrativa e *status* de tema próprio na tese de livre-docência, *O moderno e suas diferenças* (1970), bem como em outros textos, a exemplo do artigo "Sobre o conceito de tradição", publicado pelo Centro de Estudos Rurais e Urbanos (Ceru/USP), em 1972, instituição criada por Maria Isaura Pereira de Queiroz, da cadeira de Sociologia II, em 1964.

Mobilizando materiais presentes na tese de livre-docência, Maria Sylvia de Carvalho Franco discute aspectos cruciais da sociologia política de Max Weber, como a distinção entre os conceitos de "dominação" e "poder". Seu objetivo é justamente sugerir como a "sociologia do desenvolvimento" estaria empregando as noções de "tradicional" e "moderno" e outras correlatas como oposições disjuntivas a partir de uma interpretação equivocada da teoria weberiana, filtrada via sociologia funcionalista norte-americana, em cujas "teorias da dualidade", ademais, a autora vê semelhanças com a "teoria do desenvolvimento desigual, de raízes marxistas" (FRANCO, 1972: 25). Na tentativa de marcar, portanto, a "distância que separa o trabalho de Weber daqueles que ainda hoje invocam a sua herança", a autora sugere que de "imprecisões teóricas" e "falta de rigor" resultariam a ideia de "obstáculos à mudança", de "resistência de traços supostamente tradicionais, que estaria retardando a transformação para uma sociedade moderna", quando, na verdade, argumenta, "esses elementos permanecem, são produzidos e reproduzidos no interior de um sistema social" (FRANCO, 1972: 33 e 40).

O mesmo tipo de preocupação teórica, associada à discussão de outras questões afins, já formava as linhas principais de sua tese de livre-docência, não por acaso, como se pode perceber, intitulada *O moderno e suas diferenças*. Entre os temas nela abordados, destacam-se o par "comunidade" e "sociedade" na sociologia alemã (esp. em Weber e Tönnies), sua reelaboração e a de outros "conceitos clássicos" no Brasil; bem como a tese da "mudança social" como uma passagem necessária da "sociedade tradicional" à "moderna" e, sobretudo, a "impropriedade" teórica dessa distinção e do conjunto de proposições feitas em torno dela para o "caso brasileiro". O sentido desse empenho parece claro: formular uma crítica à incorporação das premissas básicas da "sociologia do desenvolvimento", uma vez que, a seu ver, esta aplicava teorias "como se fossem verdades que pudessem ser desligadas do contexto de conhecimento em que originalmente se inscreviam" (FRANCO, 1970: X).

A preocupação com a historicidade da vida social implica, seletivamente, uma releitura de Max Weber e do modo de construção dos conceitos típico-ideais na sociologia. Para Maria Sylvia de Carvalho Franco, a construção de tipos-ideais estaria relacionada à ordem dos fenômenos empíricos e históricos observáveis, buscando reter o "essencial" para a compreensão do sentido e também para a explicação causal. Conceitos como o de "estamento", por exemplo, ao qual voltaremos adiante, seriam construções típico-ideais nas quais a matéria histórica informaria a própria construção do conceito, segundo uma seleção do "essencial". Para a autora:

> Afinal, a proposição dos tipos ideais como técnicas de conhecimento adequado à cultura respeita a historicidade de suas formações sociais particulares, captando-as como totalidades constituídas pela atividade organizadora do espírito – mas, por isto mesmo, abriga uma teoria da história que silencia sobre os nexos necessários que as encadeiam ao longo de uma linha de desenvolvimento (FRANCO, 1970: 50-51).

Porque os tipos-ideais devem apreender o feixe de significações que dão sentido ao processo social, Franco aponta para o caráter de "totalidade" que eles encerram. Nesse sentido, eles não poderiam ser entendidos como "modelos", já que os elementos que os compõem não são independentes entre si, mas relacionados a uma articulação historicamente determinada, que lhes confere todo seu caráter significativo. A interpretação dos tipos-ideais no funcionalismo norte-americano de Talcott Parsons, tendo em vista sua visão linear mais ampla do processo histórico, como se as sociedades modernas devessem convergir para um único padrão societário, incorreria neste erro crucial: tomando os tipos numa série linear desconectada dos processos históricos, eles pareciam poder *funcionar* como variáveis sistêmicas interligadas, intercambiáveis e generalizáveis, o que discrepava inteiramente, segundo a autora, da historicidade implicada na construção weberiana. Nesse mesmo erro básico incorreria a "sociologia do desenvolvimento" latino-americana ao incorporar acriticamente o funcionalismo parsoniano. Maria Sylvia de Carvalho argumenta, com base na leitura do livro de Parsons publicado em 1936, *The structure of social action*, que:

> [...] o mérito de Weber foi ter introduzido conceitos gerais no conhecimento do social; sua falha foi não ter chegado à generalização completa. Este ponto de vista epistemológico (a generalização em si mesma como meta das Ciências Sociais), completamente alheio a Weber e expressamente rejeitado por ele, fornece as bases para desfigurar seu pensamento (FRANCO, 1970: 51).

Não deve nos escapar o fato de esse empenho de Maria Sylvia de Carvalho Franco levá-la inclusive a questionar os "limites" da metodologia weberiana, de que, ademais, em parte ela própria se utiliza em sua pesquisa histórico-sociológica. Limites, para a autora, particularmente sensíveis quando se tratasse de apreender o processo de mudança social, como no caso da sociologia da modernização e, noutra chave, do seu próprio trabalho (FRANCO, 1970: 51). Formulação que, à primeira vista, parece recolocar a crítica de Florestan Fernandes sobre os limites do tipo ideal ao tratar a questão da indução e da generalização na sociologia no livro clássico *Fundamentos empíricos da explicação sociológica* (de 1959). Confrontada à leitura da autora do tipo ideal, porém, a de Fernandes parece ainda mais próxima ainda da de Parsons[31].

Não se trata aqui de recuperar a longa análise de Maria Sylvia de Carvalho Franco sobre a apropriação de Weber por Parsons e deste pelo que enfeixa sob a designação de "sociologia do desenvolvimento". E embora também não possamos comparar mais detidamente aqui os projetos, ainda assim vale apontar a importância do seu esforço teórico que, guardadas as proporções, tem afinidades muito significativas com o do sociólogo judeu-alemão refugiado e radicado nos Estados Unidos, Reinhard Bendix, na sociologia norte-americana. Resumidamente, a sociologia histórica forjada por Bendix, expressa em seu incontornável *Construção nacional e cidadania*, de 1964, procura formular alternativas consisten-

---

31. Para a aproximação entre Florestan Fernandes e Talcott Parsons, cf. Brasil Jr. (2011).

tes: (1) à crença na universalidade dos estágios evolutivos, sugerindo a importância da compreensão de que o *momentum* dos eventos passados e a diversidade das estruturas sociais conduzem a diferentes caminhos de desenvolvimento, mesmo quando as mudanças de tecnologia são idênticas; (2) à opinião de que tradição e modernidade são mutuamente excludentes, sugerindo que a inter-relação causal entre essas dimensões é um problema de pesquisa empírica que não pode ser substituída por deduções lógicas, na medida em que os indícios contestam a hipótese de um processo de modernização uniforme; e, por fim, (3) à concepção de mudança social como intrínseca às sociedades, chamando a atenção para a combinação de mudanças intrínsecas com respostas a estímulos extrínsecos (BENDIX, 1997).

Tendo isso em vista, e para dizer o mínimo, tanto Bendix como Maria Sylvia de Carvalho Franco partem da valorização da perspectiva histórica que identificam e recuperam na sociologia de Max Weber para criticar os usos a-históricos que a sociologia da modernização e a sociologia do desenvolvimento estariam fazendo dos seus conceitos. Em especial, na vertente funcionalista liderada por Talcott Parsons, o equívoco maior dessas abordagens seria, para ambos os autores, tomar "tipos ideais" como generalizações teóricas. E a valorização da perspectiva histórica tem o intuito, igualmente num e noutro autor, de permitir a crítica às perspectivas teóricas disjuntivas sobre "tradição" e "modernidade" e oferecer visões alternativas à sociologia, histórica em ambos os casos, mas "comparada", no caso de Bendix (ainda que Franco estenda a sua crítica também à sociologia do desenvolvimento de Gino Germani). Bastando lembrar, para corroborar a convergência sugerida, que essa problemática que estrutura as pesquisas da socióloga brasileira, ocupa toda a terceira parte de *Construção nacional e cidadania*, intitulada justamente "Reavaliação dos conceitos de tradição e modernidade" (BENDIX, 1997: 329ss.). Não pode ser desconsiderado ainda o fato de Franco ter dedicado grande parte da sua pesquisa e reflexão teórica à obra de Max Weber e sua recepção no Brasil – empenho presente tanto em suas teses como em seus artigos acadêmicos, como reconhece em seu Memorial acadêmico (FRANCO, 1988: 11), embora ao mesmo tempo estranhe a identificação da sua interpretação como weberiana (1988: 19) – enquanto Bendix (1986) nos legou o fundamental *Max Weber: um perfil intelectual*, publicado em 1960[32].

Para dar uma visão ao mesmo tempo mais objetiva e matizada das consequências dessa discussão sobre as relações entre teoria e história em Maria Sylvia de Carvalho Franco, vale voltar à sua análise da formação social brasileira e sua recusa em equacionar essa experiência em termos de patrimonialismo. Para tanto, pode-se comparar, ainda que brevemente, suas análises com a tese de doutorado de seu colega de cátedra, Fernando Henrique Cardoso, defendida em 1961, sob o título de *Formação e desintegração na sociedade de castas: o negro na ordem escravocrata do Rio Grande do Sul*, e publicada no ano seguinte com o título *Capitalismo e escravidão no Brasil meridional: o negro na sociedade escravocrata do Rio Grande do Sul*[33]. Investigando a configuração social da sociedade escravista numa região onde o trabalho escravo não havia assumido a proporção que tomou nas áreas da *plantation* do país, Cardoso buscava conciliar, na tese, a perspectiva teórica de seu orientador Florestan Fernandes, então mais próxima ao funcionalismo, com a perspectiva marxista, cultivada no grupo de estudos de *O capital* de Marx, da USP, entre meados dos anos de 1950 e início dos anos de 1960, a que esteve ligado (LAHUERTA, 1999). Mas, também, cumpre lembrar, mostrava-se preocupado em discutir a forma patrimonialista de dominação política engendrada naquela experiência social, aproximando-se de modo próprio a Max Weber.

A tese de Cardoso busca esclarecer o papel da dominação patrimonialista na formação do Rio Grande do Sul e seus desdobramentos e impasses na constituição de uma sociedade de classes no Brasil. A relação entre escravidão e dominação patrimonialista aponta, em seu trabalho, para a formação de uma sociedade estamental e de castas, pouco flexível e de reduzida plasticidade para enfrentar os dinamismos da expansão do capitalismo,

---

32. Discutindo a recepção de Weber na tradição intelectual brasileira, Werneck Vianna identifica a interpretação de Maria Sylvia de Carvalho Franco – inscrita no que nomeia "paradigma paulista" – a uma perspectiva que confere centralidade explicativa às raízes agrárias de nossa formação social e ao patrimonialismo de base "societal" (VIANNA, 1999: 179). Para a recepção da sociologia alemã em geral no Brasil, cf. Villas Bôas (2006).

33. Retomo aqui sinteticamente a longa argumentação comparativa feita por Maurício Hoelz Veiga Júnior (2010).

enrijecida pelas formas autocráticas de poder que constituíam estruturas tradicionais distintas daquelas necessárias a uma ordem competitiva. Para Cardoso, a sociedade rio-grandense não apenas se organizou nos moldes de uma estrutura patrimonialista, como às "posições assimétricas na estrutura social correspondiam formas de comportamento reguladas por rígidas expectativas de dominação e subordinação" (CARDOSO, 1977: 84). E, como esclarece o próprio autor em longa nota explicativa, ele procurou utilizar em sua análise o conceito de patrimonialismo em sua formulação clássica weberiana (CARDOSO, 1977: 100-101). O conceito de patrimonialismo assume, assim, teor explicativo na particularização do capitalismo mercantil-escravista no Brasil (CARDOSO, 1977: 16-17).

Maria Sylvia de Carvalho Franco diverge da caracterização da ordem pessoalizada dada por Fernando Henrique Cardoso, pois recusa qualificar a sociedade brasileira como tipicamente patrimonial e nega que sua camada senhorial seja estamental (o que certamente possui ressonâncias quanto ao seu entendimento também da obra de Florestan Fernandes). Sempre evocando sua compreensão de Max Weber, no primeiro caso, Franco objeta, em *Homens livres na ordem escravocrata*, que não se poderia falar da configuração de uma relação patrimonial típica entre os homens livres, pois, nesta, "o amplo e exclusivo aproveitamento da força de trabalho do dependente, que é insubstituível, torna inelutável preservar sua disposição e capacidade de bem servir, o que gera uma sujeição para o senhor, definindo obrigações de sua parte" (FRANCO, 1997: 91). No Brasil, prossegue a autora, somente no plano político verifica-se a conformação de uma solidariedade deste tipo, na qual os serviços do "cliente" são vitais para os grupos dominantes e se conjugam aos deveres que estes devem assumir e cumprir. Quando, pois, "estavam em jogo objetivos básicos como apoio político *versus* auxílio econômico, consolidava-se a interdependência" (ibid.), do contrário, os compromissos revestiam-se de grande fragilidade – argumento que, aliás, se aproxima bastante do exposto por Oliveira Vianna (cf. cap. 1). Como ainda fez questão de reforçar na entrevista "As ideias estão no lugar", publicada em *Cadernos de Debates*, em 1976, na medida em que nenhuma tradição, apenas costumes frouxos e compromissos superficiais selaram o sistema de contraprestações da dominação pessoal, não se poderia falar adequadamente em relação patrimonial, "onde o amplo e exclusivo aproveitamento dos dominados como trabalhadores limita tradicionalmente sua exploração, de modo a não comprometer sua disposição de bem servir" (FRANCO, 1976: 62). No Brasil, ao contrário, nada restringiu a arbitrariedade do mais forte: "o interesse material submetia à sua razão os laços de estima e da afeição, atando-os ou destruindo-os" (ibid.).

Quanto à caracterização estamental da sociedade brasileira, Maria Sylvia de Carvalho Franco postula que nem do ponto de vista teórico, nem na pesquisa empírica e histórica ela se sustentaria. Anota a autora a caracterização "suficientemente precisa" que a pesquisa histórica fizera de "estamento":

> [...] referia-se a grupos em movimento para liberar-se das relações hierárquicas do feudalismo e que se autorreconheciam como internamente homogêneos, exigindo cartas de privilégios e liberdades. Constituíam grupos que traçavam novas divisões na sociedade, que reclamavam direitos por oposição a outros grupos, defendendo-se juridicamente. Eram formações sociais que surgiam sobre a ruína medieval, anunciando o processo de fundação da sociedade civil, afastando-se do juramento e das sanções transcendentes para aproximarem-se do contrato (FRANCO, 1997: 10).

Todavia, este "rótulo" teria cumprido, para a autora, importante tarefa na sociologia brasileira, tarefa que qualifica de "ideológica", de separar o

> [...] economicamente "irracional e improdutivo", o "socialmente violento e preconceituoso", o "politicamente reacionário", do moderno, do progressista, do último termo do milenarismo, ora escondido, ora confessado: o capitalismo como instância civilizadora. Sociedade escravista e estamental, desrazão essencialmente diversa da sociedade de classes, do trabalho livre e da racionalidade capitalista (FRANCO, 1997: 10-11).

A esse respeito, Maria Sylvia de Carvalho Franco observa em seu Memorial acadêmico, que, investigando os vínculos entre a estrutura interna das fazendas cafeeiras e o exterior, atravessadas pelos circuitos do capital produtivo, financeiro e comercial, em vez de uma rígida "sociedade estamental" – "para não mencionar castas", acrescenta – "foi surgindo um mundo móvel e permeável, com estilos de vida fluidos, aliados a formas de dominação que sintetizaram a convivência pessoal e os ajustamentos abstratos em todos os âmbitos da vida, desde a esfera privada até os negócios públicos" (FRANCO, 1997: 18).

E a principal razão para a retomada em chave teórica dessas questões na tese de livre-docência parece suscitada pela pesquisa empírica e teórica realizada seis anos antes para a tese de doutorado, e sua ideia de que, na sociedade brasileira, "os critérios extraeconômicos de categorização dos indivíduos em sociedade aparecem, reiteradamente, perturbados pelos critérios de diferenciação social fundados em situação econômica" (FRANCO, 1970: 177). Assim, voltando a *Homens livres na ordem escravocrata*, com esse argumento em mente, percebemos como a ideia de "unidade contraditória", a que a autora chegou, remete a uma compreensão sociológica afinada à historicidade do processo social, e que se a pessoalização das relações sociais e das práticas de poder não produz as mesmas sociedades que se formavam nas experiências históricas europeias, elas respondiam de modos próprios a determinações mais gerais da expansão do capitalismo e da construção da sociedade moderna. O reconhecimento e a qualificação da historicidade da vida social, preocupação que costura o conjunto da obra sociológica de Maria Sylvia de Carvalho Franco, desautorizaria, em suma, a reificação das noções de tradicional e moderno que, a seu ver, seriam noções normativas, reincorporadas acriticamente nas interpretações dos países, àquela altura, chamados "subdesenvolvidos". Como boa praticante de uma sociologia histórica, também Franco parece estar dizendo a todo momento que, afinal de contas, a interação entre tradição e modernidade constitui, por si só, um problema histórico de pesquisa, e, assim, não poderia ser substituído por qualquer dedução lógica ou ideológica. Como diz ironicamente em seu Memorial acadêmico:

> Voltando ao modo genérico de pensar, em larga medida vigente nas Ciências Sociais, constatamos como no mais íntimo de seu *corpus* doutrinário se evidencia o corte mítico entre o mundo moderno, capitalista, regido pela universalidade abstrata, travejado por relações formais, transitivo em lutas sem sujeito, violento, rápido, e seu outro mundo comunitário e tradicional – imagem do passado ou figura do atraso – tecido em laços pessoais, exposto ao sentimento, adstrito à particularidade, harmonioso, inane (FRANCO, 1988: 199).

Um equilíbrio delicado

A relação entre teoria e história na sociologia forma a problemática que confere unidade à obra sociológica de Maria Sylvia de Carvalho Franco. Seja na sua interpretação substantiva do Brasil realizada em *Homens livres na ordem escravocrata*, seja em seus textos mais teóricos, a autora dedicou-se, como vimos, a realizar: (1) uma análise do processo de modernização alternativa às perspectivas concorrentes e, em verdade, hegemônicas da mudança social da sua época, reunidas pela designação mais genérica de "sociologia do desenvolvimento"; e (2) uma análise crítica dos pressupostos teóricos dessas perspectivas, especialmente do modo a-histórico como as categorias weberianas – substantivas, como a de patrimonialismo, e metodológicas, como a do tipo ideal – eram tomadas, sobretudo, via funcionalismo parsoniano, no Brasil e na América Latina.

Sugeri neste estudo como a categoria de "unidade contraditória", fundamental na economia argumentativa de *Homens livres na ordem escravocrata*, constitui o elemento cognitivo interno que permite, noutros textos da autora, a explicitação da recusa conceitual da dicotomia tradição *vs.* modernidade, e que a autora vê tratada como tipos de estruturas sociais contrapostos de modo dualista na "sociologia do desenvolvimento". Originada nas formas sociais assumidas pela grande propriedade agrária no Brasil, que concentrava duas modalidades de produzir, para a subsistência e para o mercado, essa "unidade contraditória" inscrita na gênese da sociedade brasileira, desdobra-se, do nível da economia, no da organização social, na síntese difícil das associações morais e das constelações de interesses, e desenvolve-se, no nível da organização política, na fusão das esferas pública e privada. Ou seja, o mesmo processo de desenvolvimento capitalista que criou as condições para a classe burguesa impor-se não apenas social e economicamente, mas também politicamente, ao conjunto da sociedade feudal, reeditou as formas modernas de escravidão e gerou essa unidade contraditória entre relações de interesse, ligadas à competição e ao conflito num mercado concorrencial, e associações morais, fundadas em um jogo de privilégios e favores.

Justamente porque a autora recusa a ideia de "dualidade integrada" (FRANCO, 1997: 11), talvez, valesse a pena comparar a noção da "unidade contraditória" à de "desenvolvimento desigual, mas combinado", tão associada à produção intelectual da cadeira de Sociologia I (LAHUERTA, 1999, 2008). Essa comparação permitiria formular uma visão mais completa das relações entre história e teoria na sociologia de Maria Sylvia de Carvalho Franco, e implicaria, necessariamente, uma comparação detida entre as suas noções de "capitalismo" e "escravidão", bem como das relações históricas, empíricas e conceituais estabelecidas entre esses termos e aquelas do grupo de Florestan Fernandes. Igualmente importante, nesse sentido, seria qualificar as críticas do grupo mais identificado à cadeira de Sociologia I comparando-as à sociologia histórica de Franco[34].

Como argumentei ao longo deste estudo, dadas as discrepâncias significativas das análises de Maria Sylvia de Carvalho Franco em relação aos trabalhos produzidos por Florestan Fernandes e seus demais orientandos e assistentes, bem como o sentido da sua crítica teórico-metodológica, a perspectiva analítica histórico-sociológica alternativa que Maria Sylvia de Carvalho Franco formula ganha inteligibilidade em relação à orientação intelectual da cadeira de Sociologia I, a que pertencia institucionalmente. Sua obra sociológica antes problematiza que corrobora alguns dos pressupostos empíricos, históricos e teóricos dos trabalhos do seu orientador Florestan Fernandes e de seu grupo como um todo. Se constrangimentos institucionais, entre outros, não permitiram (até o momento) que a autora polemizasse abertamente com seu grupo de origem, a análise de sua obra indica

---

34. Nesse sentido, uma crítica importante a Maria Sylvia de Carvalho Franco é feita por Juarez Brandão Lopes sobre o texto "Organização social do trabalho no período colonial", apresentado pela autora em seminário da Unicamp, em 1980, cujo debate está publicado no livro *Trabalho escravo, economia e sociedade*. Lopes sugere que a ênfase dada pela autora na "funcionalidade" da escravidão ao capitalismo não lhe permitiria ver e qualificar as passagens do antigo regime para a sociedade burguesa de um ponto de vista mais sociopolítico, menos economicista. Já a crítica de Paulo Arantes ao modo como Franco articula pobreza e pessoalização aos requisitos de uma orientação capitalista da conduta parece equivocada, como observa Pedro Cazes, uma vez que com essa "ética protestante caipira", Franco não estaria "rebatendo os vínculos da dominação pessoal sobre o comportamento impessoal da prática lucrativa burguesa", como afirma Arantes (1992: 72); mas, antes, mostrando como, até certo ponto, não há incompatibilidade entre o código pessoalizado e violento do mundo "rústico" e as práticas capitalistas de organização da produção (CAZES, 2013). Na entrevista que Lília Moritz Schwarcz e eu fizemos com Roberto Schwarz, por sua vez, há várias indicações importantes que permitem qualificar o debate entre a sua interpretação do favor na sociedade brasileira e a de Franco, inclusive seu ponto de vista sobre a acusação feita por Franco, na entrevista "As ideias estão no lugar", de 1976, de que ele estaria repondo o dualismo em sua interpretação de Machado de Assis (cf. SCHWARCZ & BOTELHO, 2008).

uma visão crítica e uma proposição alternativa, sobretudo pela forte ênfase que dá ao relacionamento entre teoria e história na explicação sociológica. Maria Sylvia de Carvalho Franco não se refere de fato a Florestan Fernandes em suas críticas, prefere reservar explicitamente a Gino Germani críticas que parecem implicitamente direcionadas igualmente a seu orientador. Ou que ao menos poderiam ser assim interpretadas, dada a identificação entre as obras dos dois principais sociólogos da América Latina de sua geração, e a recepção igualmente importante neles, embora com distinções em nada desprezíveis, do funcionalismo norte-americano que cada um ao seu modo contesta e recria (BRASIL JR., 2011) – o que a autora, por sua vez, tampouco reconhece.

Mais do que a contraposição nomeada, porém, o que mais chama a atenção são os silêncios de Maria Sylvia de Carvalho Franco em relação a Florestan Fernandes e seus outros discípulos. É o caso da sua contraposição – e alegação de impertinência – à ideia de estamento, central em Florestan Fernandes, e à noção de patrimonialismo tal como empregada Fernando Henrique Cardoso, embora neste último caso o debate seja, discretamente, nomeado. Tampouco nos textos reflexivos sobre sua trajetória intelectual, como seu Memorial acadêmico e as muitas entrevistas que tem concedido, Franco se demora na orientação de Florestan. No Memorial acadêmico, o contraste entre o silêncio sobre Florestan Fernandes e sua avaliação da importância de Antonio Candido para a sua formação, especialmente d'*Os parceiros do Rio Bonito*, chega a ser algo constrangedor. Sobre Florestan, a quem dedicou, porém, *Homens livres na ordem escravocrata* (e, como se sabe, Maria Sylvia de Carvalho Franco aparece junto aos demais assistentes de Florestan na dedicatória de *A revolução burguesa no Brasil*, de 1975), ela limitou-se, salvo engano, a observar, numa entrevista publicada em 1981, que, ao lado de Antonio Candido, ele teria sido "outra influência decisiva nos rumos da minha produção intelectual", para logo qualificar: "Primeiro o mestre admirado, depois o opositor respeitado. Nossas divergências mantiveram-se na maior confiança e lealdade, padrão que hoje parece estar desaparecendo da cena universitária" (FRANCO, 1988: 9).

São muitas as menções a *Os parceiros do Rio Bonito*, tese de doutoramento em ciências sociais apresentada em 1954 à Faculdade de Filosofia, Ciências e Letras da Universidade de São Paulo, onde, até aquele momento, Antonio Candido desempenhava, por dezesseis anos, a função de assistente da cadeira de Sociologia II, e publicada em livro somente dez anos depois, em 1964. Em seu Memorial acadêmico, por exemplo, a autora escreve que *Os parceiros* foi de importância decisiva em seus esforços para coadunar reflexão e linguagem (1988: 20), chamando-lhe a atenção para a necessidade de escapar da linguagem cifrada do jargão sociológico e de escrever de modo mais acessível (1988: 9). E nenhum outro livro da sociologia brasileira, à exceção do seu próprio, é analisado com tanto vagar e cuidado no Memorial – é verdade que a análise é interrompida por um longuíssimo excurso sobre as raízes aristotélicas das modernas ciências sociais de cerca de oitenta páginas. Vale citar uma passagem decisiva a respeito do livro clássico de Antonio Candido:

> À diferença das "introduções metodológicas" – muito em voga na época – que repetiam assertivas dogmáticas no jargão competente, a abertura de seu livro [de Antonio Candido] nos permite seguir, de verdade, uma atitude estudiosa, um olhar que busca alternativas teóricas, que tateia, vacila, recusa e escolhe, face aos vários caminhos oferecidos pelas ciências sociais [...] O caminho escolhido recusa a generalidade abstrata do sociólogo, declinando, no mesmo passo, o recorte descritivo dos "estudos de comunidade" [...] Procedimento crucial, onde o pensamento rompe com o abstrato (empírico ou lógico), o que permitirá ao pesquisador valer-se das representações do caipira não enquanto dobrada sobre si mesma (fechada no bairro, como na precisa análise da consciência grupal que abre o primeiro capítulo), mas como reflexão que se amplia sobre a sociedade brasileira (como os capítulos sobre as transformações) (FRANCO, 1988: 107-108).

Não tenho como comentar todas as cerca de oito páginas dedicadas por Maria Sylvia de Carvalho Franco à análise bastante fina do livro de Antonio Candido, nas quais, e por meio das quais, ela fala muito dela também, já que *Os parceiros* são evocados pela sua influência em sua própria trajetória intelectual reconstruída no Memorial. E o leitor terá acertado se tiver percebido a identificação, na citação feita acima, entre o plano apresentado do livro de Antonio Candido e o dela própria, *Homens livres na ordem escravocrata*. Mas note também o leitor que a valorização de Antonio Candido se dá sobretudo em função da postura pioneira em evitar as soluções teóricas fáceis – a "generalidade abstrata do sociólogo", como diz Maria Sylvia de Carvalho Franco. Então, voltamos mais uma vez ao tema principal deste estudo.

Será mesmo possível sociologia sem generalização? A questão certamente não tem uma resposta unívoca, se é que é apropriado falar, nesse caso, até mesmo em respostas. De todo modo, do ponto de vista da análise que propomos da obra sociológica de Maria Sylvia de Carvalho Franco, o problema talvez esteja menos na generalidade do que no tipo de generalidade apontada pela autora: a generalidade "abstrata" que, ingenuamente ou não, simplifica e deforma a realidade. Assim, parece razoável depreender que a autora não desconhece ou rechaça a relação tensa entre história e teoria nas ciências sociais, mas defende o uso da história para qualificar, ampliar ou restringir o alcance da teoria. Sejam quais tenham sido as raízes da sociologia histórica formulada por essa autora, não se pode deixar de reconhecer quanto sua proposta é convergente em termos cognitivos com a reação ao funcionalismo na sociologia histórica em geral. Reação que, firmemente enraizada em rico material histórico, como já foi mostrado, acabou por revalorizar o papel dos atores humanos – individuais e coletivos – como os criadores últimos do mundo social em transformação (STOMPKA, 1998).

E em estudo anterior (BOTELHO, 2009), discutindo o potencial teórico heurístico da reconfiguração não disjuntiva da relação ação/estrutura na sociologia histórica de Maria Sylvia de Carvalho Franco, numa comparação com a obra de Maria Isaura Pereira de Queiroz, a quem aquela esteve ligada em diferentes frentes, mostrei que a autora consegue divisar tanto aspectos persistentes na organização e reprodução social, como a própria capacidade manifesta por indivíduos e grupos sociais de agirem e, desse modo, de responderem criativamente ao contexto de estruturas em que se inserem. É verdade que Maria Sylvia de Carvalho Franco procura demonstrar os limites da mudança institucional decorrentes da generalização da dominação pessoal como princípio de coordenação social, mas não deixa de considerar, porém, as forças sociais que compõem dinamicamente a relação Estado/sociedade e, sobretudo, os atores sociais que as sustentam – como no caso do servidor público por ela analisado. Guardando importantes afinidades com a sociologia política de Max Weber (1992), as bases sociais da dominação política são importantes na pesquisa da autora, tendo em vista não apenas o

problema da "legitimidade", como também as razões de as próprias instituições ou outras formações sociais serem compreendidas como resultados das
ações e do entrelaçamento de ações de homens comuns que, ao atribuírem
sentidos a suas ações, não deixam de levar em conta as próprias restrições
da sua situação[35].

Porque as velhas dicotomias entre tradição e modernidade, continuidade e mudança, sincronia e diacronia, ação e estrutura simplesmente não
desapareceram, a despeito do avanço coletivo da sociologia histórica, a tensão
entre teoria e história continua a interpelar as ciências sociais (SKOCPOL,
1984; REIS, 1998), em especial a sociologia política (BOTELHO, 2011;
ALONSO & BOTELHO, 2012). E a esta tensão se deve, em grande medida,
o sentido teórico heurístico da obra de Maria Sylvia de Carvalho Franco.
Seu interesse está para além da conformação particular de diretrizes teóricas
gerais que encerra, das inevitáveis adaptações mais ou menos criativas a que
contextos cognitivos tradicionalmente consumidores da teoria sociológica
parecem destinados sempre que confrontados a uma realidade empírica distinta dos "centros" da sociologia mundial. Mas na medida mesmo em que,
como no caso de *Homens livres na ordem escravocrata*, a pesquisa empírica
historicamente orientada provoca questionamentos consequentes à própria
teoria social, e às possibilidades de combinação entre componentes empíricos, históricos e analíticos em geral, cumpre reconhecer sua capacidade
de interpelação à compreensão daquilo que, para recorrer a uma definição
sintética do objeto da sociologia dada por Marcel Mauss (2003: 187), simplesmente, constitui a "vida propriamente social das sociedades".

Esse reconhecimento não deve nos levar, porém, a ignorar duas questões relacionadas, uma de ordem geral sobre a obra sociológica de Maria
Sylvia de Carvalho Franco perante a sociologia brasileira, outra relativa aos
desenvolvimentos, por assim dizer, internos de sua obra, com as quais queremos concluir o presente estudo, mas que não podemos senão indicar para
futuras investigações. Comecemos pela última questão.

---

35. Sobre a sociologia política de Weber, consultar o livro clássico de Bendix (1986). Sobre a sociologia política de Maria Isaura Pereira de Queiroz, cf. o cap. 4 desta coletânea e Botelho (2009).

As assertivas de Maria Sylvia de Carvalho Franco em estudos posteriores sobre a perenidade do seu diagnóstico sobre a sociedade brasileira em conjunturas históricas tão diferentes daquela do seu estudo empírico original restringem, talvez, a validade da sua visão de história e teoria aqui discutida justamente em seus trabalhos das décadas de 1960 e 1970. Penso em alguns dos seus estudos acadêmicos posteriores, como aquele sobre as tensões imprimidas pela sociedade brasileira à industrialização que nela se processava, em torno na década de 1950, em artigo publicado na *Revue Tunisienne de Sciences Sociales* (FRANCO, 1974), ou mesmo nos muitos artigos de conjuntura política sobre o Brasil contemporâneo, que vem publicando na grande imprensa, nos quais, no limite, a realidade social parece deixar de ser um processo dinâmico e se torna um estado constante.

No entanto, do mesmo modo, o alcance próprio da crítica de Maria Sylvia de Carvalho Franco poderá ser mais bem qualificado levando em conta que, como começa a ser demonstrado sistematicamente (BRASIL JR., 2011), a recepção da "sociologia da modernização" norte-americana não foi simplesmente passiva nas obras de Florestan Fernandes e seu grupo ou de Gino Germani, dois dos principais vezos da renovação da sociologia na América Latina. Ao contrário, implicou traduções intelectuais ativas nas quais, inclusive, alguns dos pressupostos básicos do funcionalismo, como a concepção de que as sociedades modernas convergiriam para um único padrão societário, foram tensionados pela força que a história assumiu, ainda que progressivamente, nas suas explicações. Ao que tudo indica, porém, não estamos exatamente diante de uma questão de gradiente, de mais ou menos história na explicação, mas de sentidos qualitativos distintos, assumidos pela história na economia interna dos argumentos e, assim, na sociologia produzida por esses diferentes autores. E, assim, voltamos ao tema principal deste estudo.

2ª PARTE

A política na sociedade: fios contemporâneos

5
SOCIOLOGIA POLÍTICA: RELAÇÕES ESTADO-SOCIEDADE

Uma das visões mais difundidas da "sociologia política" a caracteriza como especialidade voltada para o estudo do poder inerente aos fenômenos sociais. Embora contenha elementos fundamentais (LUKES, 1974; MANN, 1986, 1993, 2012; OLSEN et al., 1993), essa definição permanece muito genérica, o que, aliás, já havia levado Max Weber, um dos clássicos das ciências sociais que mais diretamente contribuiriam para a circunscrição da política como temática sociológica, a preferir a noção de "dominação" àquela de "poder" (BENDIX, 1962). Nessa acepção, "sociologia política" foi se tornando um termo muito vago à medida que se desenvolveu como área de pesquisa na sociologia, especialmente quando a ciência política, com perfil disciplinar cada vez mais demarcado, passou a competir com ela.

No interior da própria sociologia, vários desenvolvimentos, sobretudo a chamada "virada cultural", operaram significativos deslocamentos na sociologia política (ARCHER, 1996; FOUCAULT, 1969, 1971, 1975; NASH, 2001). Assim, por exemplo, parece impensável que pesquisas sobre questões como formação de identidades culturais e subjetividades públicas ou privadas, construção de modos de classificação, entre outras, desconsiderem hoje as instâncias de mobilização de poder aí implicadas (ALEXANDER, 2003, 2010; BOURDIEU, 1979, 1991; GAMSON, 1992; SWARTZ, 2013). Essa ampliação do conceito de poder, passando a abarcar não apenas as instituições políticas formais, mas também os processos políticos informais nas esferas privada e de mercado, não está isenta de consequências teóricas, além de implicar perda de especificidade.

Quanto ao relacionamento da sociologia política com outras disciplinas, a comparação com a ciência política, mais do que com a própria sociologia ou com outras disciplinas e especialidades, como a antropologia política, há tempos têm sido objeto de reflexão daqueles preocupados com os impasses e possibilidades de futuro da sociologia política (BENDIX, 1973 [1968]; BOTTOMORE, 1979; COLAS, 1994; LIPSET, 1969; ORUM, 1978; NAGLA, 1999; NASH, 2000). Mesmo quando se buscam mais complementaridades do que diferenças entre disciplinas, continua presente a preocupação com o que caracterizaria uma abordagem especificamente sociológica da política. Isso coloca problemas até para as definições da sociologia política como área interdisciplinar, a exemplo da conhecida distinção proposta por Giovanni Sartori (1969) entre "sociologia da política" ("uma subdivisão do campo geral da sociologia") e "sociologia política".

Ainda que nunca se alcance uma solução definitiva, é possível demarcar espaços. Perguntar pelos desafios de pesquisa específicos que a sociologia política tem se colocado (por sua "tradição de pesquisa" [Reis, 1999]) representa uma possibilidade efetiva de enfrentamento do problema. E algumas aproximações ao universo cotidiano da prática da disciplina, por meio de exemplos significativos, podem nos dar uma visão mais concreta e ao mesmo tempo matizada dessa tradição de pesquisa. Todavia, como a generalização teórica é parte constitutiva do trabalho sociológico, é preciso atentar ainda para a relação mais geral entre Estado e sociedade que dá forma à disciplina da sociologia política em meio a sua variedade histórica, diversidade temática e seu pluralismo teórico-metodológico.

Sociologia política: um campo em disputa

Não faz muito tempo, as relações entre sociologia política e ciência política foram objeto de um simpósio realizado pela Seção de Sociologia Política da American Sociological Association (ASA). As conclusões do evento foram publicadas em seu boletim oficial, *Political Sociology: States, Power and Societies*, no verão de 2008. A questão proposta a pesquisadores situados na "interseção" entre sociologia política e ciência política foi justamente sobre os diferentes campos de atuação dessas disciplinas, como eles se complementam e competem entre si, e o que define um estudo sobre a política como diferencialmente sociológico. Embora guardem disparidades, as respostas tendem a convergir mais para as diferenças do que para a complementaridade entre as disciplinas. A sociologia política aparece caracterizada por uma maior abrangência ou fragmentação temática (dependendo do ponto de vista) do que a ciência política: movimentos sociais, identidades e ação coletivas, classes, gênero, raça são alguns dos temas abordados por ela. Já a ciência política estaria marcada por maior especialização temática, as pesquisas concentrando-se em instituições políticas específicas, como congresso, presidência ou partidos e, no máximo, comportamentos eleitorais. Em segundo lugar, as respostas enfatizam a centralidade das chamadas teorias da "escolha racional" baseadas na ideia de cálculo de interesses para a ciência política, especialmente nos estudos sobre padrões de votos, parlamentares ou processos de tomada de decisão em diferentes níveis. O que contrasta com a pequena penetração dessas teorias na sociologia política, ainda fortemente marcada pelas diferentes visões sobre a "socialização" de valores e normas herdadas dos autores clássicos das ciências sociais. Por fim, do mesmo modo, destacam-se a centralidade dos métodos e dados quantitativos, e seu uso intensivo e expansivo, como característica crucial na ciência política contemporânea, em contraste com os métodos e dados qualitativos nas pesquisas sociológicas.

As publicações da ASA oferecem outros *insights* sobre o cotidiano da prática da sociologia política. Em seu número do outono de 2007, por exemplo, a Seção de Sociologia Política da ASA propõe o simpósio "Great books and articles every political sociologist should know" a pesquisadores de diferentes universidades dos Estados Unidos. Os resultados indicam significativo pluralismo, já que, à exceção de Gösta Esping-Andersen (1990, 1996) em relação ao tema do *welfare state*, nenhum outro autor recebe mais de uma menção. Ainda assim, é possível identificar determinado padrão nas respostas no que diz respeito aos temas: trabalhadores e protestos, gênero e, acima de todos os outros, raça são os mais recorrentes dos livros e artigos citados, além do próprio *welfare state*, já mencionado.

A diversidade temática da sociologia política e a pluralidade com que ela própria é definida por seus praticantes aparecem também em um *survey* realizado no Reino Unido em 1995, no qual se pedia aos chefes de departamentos e professores de sociologia política das universidades que elencassem quais de uma lista de 13 tópicos eram cobertos pela sociologia política. Nenhum autor ou obra foi mencionado mais de duas vezes. Os temas mais frequentes foram partidos políticos, estruturas de poder, elites, protesto e comportamento coletivo, legitimidade, comportamento eleitoral e política de gênero (ROOTES, 1996: 122). Salvo pelo fato de o ensino de comportamento eleitoral estar predominantemente concentrado nos departamentos de Política (18 a 4) e, em menor medida, o de partidos políticos (20 a 11), não há grandes diferenças na cobertura de tópicos entre os departamentos de sociologia e política (ROOTES, 1996).

Se à primeira vista essas caracterizações gerais da sociologia política parecem limitadas, porque circunscritas a tradições intelectuais e/ou contextos nacionais específicos, elas apontam algumas tendências importantes vivenciadas em diferentes contextos. É isso que sugere o esforço da própria Seção de Sociologia Política da ASA que, sistematizando e procurando aperfeiçoar uma série de discussões encaminhadas durante décadas em suas *newsletters*, levou a público em 2005 o significativo projeto editorial *The handbook of political sociology*, como assinalam seus organizadores no prefácio (JANOSKI et al., 2005: xiii). Reunindo um conjunto de 32 artigos escritos por autores de diversas tradições intelectuais, o livro cobre os seguintes temas: as diversas teorias que orientam pesquisas de sociologia política, sociedade civil e ação política, o Estado e seus processos, políticas públicas e globalização. Desse modo, de acordo com seus organizadores, o livro busca sobretudo reintegrar "campos disparatados" que chamamos de sociologia política e realizar uma possível síntese de novos desenvolvimentos teóricos com as teorias já existentes.

Mas as tendências mais gerais da sociologia política contemporânea, presentes também nos Estados Unidos, podem ser confirmadas, sobretudo, recorrendo a outro exemplo significativo, o volume de 1996 da *Current Sociology* intitulado "Political sociology at the crossroads". Editado por Baruch Kimmerling, o volume reúne artigos que apresentam os desenvolvimentos históricos, institucionais e cognitivos da sociologia política em diferentes contextos nacionais e regionais – Brasil, Estados Unidos, Grã-Bretanha, Índia, Polônia, Rússia, Escandinávia e Sudoeste Asiático. Apesar de variações relevantes, também nesse caso regularidades são identificáveis. Do ponto de vista institucional, observam-se muitas dificuldades em caracterizar a sociologia política como um campo de estudos da política bem delimitado em relação à ciência política e mesmo à própria sociologia. É o caso da Grã-Bretanha, cuja sociologia política chegou a ser considerada uma das áreas mais "subdesenvolvidas" da sociologia em geral (ROOTES, 1996). Tal situação se explica em parte pela fixação com conflitos e políticas de classes e pelo fato de a própria política ter sido persistentemente tomada como variável dependente de fatores econômicos ou sociais. Na verdade, isso também ajuda a compreender a natureza controversa dos estudos empíricos behavioristas sobre comportamento político na Grã-Bretanha, os quais se orientam mais para descrições de instituições políticas formais e para a filosofia política (ROOTES, 1996).

As dificuldades são ainda maiores no caso da Rússia, já que, durante o período da antiga URSS, a sociologia política sequer existia, dada a sua compreensão mais restritiva como campo de estudos dos fenômenos de participação política na chamada sociedade civil de ordens democráticas (VORONKOV & ZDRAVOMYSLOVA, 1996). Situação que, por outro lado, parece tornar a sociologia política bastante promissora no país, haja vista o interesse crescente por temas ligados à transição democrática. Protestos e movimentos sociais, formação de partidos, comportamento eleitoral, constituição da esfera pública ou sociedade civil, bem como disputas étnicas, estão entre os principais temas da sua sociologia política (VORONKOV & ZDRA-VOMYSLOVA, 1996). Os mesmos temas relativos à transição democrática ganham destaque também no caso da Polônia. Aí, contudo, a institucionalização, incipiente mas anterior à instauração do regime socialista, da sociologia, cujos pluralismos temático e teórico-metodológico correspondentes não se perderam inteiramente, parece estar desempenhado papel crucial na definição de uma agenda de pesquisas contemporânea para a sociologia política (KUBIAK, 1996).

No caso da Índia, o interesse clássico das pesquisas da sociologia política pelas bases sociais da vida política é renovado, especialmente, por meio da investigação sobre as relações entre sistema político e diversidade cultural; o papel da religião, da etnicidade e das castas nas eleições, na legitimação da democracia e do próprio Estado-nação (GUPTA, 1996). Ainda marcados pelos temas da transição democrática (como nos casos da Rússia e da Polônia), e por suas relações com tradições culturais e sociais próprias (como na Índia), os estudos de sociologia política no sudoeste asiático tem se mostrado interessados também nas relações entre democratização e desenvolvimento econômico (KHONDKER, 1996). Isso tem levado ao reexame de questões cruciais como a de se o desenvolvimento econômico leva necessariamente à democratização política, ou se o desenvolvimento asiático mantém e pressupõe formas não democráticas de governo. Há alguma convergência geral para uma democracia liberal-democrática clássica? As tradições históricas e culturais dos países asiáticos podem ser um impedimento para a realização da democracia? (KHONDKER, 1996). Questões, a propósito, que também ocupam lugar central na tradição brasileira da sociologia política, fortemente marcada que esteve pelos temas do desenvolvimento e do subdesenvolvimento; e que se tornam ainda mais relevantes, quando se leva em conta que o contexto contemporâneo brasileiro está marcado pela "crise" do princípio de superioridade do Estado, particularmente do Estado desenvolvimentista, como ator coletivo na organização da vida social (REIS, 1996, 1998: 111-136).

Outro ainda é o caso da Escandinávia, pois traz importante produção sobre a política, com a emergência de temas mais universais – como partidos políticos e comportamento eleitoral – ao lado de outros mais locais – como o impacto da União Europeia, a concepção escandinava de democracia, a atenção dada à comunidade local, o destino do seu *welfare state* (ALLARDT, 1996). Isso, porém, não torna a sorte da sociologia política como campo de estudos delimitado institucional e cognitivamente menos incerta na região. Afinal, esses estudos estão sendo desenvolvidos tanto por sociólogos quanto por cientistas políticos claramente identificados com o *mainstream* de seus respectivos campos disciplinares, e a expressão "sociologia política" sequer integra, de modo significativo, o vocabulário da sua comunidade científica (ALLARDT, 1996).

Entretanto, o *continuum* entre sociologia política e ciência política – sobretudo em torno do interesse empírico no Estado e suas instituições políticas – é certamente mais amplo do que sugere o caso escandinavo. Aparece também em diferentes atividades promovidas pelo Research Committee on Political Sociology (CPS) da International Sociological Association (ISA). Fundado em 1960 e tendo Seymour Lipset como seu primeiro presidente, esse mesmo Comitê está presente desde 1970 também na International Political Science Association (Ipsa). Essa presença simultânea do mesmo CPS nas associações internacionais de sociologia e de ciência política levanta questões instigantes sobre a relação entre as áreas e suas fronteiras. Por um lado, assinala a dificuldade de pensar uma identidade cognitiva da sociologia política consensualmente estabelecida e claramente diferenciada dos trabalhos da ciência política; por outro, indica deliberada intenção de aproximar as disciplinas, mantê-las juntas e estabelecer uma agenda comum de pesquisas. É isso, aliás, que expressa o editorial de 2006 da *newsletter* do CPS, ao assumir a aproximação entre sociologia e ciência política como sua "missão".

Se a convergência temática entre a sociologia política e a ciência política indica uma relação de complementaridade, ela não parece suficiente para determinar o que, afinal de contas, faz uma abordagem sobre a política diferencialmente sociológica. Disciplinas científicas, ou até campos de pesquisa, não se definem apenas em função de seus objetos empíricos, mas também em termos teóricos e metodológicos. É o que se pode verificar com a própria reintrodução do tema do Estado na agenda de pesquisas da sociologia política, particularmente no campo norte-americano contemporâneo com os trabalhos de Charles Tilly e Theda Skocpol.

Mais do que contribuir para o revigoramento do interesse sociológico pelo Estado, os trabalhos de Skocpol (1985, 1992, 1996) vêm sendo considerados particularmente responsáveis por uma reorientação chamada "neoinstitucionalista" dos estudos da política, devido a sua concepção do Estado como realidade empírica e variável analítica independente das classes e de outras forças sociais. Nessa perspectiva, as instituições não apenas ganham autonomia como *locus* empírico de realização da política, mas também a capacidade de modelar a vida política e a própria vida social mais ampla. Não por acaso, essa reorientação tem sido interpretada como um fortalecimento da ciência política, chegando até a significar um deslocamento das bases da sociologia política – da sociologia para a ciência política (ORUM, 1996). É certo, por outro lado, que existem dificuldades em vincular a orientação neoinstitucionalista direta e exclusivamente a uma disciplina ou mesmo a uma teoria geral da sociedade explicitamente compartilhada por seus adeptos (SKOCPOL, 1985).

A afirmação do Estado como um ator relevante, nos trabalhos de Skocpol, e, em parte, também nos de Charles Tilly, pode ser entendida como uma dupla reação: por um lado, à visão extremamente formalista associada às perspectivas jurídicas tradicionais de estudo do Estado, que tendem a considerar as instituições políticas virtuosas ou não em si mesmas; e, por outro, a vertentes denominadas neomarxistas, como em Nicos Poulantzas (1968), cujas análises do Estado estão centradas exclusivamente na sociedade, caracterizando-o como um espaço em que grupos de interesses se aliam ou opõem a fim de definir as políticas públicas. Se essa visão do Estado e da política em geral pode parecer "reducionista" do ponto de vista institucionalista, não se pode perder de vista que uma visão formalista das instituições não favorece a percepção da possibilidade de as políticas de Estado serem expressão de interesses de setores particulares ou ao menos terem consequências discrepantes para os diversos grupos sociais (AMENTA, 2006; BHAMBRA, 2007; GIDDENS, 1985; O'CONNOR et al., 1999; OLIVER & SHAPIRO, 1997). Assim, a relação entre instituições políticas e vida social é inescapável, até porque o cerne da vida política é sempre, mesmo em regimes democráticos, constituído de relações de dominação entre segmentos distintos da sociedade.

Portanto, ainda que não seja possível afirmar que as relações entre Estado e sociedade não sejam uma preocupação também da ciência política, não se pode minimizar que elas constituem o problema empírico e teórico básico – e talvez mais característico – de pesquisa da sociologia política (BENDIX, 1973 [1968]). Como acentua o editor da *Current Sociology* do balanço das diferentes sociologias políticas nacionais e regionais analisado, a relação Estado/sociedade formaliza, em certo sentido, as vivências individualizadas da sociologia política; pois, se a sociologia política é a ciência que se ocupa do "político" (visto como história e culturalmente construído e cambiável), há, contudo, componentes nucleares do "político" que perpassam essas variações (KIMMERLING, 1996). Isso não significa, porém, que diferenças sociais e culturais, bem como processos temporais e contextos, devam ser necessariamente vistos como uma história de desenvolvimento unificado ou um conjunto de sequências padronizadas, até porque componentes do político interagem constantemente ao mesmo tempo com escolhas e condições que as delimitam em cada sociedade. Esse aspecto está bem ilustrado no trabalho clássico de análise histórico-comparativa de Barrington Moore Jr. (1993 [1966]), tão importante na sociologia política e nas ciências sociais em geral. Comparando revoluções e modernização na China, na Inglaterra, nos Estados Unidos, na França e no Japão, Moore Jr estuda as condições da sociogênese da democracia e dos regimes fascistas e comunistas a fim de explicar como a interação da industrialização com os regimes agrários preexistentes produziu diferentes resultados políticos nessas diversas sociedades (SKOCPOL, 1973, 1998; WEINER, 1976).

A distinção entre Estado e sociedade funda a possibilidade de uma abordagem diferencialmente sociológica da política, ainda que isso não implique, necessariamente, em corroborar uma concepção dicotômica dessa relação, como se Estado e sociedade não constituíssem esferas entrelaçadas. Em outras palavras, não é sociológica apenas a abordagem que, partindo da sociedade ou da estrutura social, queira problematizar o Estado, ou o político. Embora esse sentido seja fundador da própria preocupação da disciplina com a política por buscar identificar suas bases sociais e o papel da estrutura social sobre os arranjos institucionais e a ações políticas, o inverso também é válido – isto é, por que deixariam de ser sociológicas as abordagens que visam especificar os efeitos de instituições e práticas institucionais na vida política e na sociedade como um todo, mas que preservam as conexões significativas entre política, estrutura social e mesmo vida material? Esses são problemas de pesquisa empírica que não podem ser substituídos por deduções lógicas. Em uma palavra, é a *relação* entre Estado e sociedade que interessa à sociologia política investigar, que incendeia sua curiosidade, e que forma a experiência intelectual decisiva da sua tradição de pesquisa. Em suma, a *relação* entre Estado e sociedade constitui um eixo analítico que nos permite ainda tanto situar experiências históricas particulares quanto unificar a diversidade do repertório temático da sociologia política num quadro explicativo mais amplo. Como ocorre em outros casos, até mesmo a pesquisa de fenômenos políticos empíricos mais circunscritos, como partidos políticos, tem de assumir abertamente alguma imagem geral da relação Estado/sociedade, cuja plausibilidade é reforçada ou enfraquecida pelos resultados específicos alcançados. A relação Estado/sociedade tem ainda a vantagem de nos permitir divisar, de modo mais integrado, os principais desafios teóricos e empíricos contemporâneos colocados à sociologia política.

Estado e sociedade: o eixo da sociologia política

As relações entre Estado e sociedade comportam diferentes configurações teóricas, empíricas e históricas na sociologia política ao longo do século XX. Até o momento, nenhuma outra se mostrou mais importante e diferencialmente sociológica do que o Estado-nação – embora a valorização da ideia de "esfera pública" e o ressurgimento do debate sobre "sociedade civil" que a acompanha também coloquem vários desafios para a sociologia política hoje.

Forma típica de comunidade política da modernidade, até muito recentemente o Estado-nação foi tomado não apenas como referente empírico da sociologia política, mas como termo intercambiável com "sociedade", tido por mais abstrato e genérico e, na prática, como sinônimo do próprio objeto da sociologia em geral. Do ponto de vista da tradição de pesquisa da sociologia política, o Estado-nação assumiu significados muito importantes, operando, analiticamente, como um tipo de catalisador dos diferentes temas nela compreendidos. Isso, aliás, permitiu que os temas específicos da sociologia política ganhassem inteligibilidade também como parte de processos mais amplos.

Reinhard Bendix (1977 [1964]), por exemplo, investiga a formação do Estado-nação em perspectiva comparada articulando-o à questão da cidadania. Questão, aliás, crucial e perene da sociologia política que já havia sido tratado por outro influente mas controverso clássico da disciplina, T.H. Marshall. Tratando especificamente do caso inglês e não de uma teoria geral, ele pensou o desenvolvimento da cidadania como uma sequência evolutiva ao mesmo tempo histórica e lógica de direitos civis, políticos e sociais (MARSHALL, 1950). A visão de cidadania de Reinhard Bendix, por sua vez, decorre, em grande medida, da tese weberiana (que ele atualiza) segundo a qual as sociedades combinam distintamente três princípios básicos de coordenação societária – *autoridade, solidariedade* e *mercado*. Tais princípios constituem opções históricas que, uma vez feitas, produzem consequências que tendem a condicionar as alternativas subsequentes de cada sociedade. Ele recusa, portanto, qualquer equacionamento do desenvolvimento social em termos de uma diferenciação do simples para o mais complexo, e a própria ideia de que a mudança social opere com variáveis sistêmicas interligadas e prontamente generalizáveis independentes da "sequência histórica" das sociedades. A comparação entre problemas de legitimação da autoridade, articulação de interesses e organização de solidariedade em diferentes sociedades permite a Bendix interpretar a construção nacional como um processo no qual se articulam burocratização da autoridade pública e reconhecimento legal de direitos básicos para os membros da comunidade política. Em outras palavras, autoridade e solidariedade constituem princípios variáveis de coordenação social, mas ainda assim recorrentes no que diz respeito à legitimação envolvida no exercício da autoridade pública e suas complexas relações com a estrutura social. Assim, como a construção do Estado-nação não segue um padrão único e sistêmico definido *a priori*, também não existiria só um caminho para a cidadania.

Além de estabelecer a relação entre estado nacional e cidadania, o trabalho de Bendix contribui, do ponto de vista teórico mais amplo, para uma definição mais matizada de modernização e mudança social. Recusando tanto a noção de "pré-requisitos" quanto a de "sequência típico-ideal" para a modernidade, Bendix contrapõe-se (1) à crença na universalidade dos estágios evolutivos, e propõe a compreensão de que o *momentum* dos eventos passados e a diversidade das estruturas sociais conduzem a diferentes caminhos de desenvolvimento; (2) à visão disjuntiva de tradição e modernidade, que dá lugar à compreensão de que toda sociedade combina elementos de uma ou outra; e (3) à concepção de que os processos de mudança são internos a cada sociedade, posto que eles combinam componentes intrínsecas com respostas a estímulos extrínsecos, sempre envolvendo a intervenção do Estado como uma característica importante desses processos.

Charles Tilly, por sua vez, articulou a construção do estado nacional à ação coletiva, o que não deixa de ter consequências diretas também para a compreensão da cidadania. Embora considerando a construção do Estado um processo potencialmente independente de outras forças sociais, Tilly (1975, 1978, 1986, 1996) o analisa em relação às dinâmicas historicamente variáveis de ação coletiva, visando dar conta das inúmeras reações, mobilizações e negociações por parte das pessoas comuns às investidas de um estado centralizador e ávido por recursos. Os repertórios de ação coletiva disponíveis (como o autor chama tais mobilizações e negociações) variam enormemente à medida que avançam os processos de construção estatal, expansão capitalista, urbanização e coerção (especialmente a guerra). O estado nacional implicou, assim, uma grande transformação nas maneiras pelas quais as pessoas agem conjuntamente em busca de seus interesses: uma vez que se passou a depender cada vez mais de decisões tomadas em esferas nacionais – e não mais locais –, os níveis mais relevantes de poder político para os interesses do cidadão comum foram deslocados de maneira significativa, exigindo novos meios e novas metas para a ação coletiva. Nessa perspectiva, a própria extensão dos direitos de cidadania deve ser pensada como possíveis resultados das contendas concretas de grupos sociais. Além de propor um modelo para o entendimento da ação coletiva, Tilly pretende superar uma das mais profundas antinomias da teoria social: a dicotomia ação/estrutura. O autor quer marcar, por um lado, a capacidade de agência e a criatividade dos indivíduos em suas mobilizações; e, por outro lado, os constrangimentos estruturais que limitam as possibilidades – ou, em seus termos, os repertórios – da ação coletiva.

Um dos principais desafios da sociologia política contemporânea diz respeito ao destino do Estado-nação como forma típica de comunidade política da modernidade (MANN, 1997; REIS, 2004). Vivemos em um contexto marcado pela dramática pulverização não mais apenas de certezas "tradicionais", mas dos próprios valores, práticas e instituições associados à constelação política da sociedade moderna, que parecem em "risco" face à reestruturação de relações e processos sociais operada pela chamada globalização. Estamos no campo das consequências, algumas delas imprevistas, daquilo que Benedict Anderson (1991) denominou a crise iminente do "hífen" que durante duzentos anos ligou o Estado e a nação, crise que, porém, comporta diferentes respostas.

Na sociologia contemporânea, inúmeros debates vêm sendo travados em torno da questão do "referente" empírico da disciplina. Com a intensificação dos processos globais em todos os níveis, a ideia de que o campo privilegiado de estudos da sociologia seriam "sociedades" fechadas, isto é, totalidades autocontidas e territorializadas, ainda que internamente diferenciadas, terminou por sofrer diversas críticas. Nesse sentido, uma das consequências do processo de globalização diz respeito à percepção de que o Estado-nação não é uma experiência universal ou um resultado "natural" da dinâmica societária (WAGNER, 1994: 73), mas uma forma bastante específica e contingente de articulação entre autoridade e solidariedade.

Assim, por exemplo, Ulrich Beck (1992, 1996, 1999) afirma que os processos globais imprimem uma ruptura na modernidade, cujo motor, a individualização, apresenta consequências profundas para as identidades coletivas – dissolução de padrões, códigos e regras estabelecidos por uma sociedade nacional. A "segunda modernidade", ou "modernidade reflexiva", que estaríamos vivendo traz implicações cruciais para a sociologia, já que seus próprios conceitos estariam vinculados ao território nacional. Daí a necessidade de abrir o "contêiner do Estado-nação", livrar-se de "categorias zumbis" (categorias baseadas em pressupostos históricos obsoletos) e refundar a sociologia, dando-lhe novas bases conceituais, empíricas e organizatórias como uma ciência da realidade transnacional. E uma das principais consequências e indícios desse processo seria o fato de a constelação política da sociedade nacional da primeira modernidade estar se tornando "não política", enquanto aquilo que era "não político" no âmbito do Estado-nação está se tornando político. Em outras palavras, a política não se encontraria mais exclusiva ou prioritariamente em instituições como parlamentos, partidos, sindicatos etc., mas no centro da vida privada, já que o microcosmo da conduta da vida pessoal está inter-relacionado com o macrocosmo dos problemas globais (como a questão ecológica, p. ex.). Desse modo, a política na estrutura do Estado-nação não seria o ponto de partida para um novo território do político, do geopolítico ou da sociedade de risco global.

Outra perspectiva defende a tese do "desacoplamento" entre o Estado e a nação (EDER, 2003), afirmando que, no decorrer de sua universalização, o Estado nacional se depara com um paradoxo: tornar-se um ator central no processo de globalização enquanto sua unidade cultural, a nação, é solapada tanto por formas supranacionais quanto primordiais de solidariedades ou sentimentos de pertencimento que não mais coincidem com as fronteiras nacionais. O que resta é o Estado nacional sem a nação. Nesse caso, não se trata de supor o desaparecimento do Estado nacional – ele até estaria ganhando espaço como um ator coletivo racional, um grupo de interesse em escala global, mas de modo desconexo à identidade nacional, que passa a se defrontar com outras reivindicações de identidade. A questão, então, é saber se uma das funções centrais exercidas quando Estado e nação seguiam juntos – a de transformar um sentimento coletivo em um *demos* civilizado – poderá ser assumida por arranjos institucionais para além dele. Trata-se, em suma, de um latente desfazer-se da nação, que contesta e desafia o Estado nacional (EDER & GIESEN, 2001; EDER, 2003).

Outras perspectivas, por sua vez, ponderam se, independentemente da feição que esteja assumindo num mundo globalizado e do quanto ela se distancie dos referenciais vigentes, a necessidade de adequação entre "solidariedade social" e "autoridade pública" está mesmo se tornando obsoleta. Isso poderia ser ilustrado pelo fato de as tendências conflitantes associadas à globalização que moldam o mundo contemporâneo parecerem ainda embaraçadas no que diz respeito aos desafios de forjar alternativas às identidades políticas coletivas do Estado-nação ou a suas inovações políticas, como a democracia participativa e a ideia de cidadania. Outro fato crucial é que, a despeito de esforços bem-sucedidos de integração supranacional, por um lado, e do vigor de lealdades mais primordiais, por outro, o Estado-nação continua a ser o ponto de referência para o exercício da soberania e a efetivação dos direitos dos cidadãos (REIS, 1996: 27).

As vertentes que enfatizam o papel de mediação operado pela cultura na articulação histórica e funcional entre Estado e nação destacam o nacionalismo e a cultura política como dimensões fundamentais, e têm revigorado a pesquisa desses temas. O reconhecimento da contingência da relação entre Estado-nação e identidades coletivas evidenciado pelos processos de globalização tem forçado a sociologia política a repensar o lugar dos nacionalismos. Assim, por exemplo, Calhoun (2007) propõe que "nations [still] matter" e que não se deve subestimar o papel do nacionalismo na organização da vida social e política contemporânea.

Diferentes perspectivas (DELANTY & KUMAR, 2006; SMITH, 2010; YOUNG et al., 2007) têm acentuado a relevância renovada dos fenômenos da nação como comunidade subjetiva e do nacionalismo como força social a informar teórica e praticamente tanto movimentos sociais quanto agendas políticas de Estado. Elas reivindicam, cada qual a seu modo, a necessidade de se levar em conta a qualidade flexível e persistente da nação, que deita raízes fundas no passado real e imaginado, bem como sua capacidade de adaptação a realidades em constante mudança.

Nos estudos sobre cultura política, a relação entre processo de socialização e comportamento político também adquire centralidade, baseada no reconhecimento de que as respostas dos atores a situações sociais objetivas se dão através de orientações mediadas pela avaliação subjetiva. Assim, a noção de cultura política refere-se ao conjunto de atitudes, crenças e sentimentos que dão ordem e significado a um processo político, pondo em evidência as regras e pressupostos nos quais se baseia o comportamento de seus atores. Referência clássica neste debate, *The civic culture* de Almond e Verba (1963) não à toa busca inspiração na Escola de Cultura e Personalidade que se desenvolveu nos Estados Unidos, cuja agenda de pesquisas, no momento de perplexidade durante e após a Segunda Guerra Mundial, voltava-se para a análise dos padrões culturais que compunham o "caráter nacional" das diferentes sociedades. Entretanto, o conceito de cultura política aparece fortemente vinculado a uma preocupação com as condições de desenvolvimento dos sistemas políticos democráticos.

Nos países que vivenciaram regimes autoritários, os estudos de cultura política direcionaram-se para análises da presença e difusão de valores democráticos na sociedade. No caso específico da transição latino-americana, por exemplo, várias pesquisas tiveram como foco o processo de transição político-institucional e as mudanças (ou não) de atitude frente à democracia. Buscaram investigar a presença de valores e condutas consoantes com os fundamentos sociais e civis desse sistema, no sentido que a tradição da cultura cívica confere a tais valores e condutas: tolerância política, social e civil, crença na eficácia da participação política e adequado reconhecimento dos direitos civis e políticos (cf. DIAMOND, 1994). O estudo de Putnam (1993) sobre as diferenças no desempenho das instituições públicas locais na Itália realizou uma importante renovação teórica e metodológica ao privilegiar a análise das condições que afetam o desempenho das instituições públicas democráticas e sua maior ou menor eficiência em atender ao interesse público.

As tensões que o Estado-nação imprime sobre a dinâmica da vida social integram centralmente o escopo de questões empíricas e teóricas essenciais que vêm sendo recolocadas por diferentes vertentes da sociologia política contemporânea. Críticas contemporâneas voltam-se, sobretudo, contra os aspectos normativos e teleológicos das teorias que pressupunham que a construção do Estado-nação configuraria um modelo universal definido a partir de certas experiências europeias que, na realidade, são historicamente muito diversificadas e contingentes (TILLY, 1996; BHABHA, 1990; BALAKRISHNAN, 2000); ou que a construção do Estado-nação pudesse, de fato, engendrar laços puramente civis, minimizando a persistência de formas mais primordiais de solidariedade, como o parentesco, na sociedade moderna (ALEXANDER, 1990).

Essa valorização teórica das tensões que o Estado-nação confere à dinâmica da vida social mostra-se relevante não apenas para a revisão da situação europeia, mas também para a pesquisa de outras realidades empíricas, décadas presas ao (falso) problema da sua inadequação a um ou outro *modelo* hegemônico de formação nacional (BOTELHO, 2008, 2009). E como recomenda um dos seus analistas contemporâneos no "Prefácio à edição brasileira" de um de seus livros, o programa sociológico crucial para pesquisadores "não europeus" da construção nacional é entender de que modo "a exportação de estruturas europeias de Estado produziram Estados tão diferentes em regiões de colonização europeia"; programa para cuja boa execução o importante, como sugere, não é "aplicar mecanicamente modelos europeus, mas examinar os tipos de causas e efeitos que produziram coisas diferentes quando foram aplicados nos ambientes distintivos" (TILLY, 1996: 37 e 40).

Outro tema caro à agenda de pesquisas da sociologia política e que articula diretamente a questão teórica da mudança social com a relação Estado/sociedade diz respeito aos movimentos sociais (ORUM & DALE, 2008). É possível identificar pelo menos três grandes vertentes teóricas de explicação dos movimentos sociais (ALONSO, 2009), as quais tiveram que se submeter a adaptações para fazer frente aos desafios contemporâneos, como o fato de as mobilizações coletivas ganharem escala global, caráter violento e se concentrarem em bandeiras identitárias. A primeira está expressa na chamada teoria de mobilização de recursos (McCARTHY & ZALD, 1977), que valoriza a racionalidade contra as explicações das mobilizações coletivas em termos de emoções coletivas.

Tanto a assim chamada teoria do processo político quanto a teoria dos novos movimentos sociais nasceram do esgotamento dos debates marxistas sobre as possibilidades da revolução. Não obstante a primeira invista numa teoria da mobilização política e a segunda numa abordagem da mudança cultural, ambas se insurgiram contra visões deterministas e economicistas da ação coletiva e contra a ideia de um sujeito histórico universal, lançando mão de perspectivas macro-históricas que combinam analiticamente política e cultura na explicação dos movimentos sociais. No que se refere à perspectiva do processo político, Sidney Tarrow (1998), por exemplo, argumenta que, quando há mudanças nas "estruturas de oportunidades políticas", isto é, nas dimensões formais e informais do ambiente político, se abrem ou se criam novos canais para expressão de reivindicações para grupos sociais situados fora do aparato estatal [*polity*]. Isso pode ocorrer pelo aumento de permeabilidade das instituições políticas e administrativas às reivindicações da sociedade civil, provocadas por crises na coalizão política no poder; por mudanças na interação política entre o Estado e a sociedade, especialmente a redução da repressão a protestos; e pela presença de aliados potenciais (KRIESI et al., 1995). A mobilização baseia-se em um conflito entre partes, uma delas momentaneamente ocupando o Estado, enquanto a outra fala em nome da sociedade. Uma vez que tais posições são variáveis, já que os atores migram entre elas, a análise tem de suplantar as barreiras convencionais que definem "Estado" e "sociedade" como duas entidades coesas e estanques. Assim, em vez de definir a equação como movimentos sociais *versus* Estado, a perspectiva do processo político opõe "detentores do poder" (os membros da *polity*), que têm controle sobre ou acesso ao governo que dirige uma população (incluídos os meios de repressão), e "desafiantes", que visam obter influência sobre o governo e acesso aos recursos controlados pelo Estado (TILLY, 1993).

Por sua vez, embora não seja considerada perspectiva homogênea dotada de unidade estável, pode-se divisar um postulado comum entre os principais teóricos dos chamados novos movimentos sociais – Alain Touraine (1984), Jürgen Habermas (1991), e Alberto Melucci (1999). Se, por um lado, todos mantêm o enquadramento macro-histórico e a associação entre mudança social e formas de conflitos, aproximando-se à vertente do processo político, por outro, a especificidade dessa perspectiva reside na elaboração de uma interpretação efetivamente cultural dos movimentos sociais. Embora cada autor tenha sua própria teoria da modernidade, compartilham mais ou menos o mesmo argumento central segundo o qual, ao longo do século XX, uma mudança macroestrutural teria alterado a natureza do capitalismo, cujo centro teria deixado de ser a produção industrial e o trabalho. Os conflitos do trabalho teriam se diluído, processados tanto pelas instituições democráticas, como expansão de direitos quanto pelas instituições capitalistas, como aumento de salários, e a dominação teria se tornado eminentemente cultural, exercida por meio do controle da informação por uma tecnocracia. Além disso, tal mudança teria borrado as distinções entre público e privado, acarretando mudanças nas subjetividades e uma nova zona de conflito, ao fazer com que as reivindicações se deslocassem dos itens redistributivos, do mundo do trabalho, para a vida cotidiana, demandando a democratização de suas estruturas e afirmando novas identidades e valores. Estaria em curso uma politização da vida privada. Os movimentos de classe dariam lugar, assim, a novos movimentos expressivos, simbólicos, identitários, como o feminismo, o pacifismo, o ambientalismo, o movimento estudantil (BUECHLER, 1999; CASTELLS, 2004; CHARLES, 2002; SCOTT, 1990).

A intensificação dos processos globais e a correlata crise do Estado-nação colocam desafios instigantes também para a sociologia política dos movimentos sociais. Urge fazer frente à mudança de escala do ativismo, que passa de nacional/local a transnacional/global, bem como à sua profissionalização, observável no fato de que em vários países do Ocidente movimentos sociais se burocratizaram, se converteram em partidos, adquiriram cultura empresarial ou assumiram a prestação de serviços públicos/estatais (ROOTES, 2003). Ademais, os protestos contemporâneos envolvem ativistas e temas que atravessam fronteiras e frequentemente se dirigem a instituições multilaterais ou a uma opinião pública transnacional. Não menos importante é o esgarçamento da associação entre novos movimentos e pautas "pós-materiais" causado pela vaga recente de mobilizações étnicas, religiosas, comunitárias e conservadoras.

Cabe observar que a perspectiva de análise dos novos movimentos sociais foi paulatinamente se transformando em teoria da sociedade civil. As críticas recebidas mais as evidências empíricas de burocratização do ativismo aprofundaram a crise da distinção entre novos e velhos movimentos. Tal vertente teórica deixou, então, de associar a inovação a um ator, os movimentos, para atrelá-la a um *locus*, a sociedade civil. Definida em larga medida em negativo – a sociedade civil não é nem Estado, nem mercado, nem a esfera privada/íntima –, dela emergeriam demandas por autonomia não referidas nem ao poder político-institucional, nem a benefícios materiais, nem ao autointeresse.

A "redescoberta" do conceito de sociedade civil a recoloca como lugar privilegiado que reflete a especificidade da relação Estado/sociedade a partir dos efeitos introduzidos, em ambos os polos, tanto pela dinâmica autônoma dos interesses privados desenvolvidos no bojo da própria sociedade quanto pela possibilidade de sua consorciação harmônica ou conflitante. Ao longo do *revival* do debate em torno desse conceito nas últimas décadas, novas ideias foram sendo elaboradas e incorporadas ao léxico contemporâneo. Por um lado, como representação da prevalência do mercado, ganhou força uma imagem da sociedade civil como expressão ou de uma solidariedade comunitária, ou de uma espécie de "revanche" do econômico, considerado lugar de realização das potencialidades do indivíduo, sobre o político. Com tal inflexão, despolitizava-se a sociedade civil, que passava então a ser pensada ou como trincheira para proteger o indivíduo e as associações voluntárias contra o Estado, ou como ambiente capaz de recompor as tradições cívicas destruídas pelo mercado. Por outro lado, como representação do crescimento da democracia participativa, acrescentou-se plausibilidade a uma imagem de sociedade civil como esfera plural de interesses que, mediante progressivas ações associativas meritórias, daria curso a uma "vontade geral" quase redentora, a um "programa que busque representar os valores e interesses da autonomia social perante o Estado moderno e a economia capitalista, sem cair em um novo tradicionalismo" (COHEN & ARATO, 1992: 54).

Desafios similares se mostram relevantes na outra principal área em que as relações Estado-sociedade foram examinadas na sociologia política: as teorias da "esfera pública" e da "sociedade civil". É esse o caso com a América Latina, por exemplo, cujas sociedades se estruturaram historicamente em torno do Estado ou do mercado, e em relação às quais a sociedade civil constituiria, ao lado de um marco teórico que permitiria perceber os

limites das propostas políticas em voga, uma terceira arena a ser fortaleci-
da (AVRITZER, 2002). Por outro lado, se concordamos com o argumento
da articulação diferenciada entre autoridade, solidariedade e interesses em
cada sociedade e seus efeitos para seu curso histórico particular, então o
legado de concepções tradicionais de cidadania não será sem consequências
para o fortalecimento da "sociedade civil" ou da "esfera pública" naquelas
sociedades. Isso fica evidente na análise comparativa de contextos marcados
por escassez econômica e redução da legitimidade e da capacidade efetiva do
Estado, como os casos latino-americanos e do leste europeu. Assim, quanto
mais orgânicas e holistas foram as concepções tradicionais das identidades
coletivas, mais provável se torna hoje em dia encontrar sentimentos de alienação, e mais razões existem para que as pessoas se refugiem em suas redes
privadas de relações, tornando a esfera pública mais estreita e indiscriminada e a participação democrática ainda mais reduzida (REIS, 1998b: 91-110).

O ressurgimento da ideia de "sociedade civil" (ALEXANDER, 1993)
e a revalorização do debate sobre "esfera pública" que o tem acompanhado
podem representar relevantes alternativas teóricas às orientações mais históricas da sociologia política, centradas recursivamente na problemática do Estado-nação. Não por acaso, talvez, notam-se esforços para conferir mais su-
porte histórico e abrangência a essas alternativas (COHEN & ARATO, 1992),
ainda que seu eurocentrismo continue sendo fortemente criticado (HANN &
DUNN, 1996). Em todo caso, é certo que, do ponto de vista da problemática
da identidade coletiva implicada no Estado-nação, essas alternativas podem
parecer "minimalistas", pois implicam que as pessoas devem basicamente
aceitar as regras de procedimento do debate aberto e igual entre indivíduos
portadores de interesses (EDER, 2003). Todavia, o mais relevante, talvez, seja
observar que a revalorização das ideias de "sociedade civil" e "esfera pública"
tem levado a significativas redefinições das relações entre Estado e sociedade
sob a perspectiva dessa última (apontada como o local da organização da
democracia e da defesa contra os processos de burocratização e mercantiliza-
ção da vida social). O que pode levar, em alguns casos, ao retorno de visões
disjuntivas de Estado e sociedade e, desse modo, no limite, comprometer a
especificidade da sociologia política como tradição de pesquisa.

6
PARTICIPAÇÃO SOCIAL EM PERSPECTIVA

(com Antonio Brasil Jr.)

As raízes rurais da sociedade brasileira, desde suas primeiras interpretações, constituem tópico central da Sociologia produzida no país. Assim, no ensaísmo dos anos de 1920 a 1940, marcado por autores como Oliveira Vianna, Gilberto Freyre, Sérgio Buarque de Holanda, Caio Prado Jr. e Nestor Duarte, dentre outros, vemos um movimento comum – embora com sentidos diferentes em cada um deles – de volta ao passado agrário como chave de compreensão dos problemas do presente. Essas raízes rurais – e, por meio delas, também o legado das chamadas intepretações do Brasil – foram rediscutidas agudamente no que se poderia chamar do primeiro ciclo mais significativo de produção da Sociologia brasileira institucionalizada, ocorrido em torno da década de 1950 e desdobrado na década seguinte (cf. cap. 1; BOTELHO, 2010; BRASIL JR.; BOTELHO, 2010).

Embora compreendendo posições concorrentes, o debate, de alguma forma, corrobora um renovado interesse comum pela formação rural da sociedade brasileira, a qual parecia, então, constituir-se em dimensão crucial de diferentes pesquisas do período, como se essa formação modelasse a própria transição do rural ao urbano e as possibilidades futuras próprias do urbano. Esse interesse pelas raízes rurais da sociedade brasileira torna-se, assim, sociologicamente ainda mais significativo quando lembramos que, em meados do século passado, havia uma sensação generalizada de mudança social produzida pelos processos de industrialização, urbanização e desenvolvimento econômico em curso, bem como, no plano político, pela redemocratização do país, após a ditadura do Estado Novo (BOTELHO; BASTOS & VILLAS BÔAS, 2008).

A despeito da acelerada urbanização experimentada pela sociedade brasileira nas décadas de 1950 e 1960, parte significativa da agenda de pesquisas na Sociologia do período se orientou, de fato, para análises da vida social no mundo rural ou em pequenas localidades urbanas. Essa orientação encontrou, em parte, uma grande acolhida nos chamados "estudos de comunidade", o que rendeu uma ampla discussão a respeito de sua validade e legitimidade científica, cujos termos fogem aos nossos propósitos aqui (JACKSON, 2009; MALAGUTI, 2013; OLIVEIRA; MAIO, 2011). Nosso foco está, antes, nas pesquisas do período que, ao contrário dos estudos que limitaram seu interesse às relações internas da comunidade, tomaram para si o desafio de perscrutar as relações dos grupos investigados com a sociedade inclusiva, especialmente aqueles que, desse modo, acabaram por discutir, direta ou indiretamente, a transição para uma sociedade urbano-industrial. Trata-se, então, de circunscrever mais uma perspectiva sociológica do que uma área de estudos ou temas de pesquisa, isto é, o interesse se volta para a transição do rural ao urbano como elemento teórico heurístico das pesquisas, mesmo quando, em seus aspectos empíricos, elas estejam, eventualmente, circunscritas aos novos cenários urbanos emergentes e aos novos atores sociais que neles se constituíam. A proposta aqui, portanto, é divisar o potencial teórico de uma abordagem sociológica que não desconecta a análise dos fenômenos do processo mais geral de mudança social.

Embora em menor número, também se encontra, no período, análises sobre as novas dinâmicas sociais surgidas com o crescimento urbano-industrial[36]. Se o interesse pelas bases agrárias da sociedade brasileira revela uma preocupação com o peso das estruturas sociais herdadas da Colônia – haja vista a fragmentação social e as desigualdades implicadas pelo latifúndio e pela escravidão –, a análise da participação das camadas populares urbanas em novas formas de atuação social e política colocava em discussão as possibilidades abertas pelo processo de urbanização no sentido de uma maior demo-

---

36. Como lembrou Richard Morse (1990: 152), Georges Gurvitch, em sua passagem pela capital paulistana, "chegou a queixar-se de que a mais grave omissão dos sociólogos brasileiros era não explorar a cidade de São Paulo como um laboratório social único". Através de outros argumentos, Morse entende que essa menor predominância dos estudos sobre o urbano em contexto de urbanização avassaladora se deve à percepção de que as dinâmicas sociais emergentes nas cidades eram profundamente redefinidas em sua interação com as raízes rurais da sociedade brasileira.

cratização da sociedade brasileira. Porém nem sempre a análise da constituição de atores sociais urbanos emergentes fez *tabula rasa* do peso da herança agrária. Sem desconsiderar a novidade inscrita na constituição das formas "modernas" de ação coletiva na sociedade brasileira, pesquisas importantes do período apontaram que o sentido do processo de urbanização ia sendo redefinido em interação com o padrão que a transição do rural ao urbano historicamente assumiu – o que, no mesmo passo, afetava os alcances e os efeitos da ampliação das formas democráticas de participação política. Dito de outro modo, ainda que preocupados com as formas de socialização e de ação coletiva em contexto propriamente urbano, alguns sociólogos e sociólogas se viram forçados a perceber que amargem de atuação inaugurada pela urbanização não era indiferente às estruturas e às assimetrias sociais herdadas do passado[37].

Em geral tratada pela teoria sociológica como a transição entre tradição e modernidade, a percepção de que o urbano emergente no Brasil se redefine ao interagir com a matéria histórica do passado colonial pode ser localizada teoricamente como uma revisão das teses da Sociologia da modernização, que tendia a reduzir esse processo a uma passagem linear de um tipo de estrutura social a outro. E, nesse sentido, abre-se um diálogo com a tradição da Sociologia Política historicamente orientada (Smith, 1991). Os trabalhos de Reinhard Bendix (1996), Barrington Moore Jr. (1983) e Charles Tilly (1996), por exemplo, todos críticos à abstração da perspectiva histórica na análise das relações entre Estado e sociedade, chamaram a atenção para a diversidade de trajetórias de construção da cidadania e para a possibilidade de que a modernização possa gerar efeitos muito diferentes de acordo com os distintos pontos de partida e sequências históricas percorridas. Assim, é possível ver, em parte da produção brasileira, um tipo de Sociologia Política historicamente orientada, que enfatiza o fato de que as relações entre mo-

---

37. O caso talvez mais significativo seja o de Evaristo de Moraes Filho, como já foi discutido em outra oportunidade (BRASIL JR., 2007, 2010). Embora tenha realizado uma pesquisa de caráter sistemático que revelou a existência de considerável movimento associativo operário nas primeiras décadas do séc. XX nas principais cidades do país – questionando, assim, a tese de que a legislação operária seria uma simples outorga feita de cima para baixo –, o autor não pôde desconsiderar o peso da estrutura agrária na fragmentação das formas de pertencimento social e de ação coletiva.

dernização e democratização não são universais, mas profundamente complexas e problemáticas em contextos não clássicos de revolução burguesa.

Para discutir esse legado da Sociologia brasileira dos anos de 1950 e 1960, e sua capacidade de interpelação teórica à prática contemporânea da disciplina, propomos uma análise das pesquisas centrais de Maria Sylvia de Carvalho Franco e de Florestan Fernandes. Esses autores integram um repertório intelectual mais amplo com o qual vimos trabalhando nos últimos anos, em apreciações comparativas ou individuais (cf. cap. 4; BRASIL JR., 2013)[38]. Igualmente, vimos discutindo a problemática mais ampla das passagens do rural ao urbano noutros contextos intelectuais da tradição brasileira (BRASIL JR. & BOTELHO, 2010). A configuração ora proposta, porém, além de inédita, permite a emergência e a discussão de novas questões e hipóteses como a que associa participação social à forma da transição para uma sociedade urbano-industrial.

A participação social é entendida aqui como a mobilização do "homem comum" no sentido dado ao termo por Charles Tilly (2013), isto é, redes de atores sociais conectados que carecem de controle sobre recursos substanciais (como, p. ex., a força de trabalho de outras pessoas) – nos processos fundamentais da vida política[39]. Com essa definição, bastante genérica, evitamos considerar a participação social nos termos exclusivos da conformação de uma "esfera pública" participativa, definida em termos habermasianos, o que limitaria a análise basicamente ao período mais recente, que se inicia em fins da década de 1970, como vêm sugerindo, por exemplo, os trabalhos de Leonardo Avritzer (2000, 2012). Assim, vemos a participação social como as formas de relação do "homem comum" com as disputas que se dão no âmbito da vida política, seja diretamente, no nível das disputas pelo controle das instituições do Estado – como processos eleitorais, atuação das câmaras municipais, distribuição de cargos na burocracia estatal, constituição de partidos políticos etc. –, seja indiretamente, como nos diferentes tipos de associativismo e movimentos sociais.

---

38. Outros trabalhos recentes também vêm tratando, em termos comparativos sincrônicos e diacrônicos, do potencial heurístico das formulações de Maria Sylvia de Carvalho Franco (CAZES, 2013; HOELZ, 2010; MALAGUTI, 2013) e de Florestan Fernandes (BASTOS, 2013).

39. Para um balanço sobre Charles Tilly, cf. o dossiê organizado por Alonso e Botelho (2012).

Em termos mais diretos, nosso interesse aqui é mostrar como, nas pesquisas sociológicas destacadas, foi tematizada a participação social como a mobilização do "homem comum" nas relações políticas. Essa apreensão da política tal qual é vivida pelo "homem comum" certamente aludia àquilo que Antonio Candido denominava de uma "rotação ética e social de atitude", que marcou especialmente, mas não exclusivamente, a Sociologia praticada na Faculdade de Filosofia, Ciências e Letras da Universidade de São Paulo. Em suas palavras, ali se deu

> o começo dos estudos sistemáticos sobre a sociedade, com preferência pela vida das classes subalternas, os grupos marginais, isolados ou oprimidos, segundo um espírito que superou a mera curiosidade ou o senso do pitoresco, que antes animavam a literatura e o ensaio voltados para esses temas (CANDIDO, 1992: 24).

Mesmo quando a questão aparece de modo mais indireto nas pesquisas, ou até por isso, elas interessam à análise. Além de investigarem as formas de participação social pelo ângulo dos atores sociais em suas pesquisas empíricas, Maria Sylvia de Carvalho Franco e Florestan Fernandes, cada um a seu modo, também inscrevem as possibilidades e os limites de atuação dos atores sociais no interior do processo mais amplo de formação histórica da sociedade brasileira e da passagem do rural ao urbano. Os rendimentos analíticos de suas formulações é que nos interessa discutir.

A formação rural da sociedade constitui dimensão central nas pesquisas de Maria Sylvia de Carvalho Franco sobre diversos fenômenos da participação social na vida política brasileira. Mostra a socióloga paulista, em seus diferentes trabalhos, como aquelas raízes rurais atuam na modelagem de relações diretas, pessoalizadas e violentas na vida política, cujas bases sociais estariam em redes de reciprocidades assimétricas entre os diferentes atores e grupos sociais. Na pesquisa realizada para seu doutoramento, defendida em 1964 na USP, sob orientação de Florestan Fernandes, Maria Sylvia de Carvalho Franco, como vimos no capítulo 5, aposta na investigação das relações entre homens livre pobres no Vale do Paraíba, ao longo do século XIX. Seu objetivo é mostrar como, no Brasil, se constituiu um princípio mais geral de coordenação das relações sociais, denominado por ela de "dominação pessoal", que se desdobra no Estado e nas práticas capitalistas de mercado.

No caso de Florestan Fernandes, a passagem problemática e acidentada do rural ao urbano – ou, como o autor prefere, a formação de uma ordem social competitiva – forma o nervo de suas pesquisas e formulações teóricas. As especificidades históricas desse processo na sociedade brasileira explicariam os dilemas mais gerais da democracia no país. No que se refere à questão específica da participação social, podemos ver, em *A integração do negro na sociedade de classes* (1965) – sua tese para a Cadeira de Sociologia I da Universidade de São Paulo, que mobilizou os materiais da pesquisa da Unesco sobre as relações raciais na capital paulistana –, a análise de um processo de urbanização que, ao reiterar desigualdades e assimetrias sociais herdadas do mundo agrário, limitava os canais de atuação autônoma por parte dos ativistas negros no interior dos movimentos sociais.

Ao colocar em diálogo esse conjunto de pesquisas realizado na Universidade de São Paulo entre 1950 e 1960, podemos avançar, igualmente, em uma melhor compreensão da sociologia política que ali se conformou. Em texto dedicado ao tema, Brasilio Sallum Jr. (2002) se concentrou na análise da "Sociologia Política do desenvolvimento", que emergiu a partir das pesquisas de Florestan Fernandes e de seus orientandos, em especial Fernando Henrique Cardoso. Por outro lado, como vimos na primeira parte deste livro, estudando a formação de outra vertente da Sociologia Política brasileira, a que tomou não a questão do desenvolvimento e os conflitos do mundo da produção, mas as relações entre público e privado como núcleo da vida política, incluímos as obras de Maria Isaura Pereira de Queiroz, Maria Sylvia de Carvalho Franco, Vitor Nunes Leal e Luis de Aguiar Costa Pinto nessa agenda de pesquisas. Ao recolocarmos agora as obras de Maria Sylvia de Carvalho Franco e Florestan Fernandes em diálogo, cruzamos, portanto, agendas distintas também no que diz respeito a tradições intelectuais e de pesquisa no campo da Sociologia Política brasileira. Nossa proposta busca, assim, qualificar novas questões que apenas a consideração em conjunto dessas obras, isto é, dessas diferentes tradições intelectuais, permitem surpreender e evidenciar. Desse modo, certamente, também estamos chamando a atenção para as possibilidades de uma abordagem cognitiva de diferentes tradições intelectuais, e para os limites de uma perspectiva institucionalista das ideias que tenderia a minimizar as diferenças cognitivas entre Florestan Fernandes e Maria Sylvia de Carvalho Franco em função do seu pertencimento institucional comum à Universidade de São Paulo, ou que tenderia a atribuir essas diferenças, sobretudo, às competições em base igualmente institucionais travadas no interior dessa universidade.

Ao colocar em evidência a questão da participação social e da perspectiva histórica que informa as pesquisas dos dois sociólogos destacados, pretendemos divisar outros significados heurísticos na produção sociológica paulista dedicada à análise da vida política, seja no que se refere às formas de dominação "pessoalizadas" e suas relações com as instituições políticas, questão fundamental em Maria Sylvia de Carvalho Franco, seja na inquirição das formas de associativismo por parte dos setores subalternos em contexto de urbanização, ponto tratado por Florestan Fernandes. Assim, mostraremos a diversidade de orientações dessas tradições intelectuais, em que pese a orientação básica comum de entender a vida política associada ao movimento mais geral de transformação da sociedade brasileira[40]. Por fim, com uma categoria mais abrangente, plural e menos normativa de participação social, esperamos tanto perscrutar as continuidades do fenômeno em momentos distintos da nossa sociedade, e não apenas as suas descontinuidades quanto recolocar em discussão a hipótese das passagens do rural ao urbano na modelagem dessas formas de participação social.

Dominação pessoal e consciência política

O argumento central da Sociologia Política de Maria Sylvia de Carvalho Franco é que a "dominação pessoal" seria incorporada, de modo constitutivo, às instituições públicas, isto é, que é a dinâmica da sociedade brasileira, definida pelo seu princípio mais geral, a "dominação pessoal", recria as instituições políticas e define o seu sentido possível na vida social (BOTELHO, 2013). Partindo, como assinalou Luiz Werneck Vianna (1999: 184), da tese de Max Weber sobre a singularidade da burocracia ocidental moderna, Franco entende que o processo de organização burocrática do Estado brasi-

---

40. Como igualmente é lembrado por Sallum Jr. (2002), podemos também mencionar as pesquisas de Azis Simão sobre o voto operário e a formação do proletariado em São Paulo como significativa dessa Sociologia Política que reconstituímos aqui.

leiro, na primeira metade do século XIX, estava fundado "formalmente no princípio burocrático de obediência a um poder público abstratamente definido, legitimado e expresso por normas racionalmente criadas e legalmente estatuídas" (FRANCO, 1997: 121). Para o assentamento da autoridade pública, tratava-se, ao lado do emprego da força física e da guerra, de concentrar o aparelho tributário, dispondo de um "corpo de agentes disciplinados para o exercício metódico e despersonalizado das funções públicas" (FRANCO, 1997). Mas a burocratização da administração pública não se fazia num vazio de relações sociais, e, antes, encontrava, nelas mesmas, seus próprios limites. Noutras palavras, em sua interação com a sociedade, a burocratização teria sido rivalizada por fatores tão poderosos quanto o princípio racional-legal que, formalmente, parecia animá-la. O servidor público do município sintetiza exemplarmente a disputa que então se trava pela orientação das condutas dos indivíduos em sociedade entre, de um lado, aquele princípio racional-legal abstrato e longínquo, e, de outro, os "fortes interesses e influências que envolviam a sua vida de maneira imediata" (FRANCO, 1997). Nessa disputa entre solidariedades sociais, vence pragmaticamente a que prendia o servidor público ao seu próprio meio social via interesses materiais e também imateriais.

São, principalmente, duas as razões apontadas, com base nos materiais de pesquisa coligidos por Franco, para a demarcação pouco nítida entre as atividades privadas e públicas no âmbito das instituições do Estado. Em primeiro lugar, a precariedade estabelecida nas ordenações que regiam as práticas administrativas e sua fragilidade normativa para o conjunto da sociedade, e mesmo para o servidor, favorecia a que ele, no cumprimento de suas funções, continuasse orientando sua conduta no cotidiano pelo que o costume já havia assentado (FRANCO, 1997: 122-125). O outro fator decisivo do desenvolvimento da burocracia na administração pública, seguindo mais uma vez Max Weber, também ausente no Brasil do século XIX, foi, segundo Franco, o processo de "expropriação do servidor público dos meios materiais de administração, separando-se com nitidez os recursos oficiais dos bens privados dos funcionários" (FRANCO, 1997: 130). A principal razão para essa ausência estava na situação de extrema penúria em que se encontrava o Estado. Apesar de terem sido esboçadas algumas tentativas de solucionar o problema em conformidade com a organização burocrática que se queria implantar, "a possibilidade de tornarem-se práticas bem-sucedidas e utilizadas com regularidade foi nula" (FRANCO, 1997: 128).

Diante dessa situação paradoxal – já que a própria penúria crônica da administração pública que havia levado, desde 1834, à reorganização do aparelho tributário do Estado, impedia que esse processo se consumasse em termos burocrático-racionais –, a solução encontrada foi o "apelo direto ao patrimônio particular do cidadão comum ou do próprio servidor público" (FRANCO, 1997), solução que não apenas discrepava totalmente dos procedimentos característicos de uma ordem burocrática racional como reforçava o exercício personalizado do poder e o controle pessoal do patrimônio do Estado. Pois, nessas condições, argumenta a socióloga, ao invés de o servidor público tornar-se progressivamente um "executivo que apenas gere os meios da administração, manteve-se preservada a situação em que ele os podia controlar autonomamente, pois ele os possuía" (FRANCO, 1997: 131). A articulação entre a debilidade material dos poderes públicos, o uso privativo dos aparelhos governamentais e as técnicas pessoais de dominação fundem Estado e sociedade. Esse entrelaçamento, por sua vez, constitui a própria condição da "dominação pessoal" que, como princípio mais geral de regulação das relações sociais no Brasil, desdobra-se na própria organização do Estado, unindo, necessariamente, público e privado.

Com sua discussão sobre a formação do Estado, Maria Sylvia de Carvalho Franco mostra, portanto, que a "dominação pessoal" seria incorporada às instituições políticas como princípio mais geral de regulação das relações sociais, de um modo constitutivo, o que se manifesta, fundamentalmente, no "exercício personalizado do poder". Nessas condições, como divisar a ruptura com a "dominação pessoal" por parte dos grupos sociais? Problematizando "ação" e "estrutura" nas relações de dominação política no Brasil, Franco logra apresentar uma visão integrada do próprio movimento geral da sociedade. Tal movimento, como um circuito fechado, ajuda a compreender como a dominação pessoal se enraíza nas instituições através da socialização e como os sentidos dessa socialização são afetados e podem ser reforçados através das próprias instituições, decorrendo desse processo justamente aquilo que a autora chama de "fechamento do mundo" (FRANCO, 1997: 94).

Atenta ao sentido sociológico das componentes sociais intersubjetivas presentes nas relações pessoalizadas e violentas de dominação política, Franco mostra que a "dominação pessoal", sustentada na contraprestação de serviços, favores e mercês de toda ordem, é "pessoal" justamente porque fundada numa identificação entre aqueles que dela participam integralmente como "pessoas", categoria que cria uma aparência de indistinção social corroborada, ainda, pelo "estilo de vida" simples da região desde o início do século XIX, quando a situação de penúria das condições materiais era praticamente generalizada (FRANCO, 1997: 115-119). O compadrio, por exemplo, é uma relação paradigmática da dominação pessoal, porque permite ou mesmo exige uma quebra aparente das hierarquias sociais entre aqueles que, pelo batismo, são unidos ritualmente num "parentesco divino" (FRANCO, 1997: 84-86).

Essa aparência de "igualdade" conferida pela categoria "pessoa" aos homens livres pobres, em oposição aos escravos, vistos como "propriedade" ou "coisa", é fundamental porque suas relações com os senhores não são vividas diretamente como uma relação de dependência. Essa relação se estabelece não apenas entre sitiantes e fazendeiros, mas também entre esses últimos e seus agregados, ou até mesmo com outras categorias sociais virtualmente menos dependentes deles, como tropeiros e vendeiros, todas elas submetidas à mesma trama de relações de fidelidades pessoais – ainda que a dependência direta pudesse ser superada via ascensão social em termos estritamente individuais (FRANCO, 1997: 65-114).

As relações de dependência aparecem, antes, como uma "inclinação de vontades no mesmo sentido, como harmonia, e não como imposição da vontade do mais forte sobre a do mais fraco, como luta. Em consequência, as tensões inerentes a essas relações estão profundamente ocultas, havendo escassas possibilidades de emergirem à consciência dos dominados" (FRANCO, 1997: 95). Em síntese, diluindo as fronteiras entre público e privado, o favor emerge naquelas relações como sucedâneo e princípio negador dos direitos, como valor universalmente reconhecido e sancionado. É o favor que orienta as condutas dos indivíduos e grupos sociais nas interações, fundadas na estratificação social brasileira, de distribuição, aquisição e exercício do poder político. Além de serem assimétricas em termos de poder, as relações fundamentadas no reconhecimento mútuo entre fazendeiros e homens livres como "pessoas" têm, ainda, efeitos sociais distintos quanto ao grupo social considerado. Afinal, seu atributo de "pessoa" garante aos homens livres pobres, no máximo, os favores de um senhor e, nessa mesma medida, lhes nega o reconhecimento da condição de portadores de direitos. Por outro lado, os senhores, além de se encontrarem numa posição dominante nessas mesmas "associações morais" de contraprestação de lealdades, poderiam romper com elas de modo mais frequente.

Enfatizando a desigualdade de poder envolvida nas relações de dominação política pessoal, Maria Sylvia de Carvalho Franco sustenta que esse tipo de situação constituiria uma base social pouquíssimo "propícia para a orientação racional da ação" (FRANCO, 1997: 29)[41]. Para Franco, por sua vez, um dos principais efeitos da dominação pessoal seria justamente a "asfixia da consciência política" (FRANCO, 1997: 89), situação na qual o voto não encontraria "condições para se expressar em mercadoria nem podia ser o resultado de uma autodeterminação enraizada na consciência de interesses autônomos" (FRANCO, 1997: 88). Por isso, aproximando-se, aliás, da caracterização das eleições de Vitor Nunes Leal (1997), Franco enfatiza que, mais do que na "manipulação do eleitorado" ou no "aliciamento de prosélitos", as técnicas empregadas para a conquista e manutenção do poder político incidiam, antes, no "processamento e no resultado das eleições" (FRANCO, 1997: 87).

A emergência do povo

Em *A integração do negro na sociedade de classes*, Florestan Fernandes analisa o que ele mesmo denomina de a emergência do "povo" na história da sociedade brasileira, vista a partir do grupo social que teve o pior ponto de partida no processo de transição do rural ao urbano – a população negra, constituída pelos antigos escravos e libertos na ordem escravocrata e senho-

---

41. Nesse sentido, gostaríamos de assinalar que o argumento de Maria Sylvia de Carvalho Franco se afasta de Maria Isaura Pereira de Queiroz e de sua caracterização da "racionalidade" da política, ainda que esta última, como vimos no cap. 3, ao tratar do voto, sublinhe que ele é "consciente, mas orientado de maneira diversa do que é o voto de um cidadão de sociedade diferenciada e complexa". No primeiro caso, argumenta, "o voto é um bem de troca"; no segundo, "é a afirmação pessoal de uma opinião" (QUEIROZ, 1973: 120).

rial (FERNANDES, 2008, vol. 1: 21). Como o próprio uso do termo "povo" esclarece, trata-se de uma análise que vai além da questão das relações raciais no Brasil, pois se almeja compreender, pelo ângulo do setor mais vulnerável da sociedade, os limites mais gerais da realização de uma ordem social democrática. Os dilemas enfrentados pelos negros e suas associações em São Paulo – cidade "que apresenta um desenvolvimento mais intenso, acelerado e homogêneo quanto à elaboração socioeconômica do regime de classes" (FERNANDES, 2008, vol. 1: 22) – possuiriam valor heurístico mais amplo, uma vez que os limites encontrados por esse grupo revelariam, com maior clareza, os dilemas da participação democrática enfrentados pelas camadas populares como um todo. Ou, nos termos do autor, a partir da situação do negro, seria possível analisar o problema mais geral da "mobilização do homem da plebe para os papéis sociais e as situações sociais de vida da ordem social competitiva" (FERNANDES, 2008, vol. 1). Trata-se do princípio teórico-metodológico de que, das margens do sistema social, apreender-se-iam com maior nitidez os princípios que conformam o processo social em seu conjunto (BASTOS, 2002).

Se for verdade que o próprio Fernandes faz questão de ressaltar esta dimensão mais geral de sua pesquisa, ele não desconsidera que há especificidades inerentes à questão racial que não devem ser descartadas sem mais na reconstrução do associativismo negro em São Paulo durante a primeira metade do século XX. Simplificando o argumento do autor, podemos enumerar dois aspectos cruciais.

De um lado, o peso diferencial de uma herança cultural não apenas "rústica" e "tradicionalista" – da qual todos os grupos sociais da cidade ainda eram portadores, ainda que em graus diferentes –, mas de formas de socialização modeladas pelo regime da escravidão, o que acarretaria enormes dificuldades para uma ressocialização adequada às novas disciplinas requeridas pelo contrato de trabalho e pela racionalização das condutas exigida por uma economia de mercado. Ao se afirmar como homem livre, o ex-escravo tendia a repelir as posições sociais e as situações que se mostrassem análogas à condição anterior do cativeiro, aspirando a um tipo de liberdade incompatível com as novas condições de trabalho. Esse tipo de orientação teria sido fatal na competição com o imigrante europeu, que foi paulatinamente monopolizando as novas ocupações que se abriam na economia urbana de São Paulo. Embora o imigrante também se mostrasse limitado por um horizonte cultural "rústico", sua condição prévia de homem livre, associada ao desejo de "fazer a América" – isto é, trabalhar duro para constituir poupança –, torna-va-o, frente ao negro, mais competitivo na disputa pelos postos de trabalho, mesmo no caso das ocupações manuais mais "degradantes"[42]. Com a quase inteira monopolização, por parte do imigrante, das novas posições sociais que se abriam com a urbanização, a maior parcela da população negra se viu condenada a ocupações ocasionais e mal remuneradas, o que tornava a combinação de pauperização, anomia e miséria um fardo a ser carregado por extensas camadas do meio negro paulistano. Para o autor, essa situação precária, em vez de favorecer o alargamento da solidariedade social, pulverizava os esforços e fragmentava as instâncias associativas, além de fomentar formas de individualismo predatório nas relações dos negros entre si. Nem mesmo o núcleo familiar, aponta Fernandes, teria se constituído de maneira integrada no meio negro de São Paulo, repondo o problema secular da desorganização das famílias negras, característica do regime da escravidão. As formas de "reciprocidade, de solidariedade e de responsabilidade" limitar-se-iam aos "níveis mais restritos da interação social", das quais não escapavam nem "mesmo o parentesco e o casamento" (FERNANDES, 2008, vol. 1: 290).

De outro lado, havia um padrão de relação entre brancos e negros que Fernandes denomina de "isolamento difuso", em contraste com o padrão de "segregação sistemática" existente, por exemplo, nos Estados Unidos. Apesar da persistência, com enorme vigor, das desigualdades entre os dois grupos raciais no processo de transição para a sociedade urbana, esse padrão de "isolamento difuso" permitiria a existência de certas "aberturas" ou "brechas" na ordem social, isto é, havia a possibilidade de ascensão social – ul-

---

42. "O negro e o mulato pretendiam as mesmas condições de vida e tratamento concedidas aos imigrantes, porém se obstinavam em repudiar certas tarefas ou, o que era mais grave, o modo de dispor de seu tempo e energias. Assim, a escravidão atingia o seu antigo agente de trabalho no próprio âmago de sua capacidade de se ajustar à ordem social associada ao trabalho livre. Torna-va-se difícil ou impossível, para o negro e o mulato, dissociar o contrato de trabalho de transações que envolviam, diretamente, a pessoa humana. Ao contrário do imigrante, que percebia com clareza que somente vendia sua força de trabalho, em dadas condições de prestação de serviços, eles se ajustavam à relação contratual como se estivessem em jogo direitos substantivos sobre a própria pessoa." (FERNANDES, 2008, vol. 1: 46).

trasseletiva e em escala individualizada, pondera o autor, e quase sempre para níveis ocupacionais modestos – para algumas parcelas da população negra. Em São Paulo, isso teria propiciado o surgimento de uma "classe média" negra que, segundo Fernandes, com a mobilidade social ascendente, tendia a redefinir suas formas de pertencimento social em sentido estreito e egoístico, concentrando o melhor de sua energia e ambição na própria manutenção da nova posição conquistada – arduamente lograda, cumpre ressaltar –, apartando-se da maioria da população negra, condenada à miséria e à anomia (FERNANDES, 2008, vol. 1: 291; vol. 2: 87-88).

Não por acaso Florestan Fernandes afirma que a existência de movimentos sociais no meio negro de São Paulo, entre as décadas de 1920 e 1930, seria uma verdadeira façanha histórica, tendo em vista, por um lado, o peso da combinação de anomia e miséria que grassava em amplas camadas dessa população – com seus efeitos negativos para o alargamento dos sentimentos de pertencimento e das formas de ação coletiva – e, por outro, a falta de comunicação entre a massa da população negra e suas potenciais lideranças, na medida em que os canais de ascensão social levavam ao afastamento do negro de "classe média" em relação aos interesses do negro pobre – processo que o autor denomina de "acefalização"[43] (FERNANDES, 2008, vol. 2: 27). Eis o tamanho da façanha: como conseguir criar laços morais em condições tão adversas? Como engendrar formas de identificação compartilhadas num meio dotado de crescente heterogeneidade interna? Como tornar preferível a solução coletiva aos dilemas gerais do negro em meio a fortes pressões por soluções individualizadas, tanto no caso do negro pobre, por sua desorganização social crônica quanto no do negro de "classe média", por conta da possibilidade, ainda que estreita, de mobilidade ascendente? Ou, nas palavras do autor, como superar "o individualismo predatório e o egoísmo cego [como as] únicas armas eficazes na luta pela sobrevivência"? (FERNANDES, 2008, vol. 2: 42).

---

43. "[...] a ascensão social do negro e do mulato sempre acarretou um mecanismo de redefinição de interesses e de lealdades. Com o desaparecimento gradual da ordem patrimonialista, essa tendência sofreu certas atenuações. Contudo, os indivíduos que se consideravam de 'elite' se isolavam da 'população de cor', esforçando-se por romper qualquer ligação com pessoas ou com um estilo de vida que pareciam degradantes. Ora, os elementos mais ativos nessa fase de transição se empenhavam em reaproximar aquelas 'elites' da 'massa' da população negra e mulata. Em particular, faziam enorme esforço no sentido de atrair para as manifestações coletivas o interesse, o apoio indireto ou a colaboração dos 'homens de cor' de prestígio."

O processo de urbanização, aponta Fernandes, favoreceria um alargamento do horizonte cultural médio, propiciando o surgimento de novas formas de compreensão dos processos sociais por parte dos atores sociais. Além disso, a abertura da ordem social legitimaria um uso mais difundido do conflito como técnica de democratização social, como revelariam, a seu ver, "as reivindicações e as greves operárias dessa época [Primeira República]" (FERNANDES, 2008, vol. 2: 14). Esses dois fatores – o acréscimo de reflexividade social e o uso construtivo do conflito – seriam mobilizados pelos movimentos sociais no meio negro, seja para ensejar formas de ressocialização do negro em situação de pobreza e anomia para as novas exigências da sociedade urbana-industrial (FERNANDES, 2008, vol. 2: 17), seja para criar laços de solidariedade das "classes médias de cor" com os interesses do negro pobre, seja também no sentido de explorar, de modo sistemático, a "tensão aberta e o conflito [...] como 'armas de luta' e como técnicas de teor social construtivo" (FERNANDES, 2008, vol. 2: 23).

No fundo, esses dois fatores seriam conjugados pelos movimentos sociais na cena histórica. Pois, ao elaborarem o termo "preconceito de cor" como categoria inclusiva de pensamento – categoria, aliás, que foi efetivamente assumida por extensas parcelas do meio negro, como meio de um ajustamento mais reflexivo e inteligente à ordem social competitiva –, as associações procuravam persuadir seus membros de que os efeitos perversos da estereotipação negativa do negro atingiriam a população negra em seu conjunto (FERNANDES, 2008, vol. 2: 43-45, 114), estimulando formas de identificação coletiva como "minoria racial integrada" (FERNANDES, 2008, vol. 2: 57). Além disso, as associações negras teriam logrado relativo êxito em denunciar as desigualdades raciais persistentes e, no mesmo passo, desmistificar a existência de uma "democracia racial" na sociedade brasileira. Este último ponto assume caráter decisivo no argumento de *A integração do negro na sociedade de classes* (FERNANDES, 2008, vol. 1: 304-327). A "ideologia racial dominante", gestada nas primeiras décadas do período republicano, ao sugerir que a ordem social estaria indistintamente aberta para brancos e negros, proscrevia pela base as possibilidades de legitimação política do protesto negro. Afinal, o "mito da democracia racial", ao difundir a crença de que não haveria preconceito racial no Brasil e, nesse sentido, nenhum problema a resolver no âmbito das relações raciais, desqualificava a reivindicação em prol do "levantamento econômico, social e cultural da gente negra" (FERNANDES, 2008, vol. 2: 79) – conforme o lema dos movimentos sociais –, tendo o efeito de agravar, em vez de resolver, a desigualdade secular entre brancos e negros.

Assim, com a crítica ao "mito", os movimentos sociais buscavam legitimar o conflito como forma de democratização das relações raciais, aumentando o grau de autonomia da população negra na reivindicação de seus próprios interesses. Ainda que tenham limitado o uso do conflito ao combate dos "resíduos do 'antigo Regime'" (FERNANDES, 2008, vol. 2: 43) no interior da sociedade de classes em expansão e consolidação – isto é, aceitaram os valores da sociedade de classes como uma ordem social aberta e democrática, procurando, porém, expurgá-la das deformações do padrão assimétrico de relações raciais herdado do passado –, a legitimidade que os movimentos no meio negro empregaram ao uso sistemático do conflito seria um elemento inequívoco de ampliação da participação política das camadas populares, em sentido democratizante[44].

Ao apontar para as funções construtivas dos movimentos sociais no meio negro paulistano, na primeira metade do século XX, Fernandes não deixa de analisar, porém, seus inúmeros problemas, não só de ordem interna, mas também em sua relação com os processos mais amplos de transição do rural ao urbano. Em relação ao primeiro ponto, o mais decisivo seria a própria condição de pauperismo e anomia que atingia parcelas expressivas da população negra paulistana, o que rebatia em dois níveis distintos mas interligados. De um lado, isso impedia um maior controle interno, por parte dos membros das coletividades negras, dos processos de recrutamento e seleção de suas lideranças, que terminavam por agir, às vezes, de forma irresponsável ou unilateral (FERNANDES, 2008, vol. 2: 72). Para Fernandes, isso se revelaria, por exemplo, na adoção de formas

---

44. Porém, o próprio "mito da democracia racial", por sua operação compatível com o padrão de "isolamento difuso" da população negra, implicava certa circunscrição do uso do conflito por parte dos movimentos sociais. Havia o temor de que, caso levado longe demais, o uso do conflito pudesse gerar "algo pior, como a segregação sistemática". Daí o "cunho moral" dado às manifestações e suas demonstrações de "conformidade com a ordem social existente", o que levava a uma "contenção consciente" do uso do conflito (FERNANDES, 2008, vol. 2: 43).

autoritárias de liderança, caso da Frente Negra Brasileira (FNB) – a maior associação negra do período –, bem como na tentativa de converter a FNB em partido político, em 1936, o que acabou por precipitar sua extinção no ano seguinte, com o advento da ditadura do Estado Novo – pulverizando, por vários anos, os esforços de associação no meio negro paulistano (FERNANDES, 2008, vol. 2: 69-71). De outro, o afastamento da pequena "classe média de cor" em relação à maioria negra em condições de pobreza ou miséria tornava ineficiente a tentativa de uma atuação "monolítica" por parte dos movimentos sociais. Para Fernandes, teria sido mais construtiva a diversificação dos movimentos de acordo com os vários interesses sociais existentes no meio negro – tanto para o negro pobre quanto para o de classe média –, a fim de se alcançar uma articulação dos interesses da coletividade negra mais adequada à complexidade da sociedade de classes (FERNANDES, 2008, vol. 2: 93; CAMPOS, 2013). Em relação ao segundo ponto – a relação dos movimentos com o processo mais geral de mudança social –, o autor mostra que a tentativa de abrir, *in abrupto*, a ordem social competitiva para a população negra esbarrou nos limites do caráter conservador assumido pela transição do rural ao urbano, já que, na esfera das relações raciais, o padrão "tradicionalista" de relação social assimétrica persistiria com grande vigor, contribuindo para a naturalização das desigualdades entre brancos e negros e condenando a atuação dos movimentos a uma profunda indiferença por parte da população branca. "O 'branco' não se levantou contra o 'negro' nem se opôs, abertamente, a seus movimentos reivindicatórios". Porém, esclarece o autor, para que "eles lograssem êxito real, seria necessário que os 'brancos' compartilhassem, ativa e empenhadamente, dos propósitos de universalizar, indistintamente, os proventos econômicos e políticos da democratização do estilo de vida" (FERNANDES, 2008, vol. 2: 75). Sem apoio na sociedade inclusiva, as debilidades crônicas de ordem material e moral, existentes no meio negro de São Paulo, não dotariam os movimentos sociais da força requerida para pressionar, com a intensidade e a generalidade necessárias, pela transformação estrutural das relações entre brancos e negros.

Os dilemas enfrentados pelas associações negras exprimiram, segundo o argumento de *A integração do negro na sociedade de classes*, os dilemas mais gerais da participação democrática numa sociedade que não experimentou um processo clássico de revolução burguesa. E que, por isso mesmo, haja vista o padrão conservador de transição ao mundo urbano, não abre às camadas populares o uso legítimo da competição e do conflito como instrumentos de democratização e universalização de direitos e garantias sociais. Apesar das especificidades da questão racial, conforme assinalamos brevemente aqui, a atuação das associações negras revelariam, com considerável nitidez, os limites impostos à participação política para o conjunto das camadas populares: os efeitos negativos da pauperização e da anomia nas formas de ação coletiva, a identificação com valores da ordem vigente em geral, associada aos fenômenos de mobilidade social ascendente – ainda que os canais para tal sejam estreitos –, bem como a pressão por soluções individualizadas para problemas de ordem coletiva e, arrematando o conjunto dos problemas, o confinamento dos benefícios da urbanização a um "circuito fechado", isto é, a parcelas reduzidas da população que monopolizam a renda, o prestígio social e o poder político.

Na década seguinte, em *A revolução burguesa no Brasil* (1975), Florestan Fernandes articulou essa visão sobre o processo de mudança social no Brasil com uma análise de longa duração sobre a constituição do poder político no Brasil[45]. A monopolização da renda, do prestígio social e do poder político por parte das camadas dominantes, ponto já identificado em *A integração do negro*, como discutimos acima, passou a ser entendida como constitutiva de um estilo especial de transformação capitalista, que Fernandes denominou de "autocrático-burguês" (COHN, 2002). Assim, o fechamento das possibilidades de participação política autônoma por parte dos setores subalternos, exemplificada aqui através dos problemas enfrentados pelos movimentos negros em São Paulo, tal como são tratados pelo autor, seria reveladora da orientação privatista em relação ao poder, que não legitimaria o conflito por parte dos "de baixo" como mecanismo de democratização da sociedade.

---

45. Para uma análise das continuidades entre *A integração do negro na sociedade de classes* (1965) e *A revolução burguesa no Brasil* (1975), mas sem minimizar as diferenças entre os dois contextos, cf. Bastos (1987).

Um passado que não passa?

Seria possível questionar a validade dessas pesquisas para uma compreensão sociológica contemporânea da participação social na sociedade brasileira, lembrando o caráter historicamente circunscrito dos fenômenos tratados por seus autores. Todavia, estamos interessados menos nos seus aspectos empíricos do que teóricos e analíticos. E as próprias pesquisas, como procuramos destacar, não deixam de assinalar, através das realidades empíricas e historicamente circunscritas de que tratam, o sentido analítico dos fenômenos associativos descritos para além das condições específicas que os originaram, permitindo colocar em questão as possibilidades efetivas de sua persistência, sob formas e com intensidades variadas. Se o conflito de gerações, como observou Barrington Moore Jr., lembrando o romance de Turgueniev, é constitutivo do caminho da compreensão histórico-sociológica cumulativa, dele não raro provém um prejuízo ingênuo, mas como muitas consequências: a "tendência para aceitar sem crítica a noção de que a atual geração realmente resolveu certas questões de modo mais ou menos permanente"; isto é, "que a investigação cientifica moderna 'demoliu' atualmente as interpretações mais antigas e que a adesão a qualquer aspecto importante das mesmas não é mais do que uma 'afirmação de mito religioso'" (MOORE JR., 1983: 501-502). Nesse sentido, dois argumentos nos ajudam a justificar a nossa proposta. Primeiro, porque entendemos que os desafios atuais de qualquer sociedade também estão associados à sequência do seu desenvolvimento histórico. Uma das conquistas heurísticas da Sociologia historicamente orientada, em geral, tem sido justamente a de permitir, na investigação das inter-relações de ações significativas e contextos estruturais, a compreensão das consequências inesperadas e também das pretendidas nas vidas individuais e nas transformações sociais (BOTELHO, 2014). Segundo, porque, ao concordarmos com o fato de que o sentido do conhecimento sociológico é também cumulativo, ainda que cronicamente não consensual, reconhecemos que o reexame constante de suas realizações passadas, inclusive através de exegeses de textos, pode assumir papel muito mais do que tangencial na prática corrente da disciplina.

Ao perguntar pelos efeitos da dominação pessoal no desenho das instituições políticas, Maria Sylvia de Carvalho Franco percorre um caminho analítico que vai da socialização dos atores sociais à institucionalização. Mesmo demonstrando os limites da mudança institucional decorrentes da generalização da dominação pessoal como princípio de coordenação social, Maria Sylvia de Carvalho Franco não deixa de considerar as forças sociais que compõem dinamicamente a relação entre Estado e sociedade e, sobretudo, os atores sociais que as sustentam – como no caso do servidor público por ela analisado. Ao contrário, é justamente porque não presume a existência de estruturas institucionais dotadas de um sentido intrínseco e dadas de antemão que faz sentido pesquisar as ações contingentes e os significados a elas conferidos pelos "homens comuns". Guardando importantes afinidades com a Sociologia Política de Max Weber (2004), as bases sociais da dominação política são importantes nas pesquisas destacadas, tendo em vista não apenas o problema da "legitimidade", como também porque as próprias instituições ou outras formações sociais são compreendidas como resultados das ações e do entrelaçamento de ações de homens comuns que, ao atribuírem sentidos a suas ações, não deixam de levar em conta as próprias restrições da sua situação.

Já na perspectiva de Florestan Fernandes, como já havia assinalado Sallum Jr. (2002), confere-se pouca eficácia explicativa às dimensões institucionais do poder político. Mesmo quando o autor tematiza explicitamente o ponto, como em *A revolução burguesa no Brasil*, é uma orientação mais geral em relação ao poder (a autocracia burguesa), e não as próprias instituições políticas que vêm ao primeiro plano da análise[46]. Concentrando o melhor de sua teorização nos diferenciais de poder entre grupos e classes sociais em disputa, em *A integração do negro na sociedade de classes*, o autor mostra como os limites mais gerais da realização de uma ordem social democrática no Brasil

---

46. Gildo Marçal Brandão (2007: 167-168) também enfatiza o papel explicativo secundário atribuído por Florestan Fernandes à dinâmica própria das instituições políticas. Porém ressalta que, "apesar disso, a força do conceito [de autocracia burguesa] – e do estilo de análise que o pressupõe reside em que incorpora, mas não se confunde com categorias como 'autoritarismo' [...], não limita o olhar às dimensões puramente institucionais do jogo político, busca captar uma dimensão estrutural a presença estruturante da economia e da sociedade no plano político [...]. Retomá-lo implica pôr o foco na natureza contraditória – civilizatória e bárbara ao mesmo tempo – da experiência societária e estatal em curso [no Brasil contemporâneo], atravessada por uma estrutura sociopolítica que se flexibiliza para incorporar 'os de baixo' mas conserva alguns de seus principais centros de decisão imunes à influência da democracia".

se revelam de modo mais agudo nos setores que se encontram mais afastados do núcleo dinâmico de realização do capitalismo – no caso tratado no livro, a população negra egressa da escravidão. Apesar da reiteração estrutural de uma situação de exclusão, miséria e anomia para grandes parcelas do meio negro paulistano, Fernandes assinala que isso não se traduz, automaticamente, em apatia política ou fatalismo, pois, mesmo em situações-limite, seria possível encontrar certas possibilidades de "abertura do mundo" e formas de inconformismo social[47] (FERNANDES, 2008, vol. 2: 21).

Não vendo "ação" e "estrutura" como termos disjuntivos, mas como elementos dinâmicos que se redefinem a cada momento do processo histórico (COHN, 2015), ele mostra como, a despeito da vulnerabilidade da população negra na estrutura de poder que se configurava na capital paulistana, seus movimentos sociais lograram levar adiante o conflito e, no mesmo passo, alargar uma compreensão crítica da situação racial no país. No entanto, justamente por não isolar a ação desses movimentos da estrutura mais ampla de desigualdades e de suas transformações na passagem do rural ao urbano, Fernandes tampouco recai numa visão "voluntarista" da atuação política dos atores sociais situados nas "margens", já que o próprio processo de exclusão relegava as demandas do protesto negro à quase total indiferença por parte da sociedade inclusiva (BRASIL JR., 2013, 2015).

Situando em chave histórica os processos sociais que conectaram os "homens comuns" à construção das instituições do Estado e à ampliação do espaço político – como a constituição de burocracias públicas, a extensão do direito de voto, o alargamento das disputas eleitorais, a emergência de movimentos sociais etc. –, as duas pesquisas que colocamos aqui em diálogo viram que a participação social não pode ser dissociada das especificidades assumidas pela transição do rural ao urbano no país. Se o peso do passado é,

---

47. Em uma das passagens mais sensíveis de *A integração do negro na sociedade de classes*, Florestan Fernandes mostra que, mesmo em situações de desajustamento social crônico, constituíram-se formas "larvares" de inconformismo racial e de crítica às desigualdades entre brancos e negros. "[...] nos bares, nas esquinas e nos terrenos baldios, [as formas 'larvares' de agitação racial encontraram] canais de livre expressão verbalizada. Aquelas claques forneciam o palco em que as insatisfações materiais e morais podiam ser representadas diante da coletividade. Aos poucos, porém, esses dois tipos de inquietação larval evoluíram noutro sentido, encontrando polarizações dinâmicas que orientaram o inconformismo latente na direção de fins coletivos mais amplos, que requeriam consciência da realidade ambiente e atuação social organizada."

em geral, mencionado nos trabalhos que tematizam os problemas crônicos da participação social na sociedade brasileira no presente, os trabalhos de Franco e Fernandes, ainda que de diferentes modos, tencionaram especificar, de modo relativamente consistente, como as raízes rurais efetivamente afetaram os modos de dominação política e suas formas de contestação por parte dos "homens comuns". A fragmentação das formas de solidariedade e de ação coletiva, a inscrição de uma lógica privatista no próprio funcionamento das instituições do Estado e a naturalização de assimetrias sociais profundas, questões abordadas pelos dois autores, redefiniram as formas de participação social, limitando o alcance do processo de democratização da sociedade brasileira.

Não se trata de negar, por óbvio, que houve mudanças sociais estruturais e uma ampliação inaudita das formas de participação nas últimas décadas, em particular após o fim do regime militar (AVRITZER, 2016). O ponto aqui é chamar a atenção para a importância do processo histórico de transição do rural ao urbano e suas consequências de longa duração na sociedade brasileira. Essa advertência é particularmente urgente quando percebemos que o engajamento da "sociedade civil" e de suas formas de participação nos processos políticos está longe de ser unicamente democratizante, como os acontecimentos do país desde 2013 têm mostrado quase à exaustão. A análise das formas de participação social não pode se limitar a correlacionar variáveis estruturais e mudanças institucionais, como se a urbanização e a democratização político-institucional levassem necessariamente a um círculo virtuoso de incremento associativo e maior controle democrático. Antes, na medida em que as próprias formas do urbano e a construção das instituições políticas interagem – de maneira tensa ou acomodatícia, a depender das forças sociais em disputa – com o legado de uma sociedade fragmentada, excludente e autocrática, uma perspectiva histórica é fundamental para se entenderem as reviravoltas na espiral de democratização do Brasil contemporâneo.

7

OLIVEIRA VIANNA, UM CLÁSSICO EM FLUXO

(com Andre Veiga Bittencourt)

*Antes de criar o mundo, Deus não fez esboços nem
anotações – aliás, o problema do "antes da criação",
a pergunta sobre o que fazia Deus antes de criar o
mundo, é assunto proibido em teologia.*
Giorgio Agamben. "Do livro à tela – O antes e o
depois do livro", 2014.

Francisco José de Oliveira Vianna formulou na primeira metade do
século XX uma interpretação da formação da sociedade brasileira ainda hoje instigante e controversa. Sua importância costuma ser avaliada,
sobretudo, tendo em vista a influência exercida por suas ideias não apenas no desenho institucional do Estado-corporativista e da legislação tra-
balhista implantados com o chamado Estado Novo (1937-1945), como
também na composição de aspectos centrais de uma cultura política autoritária definida pela primazia conferida ao Estado como princípio de
ordenação vertical da vida social. Neste capítulo buscaremos enfatizar
a relevância de algumas das suas proposições e o interesse que ainda
possuem para a pesquisa da vida política brasileira. Num plano geral, o
objetivo é contribuir para a discussão do potencial teórico que os chamados ensaios de interpretação do Brasil, modalidade de imaginação sociológica historicamente situada entre fins do Império e o desenvolvimento
das universidades nos anos de 1950, ainda apresentam para as ciências
sociais; bem como apontar para caminhos metodológicos inovadores que
podem auxiliar no estudo textual da área.

Nossa hipótese é que as interpretações do Brasil, como a de Oliveira Vianna, representam uma espécie de repertório interpretativo a que nós,
analistas contemporâneos, podemos recorrer para buscar motivação e pers-

pectiva em nossas pesquisas. Assim, o capítulo caminhará em uma dupla direção. Na primeira parte apresentamos alguns dos elementos que nos parecem mais relevantes para discutir a atualidade de Oliveira Vianna como intérprete do Brasil. Na segunda faremos um exercício metodológico a partir de seu livro de estreia, *Populações meridionais do Brasil* (1920), procurando observar alguns processos de inflexão (mas também permanências) de seu argumento a partir de um manuscrito do autor datado de 1908.

Lembramos Giorgio Agamben ao entrarmos nessa matéria impura e proibida da criação, o que chama de o "antes do livro": aquele "pré-mundo ou submundo de fantasmas, rascunhos, anotações, cadernos, esboços, cadernetas, aos quais nossa cultura não consegue dar o estatuto legítimo nem leiaute gráfico adequado, provavelmente porque sobre nossa ideia de criação e de obra pesa o paradigma teológico da criação divina do mundo, daquele *fiat* incomparável" (AGAMBEM, 2018: 112).

Público e privado: uma relação problemática

Nascido em Saquarema, Oliveira Vianna foi catedrático da Faculdade de Direito do Estado do Rio, em Niterói, membro do Instituto Histórico e Geográfico Brasileiro e da Academia Brasileira de Letras, e ocupou diversos postos-chave na alta burocracia do Estado, chegando a ministro do Tribunal de Contas da União. Em sua interpretação do Brasil, evidenciou problemas cruciais da vida política brasileira, para ele decorrentes do papel da estrutura fundiária na configuração da vida social que se veio formando desde a colonização. Propriedades imensas, autossuficientes e ainda por cima centros de gravitação das decisões políticas locais ligando uma massa de homens livres pobres aos latifundiários teriam dificultando o desenvolvimento do comércio, da indústria, das cidades e seus atores sociais característicos – especialmente uma classe média independente, base social crucial para o vigor associativo das sociedades anglo-saxônicas tomadas como contraponto à formação brasileira. Mas, voltar ao passado num momento em que a modernização/urbanização começava a se impor significava, sobretudo, buscar perspectiva para pensar os dilemas do presente e as possibilidades de futuro da sociedade. Que Brasil moderno seria possível construir? A sociedade forjada no molde rural desapareceria?

Para Oliveira Vianna, apesar das mudanças em curso na sua época, algumas estruturas e atitudes sociais do nosso passado rural continuavam desempenhando papéis cruciais, especialmente, na vida política. Como a problemática relação entre as esferas pública e privada em nossa sociedade, na qual não apenas a fragilidade do público contrastava com a pujança do privado, mas também se baralhavam criando toda sorte de dilemas. Baralhamento que dificultava enormemente a identificação e a associação visando interesses comuns para além dos círculos domésticos originalmente ligados aos latifúndios; que tornava as instituições públicas extremamente suscetíveis a programas voltados para a promoção de interesses particulares; e que acabava distorcendo inteiramente a vida política numa trama de relações de fidelidades pessoais e contraprestação de favores envolvendo toda sorte de bens materiais, prestígio, controle de cargos públicos, votos etc. Em face dessa situação, para Oliveira Vianna, seria urgente reorganizar, fortalecer e centralizar o Estado, único ator que, dotado dessas características, seria capaz de enfraquecer as oligarquias agrárias e sua ação corruptora das liberdades públicas e individuais e, desse modo, corrigir os defeitos da nossa formação nacional.

Justamente esta dimensão normativa da interpretação de Oliveira Vianna despertou maior interesse em seus analistas. Permanecem abertas, contudo, as controvérsias quanto ao *sentido* da sua defesa do princípio "autoritário" de ordenamento político da vida coletiva – autoritário pelo privilégio que concede à unidade e à ordem em detrimento do conflito e da transformação da própria estrutura social, como a reforma agrária, por exemplo. Assim, discute-se se aquela defesa é "substantiva" ou apenas "instrumental" enquanto formato político transitório para a realização de uma sociedade liberal fundada na noção de direitos universais; o mesmo quanto a sua visão "iberista" da modernidade como uma alternativa ao liberalismo "anglo-saxão", novamente se "instrumental" ou não. Contribuiu para isso, sem dúvida, a identificação pessoal de Oliveira Vianna ao Estado Novo (1937-1945), no qual atuou decisivamente, sobretudo, como consultor jurídico do Ministério do Trabalho, Indústria e Comércio, tendo sido antes disso nada menos do que um dos responsáveis pela elaboração do anteprojeto para a Constituição de 1934.

Embora as relações entre obra e trajetória de um autor não possam ser menosprezadas, é preciso cuidado, no entanto, para não assimilar uma a outra, como se existisse uma predeterminação ou continuidade linear entre elas. No caso de Oliveira Vianna, a começar pelo fato de que suas ideias nem permaneceram as mesmas e tampouco foram sempre vencedoras nos embates intelectuais e institucionais que travou. Mesmo sua convicção "autoritária" da ação transformadora do Estado, presente no primeiro volume de *Populações meridionais do Brasil*, foi muito mais contingente, tensa e descontínua ao longo do desenvolvimento de suas obra e trajetória. Por exemplo, a afirmação feita em *Instituições políticas brasileiras* (1949) de que os "complexos culturais" tenderiam à estabilidade, longe de constituir apenas uma simples maturação de ideias, implica antes uma nova percepção sobre os próprios limites da ação do Estado. Pois, ao mobilizar a cultura para enfatizar a inutilidade das reformas políticas e jurídicas feitas de modo dissociado dos valores assentados na sociedade pela tradição, o que chama de "direito costumeiro", Oliveira Vianna acaba por problematizar a sua própria posição inicial sobre a capacidade do Estado recriar a velha sociedade corrompida por práticas privatistas. Questão aprofundada no livro póstumo *Introdução à História Social da Economia Capitalista no Brasil* (1958), no qual propõe justamente uma volta aos valores "patriarcais" e "pré-capitalistas" presentes nas origens da formação social brasileira como possibilidade de reordenação não conflituosa da vida social.

O social e o político

Quando passamos, contudo, dos aspectos mais salientes – e mais datados – da obra e da trajetória de Oliveira Vianna e de sua recepção, e entramos nos aspectos teóricos mais gerais que encerra, é possível identificar um conjunto de proposições que conferem interesse mais amplo a sua sociologia política para além do sentido normativo a que está originalmente associada. Todavia, essa não é uma posição consensual entre seus analistas contemporâneos. Há quem considere que, embora tenha sobrevivido como cultura política na formação de uma "ideologia autoritária" de Estado, a sociologia política de Oliveira Vianna estaria superada do ponto de vista cognitivo na prática das ciências sociais, pois, como expressão de um momento específico da sociedade brasileira (e da "pré-história" das ciências sociais), ela se esgotaria em sua própria individualidade histórica. Por outro lado, como visto no primeiro capítulo desta coletânea, a sociologia política de Oliveira Vianna interpelou diferentes pesquisas produzidas pelas ciências sociais em âmbito universitário. Não obstante divergirem do seu sentido político original, tais pesquisas acabaram por aperfeiçoar algumas das sugestões centrais de Vianna; como a de que mais do que simplesmente relacionar política e sociedade, caberia à sociologia política investigar as bases sociais nas quais se assentava a vida política. Estas formas distintas de entendimento da sociologia política de Oliveira Vianna, como noutros casos congêneres, remete ao problema mais geral da relação das ciências sociais com seus clássicos e, especialmente, à relação que a pesquisa sobre eles tem com a busca atual de conhecimento. Questão que, no limite, expressa mesmo a competição pela própria definição da identidade cognitiva da disciplina.

Tomemos uma questão central da sociologia política de Oliveira Vianna que, ademais, expressa emblematicamente como uma interpretação fortemente interessada da realidade social pode sim produzir conhecimento sociológico relevante. Como se sabe, era lugar-comum da crítica conservadora da Primeira República (1889-1930), porém não apenas dela, a identificação das instituições republicanas a uma legalidade sem correspondência na sociedade – como se existissem desencontrados um país "legal" (o da Constituição liberal de 1891) e outro "real" (do dia a dia da sociedade). Lugar comum "confirmado" por evidências cotidianas de que os direitos como princípios normativos universais associados à tradição liberal não se efetivavam naquele contexto corrompido por toda sorte de práticas oligárquicas. Como a maioria dos seus contemporâneos, embora com diferenças para eles, Oliveira Vianna descartou qualquer encaminhamento tipicamente liberal para a efetivação dos direitos e da cidadania. Formulou, antes, outra concepção que suprimia a noção de indivíduo como portador de direitos e subordinava-o, enquanto membro de um grupo profissional, de modo vertical e tutelar ao Estado. E se permanece aberta, como assinalado anteriormente, a controvérsia quanto ao sentido do seu autoritarismo, não se pode negligenciar que, naquele momento, o liberalismo conferia força às pressões pela democratização política e social. Em todo caso, a diferença de Oliveira

Vianna em relação aos seus contemporâneos que importa assinalar aqui é que ele soube traduzir a crítica comum à Primeira República liberal-oligárquica em termos teórico-metodológicos relativamente consistentes, acabando por formalizá-la na tese segundo a qual os fundamentos e a dinâmica das instituições políticas se encontrariam nas relações sociais.

Exemplar é a discussão de *Populações meridionais* sobre a parcialidade da justiça como um efeito contrário ao pretendido pela adoção, numa sociedade oligárquica como a brasileira, de instituições liberais, no caso as eleições para os juízes. A parcialidade da justiça ocorreria, de um lado, porque de posse das câmaras municipais e do aparelho eleitoral os "caudilhos rurais" só escolheriam para os juizados homens da sua confiança; de outro, porque a necessidade do sufrágio local forçaria o próprio juiz a se fazer "criatura da facção" que o elege, tornando-se o instrumento da "impunidade" ou da "vingança" conforme tivesse diante de si um "amigo" ou um "adversário" – estamos aqui diante da familiar máxima segundo a qual *"aos amigos tudo, aos inimigos a lei"*! Neste, como noutros exemplos que poderiam ser tomados quase ao acaso na sua obra, Oliveira Vianna expressa sua preocupação quanto aos impasses sociais produzidos pela desarticulação entre as instituições liberais "transplantadas" e a realidade "singular" brasileira. Mas o que o exemplo sugere, em termos teóricos, é também que as instituições não são virtuosas em si mesmas, não são exatamente locais de ação autônoma em relação aos valores e às práticas vigentes na sociedade como um todo e tampouco podem ser tomadas como variáveis independentes de outras forças sociais. Ao contrário, as instituições políticas seriam inevitavelmente forçadas a interagir com estruturas, relações e recursos sócio-históricos mais amplos, bem como de poder legal e extralegal. E desta interação resultaria a dinâmica possível que as instituições políticas acabariam por assumir na sociedade. Como vimos no capítulo 1, esta proposição teórico-metodológica foi crucial na definição de uma agenda de pesquisas da sociologia política brasileira posterior.

Uma interpretação em fluxo

Populações meridionais do Brasil é igualmente um caso exemplar da complexidade (e do problema) que é conceber noções muito acabadas e fechadas de "obras" e livros, como se constituíssem uma espécie de "ontologia". Não apenas porque textos e argumentos possuem caminhos muito próprios, como visto no capítulo 1, mas também porque os processos de escritura costumam trazer surpresas. É o que percebemos quando nos debruçamos sobre arquivos e mobilizamos materiais muitas vezes vistos como secundários: manuscritos, correspondência, artigos não publicados em livros, pareceres, anotações de marginália, recepção crítica, dentre outros[48].

É preciso ressaltar que foi o próprio Oliveira Vianna o primeiro a contribuir para uma percepção pouco matizada de sua obra. Se observarmos bem as ocasiões (poucas, por sinal) em que o autor se manifestou sobre seus próprios trabalhos veremos que sempre manteve uma perceptível retórica de coerência e organicidade em relação à sua obra e a seus argumentos[49]. Ironicamente, no entanto, se há algo que marca a série das *Populações* em diferentes dimensões é, justamente, a dificuldade da realização completa. A começar pelo fato de ser um projeto inacabado, já que, originalmente, foi planejado para abranger quatro volumes, cada um deles dedicado ao estudo de uma das quatro zonas centrais do Brasil (segundo Oliveira Vianna: o centro-sul, o sul, o norte e a hileia amazônica), tendo apenas o primeiro sido publicado em vida e o segundo postumamente. Mas a dificuldade passa também pelos desníveis do primeiro livro, que parece cindido em duas metades, como já foi observado (CARVALHO, 2004), e atinge em cheio o diagnóstico do autor, que identifica um país pouco coeso e sempre sob o signo da fragmentação. Em suma, a série das *Populações* trata da incompletude da formação brasileira, mas também é, ela mesma, incompleta por excelência.

A trajetória algo tormentosa do projeto inicia-se, no entanto, antes mesmo de haver um. A elaboração de *Populações meridionais do Brasil* também não se realiza de maneira linear e coesa. Não só o texto, mas principalmente os argumentos formalizados em 1920 são resultado de um longo e na maior parte das vezes tenso movimento de formação intelectual, de um es-

---

48. Para uma discussão metodológica mais detalhada da importância do trabalho com materiais de arquivo, e mais especificamente sobre *Populações meridionais do Brasil*, cf. Bittencourt, 2013.

49. Cf., p. ex., o Prefácio à 2ª edição de *Problemas de política objetiva* e próprio *Addendum* à quarta edição de *Populações meridionais do Brasil*.

forço em compreender o Brasil cujos resultados constantemente se alteram e muitas vezes se contradizem. É o que percebemos, por exemplo, ao olharmos para um interessante manuscrito de 1908, portanto de quando o autor contava com 25 anos de idade, depositado no acervo da Casa de Oliveira Vianna, em Niterói. Nele nos concentraremos a partir de agora.

Trata-se de um caderno pautado e bastante simples, contendo 39 páginas sequenciais redigidas à mão na letra miúda e apertada do autor. Na capa branca desgastada pelo tempo consta apenas o número 18 e em seu interior apresentam-se cinco capítulos numerados em algarismo romanos (X ao XIV)[50]. Observamos uma escritura contínua, sem maiores traços aparentes de hesitação ou correções, contendo rasuras pontuais. O manuscrito, no entanto, levou cerca de cinco meses para ser concluído, como indicam as datas que Oliveira Vianna anotava ao fim de certas passagens, sendo a primeira marcação de 11 de dezembro de 1908 e a última de 13 de maio de 1909.

Com um estilo de escrita floreado, por vezes até literário, logo bastante diferente daquele que ficou celebrizado em *Populações* e em outros livros do autor, os capítulos disponíveis abordam como, a partir de certo momento – a abolição da escravidão e a República, ainda que estas não sejam diretamente tematizadas –, as tradições mais características do Brasil haviam sido pervertidas, contaminadas, bem como havia sido corrompido o *locus* gerador e mantenedor dessas tradições: o mundo rural, o interior do país[51]. No caderno, essa vida do interior era apontada como essencialmente virtuosa por suas características harmônicas, contraposta às grandes cidades (litorâneas), forças perturbadoras e ameaçadoras. A República e a Abolição aparecem, então, como eventos desorganizadores porque urbanizantes e, consequentemente, modernizantes e aniquiladores da ordem: a força de trabalho na terra escasseia, as migrações para as grandes cidades aumentam, as tradições são abaladas. A civilização rural entra em crise, escreve o jovem Oliveira Vianna,

---

50. Oliveira Vianna habitualmente numerava seus cadernos e o fato deste ser marcado com o número 18 não implica necessariamente que existam 17 cadernos anteriores com outros capítulos do livro. As marcações são revezadas entre cadernos de notas, de citações e de referências bibliográficas, também numerados.

51. Em Bittencourt (2013, esp. cap. 2) discute-se de maneira ampliada os argumentos do caderno em conjunto com artigos de jornal que Oliveira Vianna publicava naqueles mesmos anos.

e com ela a sociedade como um todo, já que seus traços mais significativos, suas características mais particulares, lhe são devedoras.

Para reforçar a cisão entre interior e litoral Oliveira Vianna chega mesmo a falar em "duas civilizações que se ignoram". Assim como nas "Palavras de prefácio" de *Populações*, em que Oliveira Vianna se utiliza da imagem de três sociedades completamente diferentes, com padrões sociais e culturais próprios, no manuscrito a ideia reaparece, mas para dar conta de uma outra dimensionalidade: o litoral e o interior. É quase imediato ler o primeiro capítulo do caderno e associá-lo a Euclides da Cunha – *Os sertões* fora publicado seis anos antes da escrita do manuscrito. Lembremos que, segundo Euclides, a condição de isolamento permitia que se fundisse, sobretudo na região sertaneja da Bahia, "a rocha viva da nossa raça", onde "entalhava-se o cerne de uma nacionalidade" (CUNHA, 2000: 577). Ir para o sertão seria encontrar, ainda que palidamente, alguma matriz, por oposição à cidade, ao litoral, à civilização de empréstimo[52].

A penetração das estradas de ferro e o desenvolvimento acentuado das comunicações, no entanto, tenderiam a romper com essa "tradição de isolamento", nas palavras de Oliveira Vianna. Talvez não por acaso, os únicos lugares onde esse avanço se deu com menos força, "onde as velhas tradições nacionais se mantêm mais estáveis e puras", são os "sertões do norte". Lá, onde não se desenvolveu a facilidade de tráfego entre o litoral e o sertão, as famílias permanecem isoladas, subsistindo por si mesmas. Fugindo de modo bastante interessante do padrão narrativo de *Populações*, Oliveira Vianna aponta que uma árvore – a carnaúba – era a "planta-cornucópia" do sertanejo, pois lhe servia para tudo: como lenha, cera, tempero, licor, quitute, além de madeira para a construção. O mesmo se dá com o gado, que lhe é útil como alimento, mobília, roupa etc. O avanço da cidade – o espaço físico e simbólico que representa uma série de ideias exóticas, estranhas aos climas nacionais – implica a perda de algum tipo de essência, das "velhas tradições": "desapareceram assim [com o avanço da civilização] um grupo primoroso de tradições domésticas que tão suave elã de candura e paz deram aos lares dos nossos avós". E Oliveira Vianna se lamenta por não se ver

---

52. Notemos que Oliveira Vianna chega a citar Euclides da Cunha no manuscrito.

mais as "hábeis doceiras", ou as "delicadas e pacientes bordadeiras" e mesmo "essas finíssimas superintendentes de cozinha, que tão excelentemente refogavam um quarto de vitela". A ausência mais sentida seria a da "antiga dona de casa brasileira", "o maior apanágio da nossa pureza moral", que Oliveira Vianna inclusive se furta a descrever, "tão alto e tão sublimado" é o seu aspecto moral, que faz dela a alma da família brasileira.

Lançando mão de um recurso narrativo pouco comum em suas obras o autor descreve, ainda que brevemente, os oratórios, as santas, as orações diárias e principalmente os festejos juninos. Na mais minuciosa dessas descrições vemos uma festa junina, com suas fogueiras, as brincadeiras infantis e a armação de um mastro tradicional destas celebrações, com os detalhes das folhas e frutos usados em sua composição. De modo surpreendente, Oliveira Vianna chega a narrar a celebração das classes mais baixas e dos escravos:

> Esses [foreiros], nas suas choças, e os escravos, nas suas senzalas, também festejavam, acompanhando o senhor, esses dias gloriosos e alegres da Cristandade. Guisavam a melhor galinha, enfarpelavam o melhor fato, e, reunida a "parceirada", "sambavam" com fervor, "puxando fieira", entre mulatas voluptuosas, nos "jongos" castanholados, em honra a Santo Antônio, a São Pedro, a São João...

A visão que Oliveira Vianna apresenta no caderno sobre a vida rural brasileira é bastante idílica, remetendo quase a uma "Idade do Ouro" (GIRARDET, 1987), marcada pela tranquilidade, pela harmonia, pela boa relação com a natureza e com a comunidade (WILLIANS, 2011). Diferenciada, assim, do próprio Euclides da Cunha, que apesar da oposição entre litoral e sertão, identifica no interior elementos negativos e conflituosos – em grande parte derivados também do isolamento, e que podemos observar nas críticas feitas à religiosidade popular (LIMA, 2013), mas principalmente na identificação da prevalência do fenômeno da dominação por parte dos grandes potentados rurais, senhores de terra detentores de poderes desmedidos que subjugam os sertanejos a regimes servis (CARVALHO, 2010).

Mais distante ainda, no entanto, é a interpretação do próprio Oliveira Vianna em *Populações meridionais do Brasil*. Se a forma como fora proclamada a República e abolida a escravidão continua a ser encarada no livro de maneira crítica, como modificadores abruptos de uma determinada sequência histórica, o olhar para o mundo rural passa a ser menos suave. O isolamento do litoral e do que ele significava, que em 1908 era visto como um aspecto positivo, pois mantenedor das antigas tradições nacionais, começa a ser encarado, a partir da noção de latifúndio e de seu poder simplificador, como a origem e principal fator de perpetuação de formas arcaicas de sociabilidade e dominação. Em um trecho específico de *Populações* a tensão com o caderno parece ser especialmente interessante. Vejamos um parágrafo:

> Hoje, o fazendeiro compra o querosene, os panos de uso caseiro, as rendas e bordados. Outrora, não; há uma série de pequenas indústrias caseiras, que trazem também um contingente considerável à independência econômica do latifúndio. Sobreviventes ainda na zona dos altos sertões nortistas, especialmente na zona dos carnaubais e das caatingas, estas pequenas indústrias estão hoje extintas, ou quase extintas, nas zonas meridionais. É de lembrar-se, entretanto, a indústria das rendas, dos *tricots*, dos *crochets* e bordados, tão incomparáveis em delicadeza, perfeição e beleza. Das mãos hábeis das "sinhás" e das "iaiás" de outrora, saem, finos e artísticos, esses pequenos nadas, que atualmente o armarinho da aldeia ou o mascate sírio lhes oferecem abundantemente (OLIVEIRA VIANNA, 2005: 189).

Este é um raro trecho do livro em que Oliveira Vianna reproduz quase exatamente o que aparece no caderno, sobretudo no que diz respeito a esse olhar mais fino sobre a produção material e os personagens domésticos do interior. Se aparentemente há um elogio a essas características do mundo rural, ao olhar o contexto em que a passagem se insere logo percebemos que se trata, na verdade, da identificação causal de um dos problemas fundamentais da sociedade brasileira: o insolidarismo. Alguns poucos parágrafos depois podemos ler uma das assertivas mais marcantes de *Populações*: "Essa admirável independência econômica dos senhorios fazendeiros exerce uma ação poderosamente simplificadora sobre toda a estrutura das nossas populações rurais" (OLIVEIRA VIANNA, 2005: 191). Levado adiante, é esse diagnóstico que irá conduzir o autor a identificar os elementos associados às práticas oligárquicas e a parcialidade da justiça, como vimos no início deste capítulo.

Aparece também em *Populações* um novo e fundamental personagem: o Estado. Altivo, caberia a ele fazer frente aos grandes potentados rurais que, no caderno de 1908, eram, na figura do que ele chama de "fazendeiro", os próprios construtores da ordem; centralizador, deveria garantir a manutenção da unidade nacional, algo talvez dispensável quando não se coloca no eixo de análise, como parece ser no caso do manuscrito, as diferenças entre as regiões, e sim a cisão entre o litoral e o interior. Oliveira Vianna também passa a rejeitar explicitamente, sobretudo no *Addendum* à quarta edição do livro, a relevância do estudo de fator alimentares, arquitetônicos ou religiosos, julgando que "não tiveram nenhuma influência na formação dos sentimentos e ideais políticos do homem do centro-sul: – e não podiam, consequentemente, ser considerados" (OLIVEIRA VIANNA, 2005: 412).

O caderno se afasta claramente do livro de 1920 se levarmos em consideração os materiais de pesquisa utilizados e sobretudo as dimensões sociais valorizadas. Oliveira Vianna parecia muito mais confortável e via como muito mais importante para compreender o Brasil o estudo da "vida íntima" do brasileiro e seus elementos, como as tradições culinárias, os trabalhos domésticos, a religiosidade privada e personagens aparentemente menos importantes, como a figura da dona de casa ou da cozinheira. As mudanças, sobretudo se pensarmos os caminhos que a partir de uma ou outra interpretação do mundo rural podem ser derivados são enormes[53]. Há algo, no entanto, que permanece de maneira central para a interpretação do Brasil que Oliveira Vianna irá propor a partir de *Populações meridionais do Brasil*.

Ao trabalhar com a distinção entre o mundo do interior e o mundo do litoral, um pouco mais tímida em seus trabalhos "maduros", e, sobretudo, ao atribuir certos sentidos específicos a essa dicotomia, Oliveira Vianna está formulando a sua própria concepção da importância da sociologia para o estudo do país, ou dito de outra forma, chamando a atenção para o fato de que a sociologia precede a política. A distinção entre um "país legal" e um "país real" ou entre um "idealismo orgânico" e outro "constitucional" já estão inclusive esboçadas em seus primeiros artigos de jornal, ainda que apresentada com outras denominações. Esta crítica persiste no manuscrito,

---

53. A título de exemplo, basta lembrarmos que é a identificação do mundo social relativamente harmônico que permite que Gilberto Freyre negue o Estado como princípio orientador da sociedade, ao passo que em Oliveira Vianna dá-se justamente o raciocínio em sentido contrário: é a anarquia que justifica a presença do Estado central forte (cf. BASTOS, 2006, 1993).

onde Oliveira Vianna observa que o "glamour" das "conquistas liberais" só podia ser celebrado por quem via o país do alto, quem resumia sua vida à das grandes capitais. O centripetismo das cidades desorganizava a vida nacional, fazendo-a oscilar entre as suas "tradições seculares" e o tumulto de "leis e instituições de toda conta".

Já havia Euclides da Cunha, mas ainda não Alberto Torres, com cujas ideias Oliveira Vianna só tomaria contato por volta de 1911. O hiato entre "cultura" e códigos que "ficavam no ar", para utilizar a oposição formulada por Euclides, parecia ser o princípio de uma sociologia *in statu nascendi* no país, avessa à tese de que a reforma da sociedade deve necessariamente ser antecedida pela do Estado, como no caso emblemático de Tavares Bastos, por exemplo (WERNECK VIANNA, 1993: 372). Mesmo se pensarmos no Visconde do Uruguai, em muitos aspectos tão próximo a Oliveira Vianna, seu esforço de análise persegue o estudo do Estado e sua legislação, ou seja, o estudo da política ainda *precede* o estudo da sociedade, mesmo que já estejam presentes elementos que apontam para a singularidade da formação brasileira.

Tanto Euclides da Cunha quanto Oliveira Vianna – ainda que com ênfases muito diferentes – destacam a necessidade de que apenas a partir do conhecimento abrangente da originalidade da formação social (e também racial, seja dito) brasileira se podem derivar princípios políticos ou institucionais capazes de dar conta das necessidades e anseios da sociedade nacional. Mais do que isso, os dois autores, cada um ao seu modo, procuraram de fato realizar estudos voltados para as formas de organização social, as práticas culturais e as disposições políticas vigentes no Brasil de seu tempo.

Mais do que somente explicitar mudanças e permanências, talvez o mais interessante para uma análise que pretenda estabelecer o processo implicado em textos sociológicos seja a possibilidade de perseguir uma parcela da conformação daquilo que C. Wright Mills chamou de "artesanato intelectual" (MILLS, 1982). Porque *Populações meridionais do Brasil* não é – e nem poderia ser – fruto de um *insight* ou de uma escrita vertiginosa, que somente formaliza a intuição aguda de um intérprete da sociedade; também não é apenas a conclusão de uma longa e necessária pesquisa, seja ela empírica ou bibliográfica, realizada por Oliveira Vianna ao longo dos anos. *Populações* é sobretudo o resultado de um intenso labor, que constrói de modo progressivo camadas de interpretação, maneiras diferentes, e às vezes antagônicas e contingentes, como vimos, de abordar a sociedade brasileira. É justamente dessa combinação, reordenação e recriação de perspectivas que se libera a "imaginação sociológica" do autor.

3ª PARTE

Interpretar interpretações do Brasil

8

PASSADO FUTURO DOS ENSAIOS DE INTERPRETAÇÃO DO BRASIL

Entre as décadas de 1920 e 1940 foram publicados alguns dos mais instigantes estudos sobre a formação da sociedade brasileira que permanecem nos interpelando de várias formas, a despeito da relação ambígua que as ciências sociais têm mantido com eles desde o início da sua institucionalização como carreira universitária e profissional na década de 1930. O legado intelectual desses estudos, constantemente atualizado pelas leituras críticas que recusam sua validade ou por meio de sua retomada para a formação de novas proposições sobre o país, também extrapolou as fronteiras acadêmicas, contribuindo para conformar, reflexivamente, modos de pensar e sentir o Brasil e de nele atuar ainda hoje presentes. Entre aqueles estudos, enfim, como muitos já observaram, incluem-se alguns dos livros que, ao fim e ao cabo, "inventaram o Brasil" (CARDOSO, 1993).

Publicado em 1920, *Populações meridionais do Brasil*, de Francisco José Oliveira Vianna, abre a produção do período, seguido, na mesma década, por *Retrato do Brasil*, de Paulo Prado, que, como *Macunaíma* de Mário de Andrade, apareceu em 1928. Em 1933 foram publicados *Casa-grande & senzala*, de Gilberto Freyre, e *Evolução política do Brasil*, de Caio Prado Jr.; três anos depois, *Sobrados e mucambos*, também de Freyre, e *Raízes do Brasil*, de Sérgio Buarque de Holanda. Na década seguinte, voltaram aos prelos Caio Prado e Oliveira Vianna, o primeiro com *Formação do Brasil contemporâneo*, em 1942, o segundo com *Instituições políticas brasileiras*, em 1949 – para citar apenas alguns dos mais emblemáticos ensaios do período.

Comumente reunidos na expressão "ensaísmo de interpretação do Brasil", esses ensaios não permitem, no entanto, uma definição estrita baseada em características cognitivas ou narrativas exclusivas, embora alguns traços lhes sejam constantes e possam distingui-los de outras modalidades de imaginação sociológica que os precederam e os sucederam. Apesar de compartilharem vários aspectos, o pertencimento sincrônico daqueles ensaios não parece suficiente para caracterizá-los como uma unidade estruturada também do ponto de vista contextual mais amplo. Ao contrário dos movimentos culturais, como o movimento modernista seu contemporâneo, por exemplo, o ensaísmo não expressa a organização e a atuação de um grupo de indivíduos/autores com interesses coletivos comuns programáticos e deliberados, a despeito de seus conflitos e disputas internas. Aspectos que também afastam o ensaísmo das ciências sociais institucionalizadas, cujos atores se mostram, em geral, altamente conscientes de seus objetivos, regras de atuação e *ethos* enquanto cientistas sociais. De modo que buscar qualquer unidade para os ensaios de interpretação do Brasil escritos entre 1920 e 1940 constitui, na melhor das hipóteses, um movimento analítico de atribuição e não de inferência de unidade, como algumas vezes tem sido feito. Noutras palavras, pensar os ensaios de interpretação do Brasil como um conjunto unitário é um problema que se colocou *a posteriori*, e em especial pelas ciências sociais, cujo bem-sucedido processo de institucionalização ocorreu no período imediatamente posterior ao seu surgimento, e simultaneamente ao seu desenvolvimento (MICELI, 2001). Processo que, sob o influxo de vertentes sociológicas europeias e norte-americanas, sobretudo estas, consolidou a adoção de um novo padrão cognitivo definido prioritariamente no sentido da pesquisa empírica, que, ao lado da sua forma narrativa correspondente, a monografia científica, acabou por redefinir o lugar e o sentido do ensaio na cultura brasileira.

Se as características comuns nos levassem a definir os ensaios de interpretação do Brasil como uma unidade, como se eles formassem um todo coerente ou estável, correríamos o risco de deixar de reconhecer e de qualificar as diferenças significativas existentes entre eles. E ainda que aquele tipo de caracterização possa favorecer visões de conjunto num possível entrelaçamento de problemas, questões e perspectivas comuns, isso não significa, necessariamente, que o *sentido* dos ensaios já esteja dado de antemão. E muito menos que as interpretações da formação da sociedade brasileira que realizam possam ser tomadas como intercambiáveis ou equivalentes. Tais pressupostos uniformizadores recorrentes na sua fortuna crítica se fazem presentes especialmente quando os ensaios são abordados a partir do tema mais geral que os perpassa como um problema mais amplo do seu tempo: a "identidade nacional". Verdadeira obsessão em países periféricos, orientada muitas vezes pelo ideal europeu de "civilização integrada" (ARANTES, 1992), a autointerpretação da formação social e, assim, a busca pela "identidade nacional" colocam-se, para muitos, na raiz mesmo dos ensaios de interpretação do Brasil.

É sobre este campo problemático e alguns dos pressupostos mais recursivos envolvidos na apreciação daqueles ensaios que gostaria de refletir nesta oportunidade. Meu objetivo é apresentar alguns elementos que contribuam para problematizar tanto a visão cristalizada pelas ciências sociais sobre os ensaios, como a sua tendência uniformizadora das diferentes interpretações do Brasil. Tal procedimento analítico representa condição para que novas perspectivas ao mesmo tempo mais consistentes, matizadas e até desarmadas possam ser buscadas, permitindo repensar o estatuto dos ensaios e sua capacidade de interpelação contemporânea às ciências sociais e à sociedade brasileiras. Assim, minha preocupação neste momento está voltada menos para as características comuns dos ensaios, e para as possibilidades de fazer generalizações a seu respeito, e mais para o seu papel na cultura intelectual brasileira, ligando o passado, o presente e o futuro.

Pais e filhos

Como buscar alguma unidade para os ensaios de interpretação do Brasil escritos entre 1920 e 1940 constitui problema para as ciências sociais; foram justamente os pioneiros cientistas sociais profissionais os primeiros a se voltarem para aquele gênero de imaginação sociológica. É o caso dos balanços críticos realizados por Alberto Guerreiro Ramos em *Cartilha brasileira do aprendiz de sociólogo*, de 1954; por Luis de Aguiar Costa Pinto e Edison Carneiro em *As ciências sociais no Brasil*, de 1955; por Florestan Fernandes em "Desenvolvimento histórico-social da sociologia no Brasil", originalmente publicado na revista *Anhembi* em 1957; ou por Antonio Candido em "A sociologia no Brasil", publicado como verbete na *Enciclopédia Delta Larrousse*, também em 1957.

Se esses balanços compreendem relações muito distintas com os ensaios de interpretação do Brasil, não deixam, contudo, de apresentar preocupações com a ordenação cognitiva das ciências sociais também em relação à tradição intelectual brasileira anterior. Assim, por exemplo, ao recusar a validade de um padrão cognitivo universal para as ciências sociais, Guerreiro Ramos propõe retomar os ensaios como uma linhagem intelectual autóctone capaz de fomentar o desenvolvimento de uma ciência efetivamente brasileira (OLIVEIRA, 1995). Ou Florestan Fernandes, que, ao circunscrever a inteligibilidade dos ensaios em relação a diferentes condicionantes sociais do seu contexto histórico particular, e a seus aspectos metodológicos próprios, acaba por acentuar a descontinuidade do desenvolvimento das ciências sociais em relação a eles (cf. Arruda, 2001). Em seu balanço, Florestan destaca a inexistência, na Primeira República (1889-1930), de condições sociais favoráveis à constituição de maior autonomia para os intelectuais ante as elites dirigentes, apontando, como decorrência dessa situação, a relação pragmática estabelecida por esses atores sociais com a política. Para os círculos intelectuais do período, observa Florestan, o pragmatismo representava uma das "consequências intelectuais da desagregação do regime escravocrata e senhorial", no âmbito da qual "surgiu a disposição de reagir aos efeitos da crise por que passava a sociedade brasileira, mediante a intervenção prática na organização seletiva dos fatores de progresso econômico e social"; disposição que, no fundo, resultava "do receio e do ressentimento que as perspectivas de prejuízos na posição dominante dentro da estrutura de poder instavam no ânimo dos descendentes das antigas famílias senhoriais" (FERNANDES, 1980: 35).

Procurando ordenar o ensaísmo como parte de uma tradição intelectual brasileira de perspectivas, com objetivos e mesmo com compromissos distintos, Guerreiro Ramos e Florestan Fernandes acabaram por atribuir, assim, sentidos mais ou menos unitários aos diferentes ensaios – em termos cognitivos, no primeiro caso, e mais contextuais e metodológicos, no segundo. Se essas perspectivas prevalecem em suas abordagens da tradição intelectual brasileira, é certo que em suas análises mais circunstanciadas ambos os sociólogos são menos generalizantes quanto aos ensaios de interpretação do Brasil e seus papéis na conformação das ciências sociais. De todo modo, as inteligibilidades distintas que ajudaram a criar para os ensaios não favorecem muito o reconhecimento e o tratamento analítico das diferenças significativas existentes entre eles, e ainda hoje se fazem presentes nas ciências sociais informando diferentes abordagens na área de pensamento social brasileiro. Porém, para acrescentar problemas a uma definição sincrônica do ensaio, pode-se lembrar que, mesmo tendo sido um dos que mais contribuiu para que se impusesse nas ciências sociais brasileiras um padrão científico-monográfico, o próprio Florestan Fernandes acabou realizando, como último trabalho importante, nada menos do que um ensaio de interpretação do Brasil, como pode ser lida *A revolução burguesa no Brasil*, de 1975 (RICUPERO, 2007).

Como se tratava de demarcar um "campo científico", compreende-se que o próprio desenvolvimento das ciências sociais tenha sido pensado num primeiro momento de sua institucionalização a partir de uma polarização disjuntiva entre o seu caráter "científico" e o "pré-científico" dos ensaios de interpretação do Brasil – ainda que "científico" nem sempre tenha sido tomado estritamente como sinônimo de conhecimento válido. Mais do que entre os pioneiros sociólogos profissionais, porém, foi num momento posterior, já nas décadas de 1970 e 1980, que os ensaios e suas interpretações do Brasil acabaram por ser desqualificados como meras "ideologias". Procedimento especialmente marcante na análise de determinadas tradições intelectuais, como o chamado "pensamento conservador" dos anos de 1920 a 1930 e o "nacional-desenvolvimentismo" dos anos de 1950 a 1960, para dar dois exemplos emblemáticos.

Os problemas envolvidos numa definição sincrônica dos ensaios de interpretação do Brasil remetem, ademais, a outra dificuldade relativa à sua apreciação em termos estritamente formais. Diferente da monografia científica que veio a se impor como forma narrativa própria à moderna ciência ocidental, também nas ciências sociais brasileiras o ensaio não expõe na sua narrativa fragmentada um conteúdo pronto de antemão, mas, numa constante tensão entre a exposição e o exposto, repõe uma ideia fundamental, como um fragmento que busca vislumbrar o todo de que é parte. Nesse movimento, esboça-se o traço distintivo do ensaio como forma em geral: a tentativa de recomposição da relação sujeito/objeto do conhecimento fraturada pela tradição cartesiana. Por isso sua inteligibilidade parece, em parte, condicionada à própria relação de contraposição que mantém perenemente com o padrão científico positivista. Daí Theodor Adorno discutir o ensaio como forma de "protesto contra as quatro regras que o *Discours de la méthode* de Descartes erige no início da moderna ciência ocidental" (ADORNO, 1986: 177); ao mesmo tempo em que, se considerada da perspectiva do ensaio, por sua vez, a objetividade pretendida na monografia decorra necessariamente de um arranjo subjetivo:

> [...] o que em Descartes era consciência intelectual quanto à necessidade de conhecimento se transforma na arbitrariedade de um *frame of reference*, de uma axiomática que precisa ser colocada no início para satisfazer a necessidade metodológica e a plausibilidade do todo [...] [que] apenas escamoteia as suas condições subjetivas" (ibid.: 179).

Enfim, estamos diante de regimes distintos de "subjetividade" e "objetividade" do conhecimento social que validam seus próprios instrumentos linguísticos e outros, e que por isso não podem ser subsumidos um no outro; mas que ao mesmo tempo estão em parte autorreferidos, no sentido de que mobilizam frequentemente categorias de contrastes, cujos significados são extraídos tanto do que se nega como do que se afirma.

No contexto brasileiro, em todo caso, aquele tipo de recomposição entre sujeito/objeto divisada no ensaio em geral parece ter sido, em grande medida, interpretado mais como um "desvio" em relação ao rigor científico do que propriamente como um "contraponto" possível a ele. O que sugere, entre outras coisas, o sentido hegemônico e duradouro assumido pelo positivismo entre nós. É razoável, de todo modo, supor que a segurança ontológica prometida pela adoção do padrão cognitivo-narrativo científico positivista que regeu a institucionalização das ciências sociais, e seus correspondentes princípios de isenção e neutralidade, cujos efeitos pretendidos eram justamente garantir a representação da relação externa do cientista com os fenômenos que investigava, parecesse mesmo ameaçada pelo ensaio. Afinal, também nos ensaios de interpretação do Brasil "o decifrar da realidade não está na somatória de dados objetivos, mas muito mais na sua multiplicação com elementos da subjetividade" dos seus autores (WEGNER, 2006: 339).

Mas ainda que nem todos os ensaístas brasileiros tenham procurado subordinar metodicamente suas subjetividades para manter a representação de integridade dos seus objetos, como recomenda a moderna ciência ocidental, isso não significa que tenham exatamente aberto mão da pretensão de conferir foros de verossimilhança "objetiva" a suas interpretações. Mesmo aqueles que, a exemplo de *Retrato do Brasil*, assumem explicitamente um olhar impressionista para reconstituição do passado brasileiro (BERRIEL, 2000). Ou *Casa-grande & senzala*, cuja reanimação de alguns valores do passado colonial implica tanto a celebração dos antepassados de Freyre ligados à nobreza do açúcar, como uma forma narrativa muito próxima da linguagem oral e distante da científica convencional (ARAÚJO, 1994). Isso para não falar de outros ensaístas que, como Oliveira Vianna, imbuídos da convicção cientificista própria à sua época (BRESCIANI, 2005), esperaram explicitamente poder inclusive derivar das suas interpretações orientações políticas institucionais para a sociedade.

Sincronia e diversidade

Feitas essas ressalvas formais, volto-me para a questão da "identidade nacional". Começo observando que não há consenso quanto à possibilidade de reunir todos os ensaios de interpretação do Brasil escritos entre os anos de 1920 e 1940 sob esse critério, mesmo se perscrutados exclusivamente do ponto de vista temático. É o caso de *Raízes do Brasil*, por exemplo. Nele não se buscaria reconstruir uma "identidade nacional" que pudesse singularizar a sociedade brasileira em relação a outras experiências históricas. Antes, o que estaria em jogo seria reconstruir a identidade brasileira "tradicional" entendida como um dos "polos de tensão social e política do presente, como o arcaico que tende a ser superado pela sociedade brasileira em 'revolução'" (SALLUM JR., 1999: 238). Noutras palavras, Sérgio Buarque não buscaria traçar uma "identidade nacional" estável ou essencializada, e sim acentuar a presença de tensões cruciais entre formas de sociabilidades tradicionais e modernas na sociedade brasileira em seu devir histórico, sugerindo a partir disso uma série de impasses e possibilidades para os seus presente e futuro.

Isso remete a outra questão subjacente à problemática da identidade nacional nas interpretações do Brasil: teria o processo de colonização permitido ou não que se esboçasse algo de "original" em termos de sociedade no Brasil? Gilberto Freyre e Oliveira Vianna apresentam respostas positivas à questão, lançando mão de aspectos comuns, como a estabilidade alcançada pela família patriarcal na formação rural da sociedade brasileira. Mas se a convicção de Freyre o leva a afirmar que até mesmo o "português" se tornaria alguém diferente na colônia, um "luso-brasileiro", ele não chega, é verdade, à posição extrema de Vianna, que, para marcar a singularidade da experiência social brasileira, não hesita sequer em indicar o início da colonização portuguesa no Brasil como o "século I" da nossa vida social, e assim por diante.

Em contraste com essas posições, Sérgio Buarque, além de não tencionar estabelecer uma forma "fixa" da identidade nacional, problematiza até mesmo a ideia de uma "singularidade" brasileira. Ao afirmar que "somos ainda hoje uns desterrados em nossa terra" (HOLANDA, 1995: 31), aponta para uma linha de continuidade, viva e atuante a seu ver, entre o legado ibérico e a experiência social brasileira. Nela, o fato mais marcante seria o desenvolvimento particularmente extremo, na península Ibérica, de uma "cultura da personalidade", em que o sentimento de autonomia da pessoa humana e de certa independência em relação aos demais se constitui como valor central. Essa valorização acentuada da "pessoa" encontraria sua atualização em terras americanas na "cordialidade", espécie de síntese de todo um conjunto de influências ibéricas aclimatadas na sociedade brasileira por meio da família patriarcal. Fundamentalmente, a "cordialidade" expressa uma forma particularista de orientação das condutas forjada na esfera privada e que, transposta para a esfera pública, cria uma série de impasses para a sua configuração, independente, no Brasil, e aponta para a própria fraqueza de nossa organização social e política.

Em Caio Prado Jr., por sua vez, o problema da formação da sociedade brasileira, e da sua identidade coletiva, é interpretado como parte do antigo sistema colonial, e é essa forma de pertencimento ao capitalismo mercantil que conferiria unidade, ainda que problemática, à vida social que se veio formando desde a colônia. Com a categoria central de "sentido da colonização", forjada a partir do método marxista que adota pioneiramente, o autor entende que o imperativo de cumprir o papel de fornecedora de produtos tropicais para os mercados europeus fez com que a colônia portuguesa na América se reduzisse quase a uma vasta empresa comercial. "Quase" porque esse condicionamento acabou por transcender o Estado absolutista português, internalizando-se e identificando-se na passagem da colônia ao Estado nacional, processo tratado em *Formação do Brasil contemporâneo*. Uma sociedade problemática, por certo, porque dependente de centros externos de decisão. Assim, como Vianna e Freyre, Caio Prado entende que o processo de colonização acabou por permitir que se esboçasse no Brasil uma nacionalidade diferente do seu modelo europeu e relativamente nova em termos sociais. Sem que isso significasse, contudo, autonomia e dinâmica própria para a sociedade em formação e mesmo após a sua independência política. E, substantivamente, é esse sentido que diferencia a sua interpretação do Brasil das dos seus contemporâneos (RICUPERO, 2000).

Essas ponderações apontam, então, para a necessidade de reconhecer que mesmo o movimento metodológico comum que realizam de voltar ao passado colonial para buscar conferir inteligibilidade aos dilemas do presente não parece suficiente para inferir uma unidade dos ensaios de interpretação do Brasil. Afinal, realizando-se aquele movimento – já definido, aliás, no ensaio de estreia de Oliveira Vianna, em cuja abertura afirma seu propósito de "investigar na poeira do nosso passado os germes das nossas ideias atuais" (VIANNA, 1973: 13) –, eles nos ensinam a pensar a dimensão de processo inscrita no presente vivido, como Antonio Candido se referiu especificamente ao legado de *Casa-grande & senzala*, *Raízes do Brasil* e *Formação do Brasil contemporâneo* para a sua própria geração (CANDIDO, 2006: 235); são muito diferentes, porém, e mesmo conflitantes, as formas como os ensaios o realizam. Em cada um deles não apenas a noção de processo é distinta, como a própria "versão do passado é diferente porque, entre várias outras razões, é diversa a visão sobre o lugar da tradição na explicação do país" (BASTOS, 2005: 20).

Mas é preciso observar ainda que, além de *sentidos* distintos de um ensaio para o outro, o debate sobre a "identidade nacional" compreende também momentos muito diferentes entre as décadas de 1920 e 1940. Assim, por exemplo, na década de 1920, em contraste com o que viria a predominar na década seguinte, a preocupação com a questão da identidade coletiva partia da constatação da diversidade e das especificidades de cada uma das regiões brasileiras e da impossibilidade de pensar a sociedade em termos homogêneos. Como aparece em *Populações meridionais do Brasil* em contraste, por exemplo, com *Casa-grande & senzala*. Ainda que também *Retrato do Brasil* procure estabelecer uma descontinuidade crucial entre a formação particular de São Paulo, dada, sobretudo, a pequena miscigenação da sua população com os africanos, e sua vantagem em relação ao restante do Brasil – este sim uma sociedade estragada pela colonização, pela escravidão, pelo predomínio do elemento negro na sua população e por seus pecados capitais correspondentes: a luxúria, a cobiça, a tristeza e o romantismo. Tendo em vista o "Post-scriptum" do ensaio, seu desenvolvimento e também *Paulística*, de 1925, já proposto como "história regional", o argumento de Paulo Prado parece apontar para a seguinte opção: ou São Paulo assume a direção política do Brasil ou se separa dele – não sendo fortuito lembrar, nesse sentido, dos acontecimentos contemporâneos das Revoluções de 1930 e de 1932, que pareceram conferir verossimilhança às suas ideias (BERRIEL, 2000).

Não é por outro motivo que o ensaio de estreia de Oliveira Vianna já traz em seu título, como um dado, a heterogeneidade brasileira, vista, porém, em termos ainda mais diversificados e complexos do que em *Retrato do Brasil*. *Populações meridionais do Brasil* era parte de um projeto maior, e apenas parcialmente realizado, voltado justamente para o esclarecimento das diferenças entre as "instituições" e a "cultura política" das populações rurais do país. O primeiro volume, o de 1920, é dedicado às populações rurais do centro-sul – paulistas, fluminenses e mineiros –, que para o autor teriam sido as mais influentes na evolução política nacional. A ele se seguiu o volume publicado apenas em 1952, um ano após a morte do autor, dedicado ao extremo-sul do Brasil. O terceiro volume, que não chegou a ser escrito, teria como objeto as populações setentrionais do Brasil, o sertanejo e sua expansão pela hileia amazônica. Assim, Oliveira Vianna identifica ao menos três histórias distintas na formação brasileira, fazendo corresponder a cada uma delas diferentes tipos de organização social e política e de cultura política: a do norte, do centro-sul e do extremo sul, que geram, respectivamente, três tipos sociais específicos, o sertanejo, o matuto e o gaúcho. Três grupos que demonstram, segundo o autor, "diversidades consideráveis" na "estrutura íntima" dos brasileiros, por assim dizer (VIANNA, 1973: 15).

Em contrapartida, atento à "vida íntima" forjada entre a casa-grande e a senzala, Gilberto Freyre, por sua vez, divisa na família patriarcal o elemento responsável pela unidade nacional e pela permanência de formas de sociabilidade que garantiriam a coesão da sociedade desde a colônia. Embora abordando esse processo a partir da região Nordeste, Pernambuco em especial, Freyre reivindica a validade da sua explicação para todo o Brasil – tema do qual se ocupa intensamente nos diversos prefácios escritos a partir da segunda edição de *Casa-grande & senzala*, procurando responder aos seus críticos. Destacando o cotidiano vivido no complexo agrário-industrial do açúcar, recuperado pelos registros dos seus usos e costumes, Freyre desenvolve sua compreensão da formação social brasileira reconhecendo a influência simultânea de três elementos: o patriarcalismo, a articulação das etnias e culturas, tendo por base o trópico (BASTOS, 2006). Sua visão da família patriarcal como unidade da sociedade brasileira o leva, inclusive, a abordá-la ao longo da história no que denominou de "Introdução à história da sociedade patriarcal no Brasil": assim, *Casa-grande & senzala* é dedicado à colônia, *Sobrados e mucambos* (1936), ao Império, e *Ordem e progresso* (1959), à Primeira República.

Mais importante ainda, a diferenciação da sociedade em diversas regiões, como no caso de Vianna, ou a afirmação da sua unidade em meio à diversidade, como no caso de Freyre, inscreve-se no próprio plano metodológico forjado nos seus ensaios. Aqui temos outro aspecto crucial que também tem sido mobilizado, em geral, se não para demarcar uma característica cognitiva comum aos ensaios de interpretação do Brasil, ao menos para definir o que seria a especificidade dos ensaios escritos na década de 1930 em relação aos da década anterior. Especificidade muitas vezes buscada justamente na contraposição de Gilberto Freyre a Oliveira Vianna. Refiro-me à emergência do "social" como categoria explicativa autônoma da formação da sociedade brasileira.

No caso de Oliveira Vianna, inspirado ao que tudo indica (CARVALHO, 2004: 160) pela leitura de *Les français d'aujourd'hui* (1898) de Edmond

Demolins, a ausência de uma unidade fundamental à sociedade brasileira está diretamente relacionada, em termos cognitivos, com sua recusa de uma explicação unilateral da vida social. Assim, são os diversos fatores de ordem racial, climática, geográfica e também social por ele mobilizados que concorreriam para sua visão do Brasil como uma sociedade profundamente diferenciada entre regiões e tipos sociopolíticos. Em *Evolução do povo brasileiro*, de 1923, por exemplo, explicita sua convicção e afirma:

> [...] qualquer grupo humano é sempre consequência da colaboração de todos eles [aqueles diferentes fatores]; nenhum há que não seja a resultante da ação de infinitos fatores, vindos, a um tempo, da Terra, do Homem, da Sociedade e da História. Todas as teorias, que faziam depender a evolução das sociedades da ação de uma causa única, são hoje teorias abandonadas e peremptas: *não há atualmente monocausalistas em ciências sociais*" (VIANNA, 1956: 30 – grifos do autor).

No caso de Gilberto Freyre, também se reconhece, em geral, que sua interpretação do Brasil não mobiliza exclusivamente a categoria "social", já que não abandona o conceito de raça, tomado em sua versão neolamarkiana, que utiliza conjuntamente com o de cultura, além de outras categorias ligadas ao meio ambiente, como clima (COSTA LIMA, 1989). Todavia, embora também não deixe de mobilizar a interação entre raças, meio físico e cultura, isso é feito por Gilberto Freyre de modo a demonstrar a superioridade da influência da estrutura social sobre a racial e o meio físico. Daí que sua noção de trópico se contraponha ao determinismo geográfico e climático, já que ela implica também a afirmação da influência modificadora da cultura sobre a natureza. Visão desenvolvida a partir da tese culturalista de Franz Boas, que adota e que lhe permite, inclusive, sugerir, dada a anterioridade dos elementos de caráter social sobre os raciais e climáticos ao se adaptar ao trópico, como o português logra estabelecer uma sociedade estável no Brasil (BASTOS, 2006).

Embora seja incontestável, a meu ver, que o lugar analítico e, sobretudo, o sentido de cada uma dessas diferentes categorias/fatores presentes nas interpretações de Freyre e Oliveira Vianna sejam diferentes, não creio que o "social" tenha um lugar estável na obra do segundo autor, nem quando consideramos os diferentes ensaios que a compõem, nem quando perscrutamos a economia interna de seus argumentos em um mesmo ensaio. Assim, é certo que o fator racial predomina, por exemplo, em *Raça e assimilação*, de 1932, ou na segunda parte de *Evolução do povo brasileiro*, publicado sob o título "O povo brasileiro e sua evolução", como introdução ao censo demográfico brasileiro de 1920, em 1922. Mas não ocupa o mesmo lugar e sentido na economia interna dos argumentos de *Instituições políticas brasileiras* ou mesmo de *Populações meridionais do Brasil*. Neste último, o emprego da categoria "solidariedade social" pretendia revelar uma lógica própria – embora não exclusiva – da vida social que seria explicativa dos mais tenazes impasses da sociedade brasileira (BRASIL JR., 2007). Pretensão já anunciada nas "Palavras de prefácio" que abrem o ensaio, quando afirma – algo constrangido, já que a ideia de autonomia ontológica e explicativa do social não fazia parte do repertório cognitivo mais convencional da época – que iria se deter, "com certo rigor de minúcias, na pesquisa dos fatores sociais e políticos da nossa formação coletiva", mas que passaria "um tanto de leve sobre os fatores mesológicos e antropológicos, inclusive os concernentes às três raças formadoras" (VIANNA, 1973: 17).

A emergência do "social" como categoria explicativa nos ensaios de interpretação do Brasil foi certamente favorecida pelos avanços contemporâneos das ciências sociais na Europa e nos Estados Unidos, recepcionados, como de costume, pela intelectualidade brasileira. Ainda que não se possam minimizar as formulações decisivas a esse respeito na própria tradição intelectual brasileira, como a de Joaquim Nabuco em *O abolicionismo* (1883) ou a de Euclides da Cunha em *Os sertões* (1902), ou ainda a de Manoel Bomfim em *A América Latina: males de origem* (1905). Sendo notável, nesse último caso, que, embora marcado por certos usos retóricos da linguagem naturalista então corrente, que não deixavam de imprimir à narrativa um ímpeto de luta contra certas idealizações tradicionais da sociedade, delineia esforços significativos de ruptura com os paradigmas sociodeterministas que informavam tal linguagem.

Além dessa dimensão cognitiva, que venho explorando, o debate sobre "identidade nacional" que perpassa com sentidos distintos os ensaios de interpretação do Brasil expressa também, já que as ideias nunca são imanentes a si próprias, diferenças relativas ao próprio contexto histórico de relacionamento político entre região e nação no período. Diferenças decorrentes de processos mais amplos, como a transição do rural ao urbano, a crise do pacto oligárquico da Primeira República e a Revolução de 1930, cuja decorrente centralização político-administrativa altera o lugar não apenas das regiões no contexto do poder nacional como dos grupos que exerciam o poder local. Todavia, é preciso cautela para não substancializar a noção de "contexto" como se também ela pudesse conferir unidade aos ensaios de interpretação do Brasil. Em primeiro lugar, porque não há consenso suficiente nas ciências sociais que possa sustentar a validade de "um" contexto em detrimento de "outro", já que são efetivamente muito variados os aspectos da vida social contemporânea da escritura, da publicação ou mesmo da recepção de uma obra que podem ser mobilizados. E, em segundo, porque as próprias generalizações feitas sobre o contexto são sempre seletivas. Assim, qualquer enquadramento contextual como um fim em si mesmo, malgrado as contribuições que possa trazer para a compreensão de movimentos mais amplos da sociedade, tende quase sempre a um tipo de abstração analítica das obras/autores que, no limite, pode acabar por homogeneizá-los, aparando suas arestas e tornando-as secundárias quando as diferenças que guardam entre si podem sim ser as mais significativas para a compreensão delas/deles e do próprio "contexto" em questão.

Lembro, a propósito, de Oliveira Vianna e de uma das suas proposições centrais, a qual, aliás, expressa de modo emblemático como uma interpretação fortemente interessada da realidade social pode produzir conhecimento sociológico relevante. Como se sabe, era lugar-comum na Primeira República (1889-1930) atribuir às instituições políticas liberais uma legalidade sem correspondência na sociedade, o que parecia poder ser confirmado por evidências cotidianas de que os direitos, como princípios normativos universais, não se efetivavam naquele contexto corrompido por toda sorte de práticas oligárquicas. Diferentemente de seus contemporâneos, Oliveira Vianna soube traduzir essa crítica comum em termos teórico-metodológicos relativamente consistentes, formalizando-a na tese de que os fundamentos e a dinâmica das instituições políticas se encontrariam nas relações sociais. Dessa perspectiva, as instituições não seriam virtuosas em si mesmas, como bem expressa sua discussão sobre a justiça (VIANNA, 1973: 139-141), não seriam locais de ação autônoma em relação aos valores e às práticas vigentes na sociedade como um todo e nem poderiam ser tomadas como variáveis independentes de outras forças sociais.

Essa perspectiva inovadora de Oliveira Vianna o destaca na tradição intelectual brasileira considerada não apenas em termos sincrônicos, mas também diacrônicos. É o que ocorre em relação à produção do Império (1822-1889), à qual, por outro lado, Vianna também está ligado. Se no Império problemas relativos à construção do Estado no plano político-administrativo vinham forçando alguns *statemakers* a formalizar suas posições também no plano intelectual, do que permanece emblemático o embate entre Tavares Bastos e o visconde do Uruguai sobre centralização e descentralização das instituições políticas (FERREIRA, 1999), Oliveira Vianna não se limitou a recolocar a problemática de uma perspectiva estritamente institucional, redirecionando o interesse analítico, como sugerido acima, para as relações e as tensões entre instituições políticas herdadas do colonizador português e/ ou adotadas da Europa em geral e a vida social que se veio formando desde a colonização no Brasil.

Ainda numa chave diacrônica, mas voltada mais para o presente, como pude discutir no capítulo 1, esta proposição teórico-metodológica de Vianna foi crucial na definição de uma agenda de pesquisas da sociologia política brasileira institucionalizada. Agenda que, compreendendo continuidades e descontinuidades, inclui *Coronelismo, enxada e voto* (1949), de Victor Nunes Leal, diferentes pesquisas de Maria Isaura Pereira de Queiroz sobre política, messianismo e cultura rural, e ainda *Homens livres na ordem escravocrata* (1964), de Maria Sylvia de Carvalho Franco, entre outros. Muito resumidamente pode-se dizer que essas pesquisas levaram às últimas consequências a tese dos fundamentos sociais das instituições políticas de Vianna tomando para si justamente a tarefa de investigar, com os recursos próprios da sociologia como especialidade acadêmica, os processos de aquisição, distribuição, organização e exercício de poder político e suas complexas relações com a estrutura social brasileira. Por isso eles voltaram ao passado da sociedade para tratar de fenômenos já assinalados por Vianna, como "mandonismo", "coronelismo", "relações de favor", "parentela", "voto de cabresto" e "exercício personalizado do poder". Porque as relações de dominação política não se sustentam sem uma base social de legitimação, esses fenômenos foram vistos, tal como por Vianna, integrando um "sistema de reciprocidades" assimétricas que envolveria relações diretas, pessoalizadas e violentas engendradas entre os diferentes grupos sociais. Essas seriam as bases sociais da vida política brasileira, as quais, porque as inovações institucionais não se realizariam num vazio de relações sociais, não poderiam ser menosprezadas, mesmo consumada a passagem da sociedade rural à urbana e a transição democrática.

Mas em que medida a validade teórica de proposições cognitivas dos ensaios de interpretação do Brasil dos anos de 1920 a 1940 tende a se esgotar inteiramente em suas próprias individualidades históricas? Embora considere que a questão constitua antes um problema de pesquisa, gostaria de me concentrar um pouco, para finalizar essa reflexão, no problema da comunicação entre questões do presente e interpretações do passado implicado não apenas no exemplo dado, mas no que aqui se discutiu sobre os ensaios de interpretação do Brasil.

Auto-observação da sociedade

Não exagero ao afirmar que a área de ensino e pesquisa do pensamento social brasileiro, cujos objetos por excelência são os ensaios de interpretação do Brasil, vem atingindo amplas condições de consolidação nas ciências sociais praticadas no Brasil atualmente. Malgrado seu expressivo crescimento nas últimas décadas, ou talvez por isso mesmo, no entanto, persistem algumas visões simplificadoras, e mesmo ingênuas, como as que supõem ser suficiente identificar a pesquisa do ensaio a um conhecimento antiquário sem maior significação para a sociedade e para as ciências sociais contemporâneas. Inclusive não são incomuns visões segundo as quais as ciências sociais, concebidas como orientadas para o mundo empírico e para o acúmulo de conhecimento objetivo sobre ele, já deveriam ter solucionado os problemas eventualmente mais relevantes trazidos pelas interpretações mais antigas. Por outro lado, não faltam pesquisas, realizadas inclusive entre os próprios cientistas sociais contemporâneos, indicando a persistência da importância das interpretações do Brasil no conjunto da produção das ciências sociais brasileiras como um todo (apud BRANDÃO, 2007: 24).

Mas também a percepção crescente de que as interpretações do Brasil operam tanto em termos cognitivos, como normativos, enquanto forças sociais que direta ou indiretamente contribuem para delimitar posições, conferindo-lhes inteligibilidade, em diferentes disputas de poder travadas na sociedade, convida-nos a buscar novas formas de compreensão dessa modalidade de imaginação sociológica. Implica o reconhecimento de que os ensaios, como outras formas de conhecimento social, não são meras descrições externas da sociedade, mas também operam reflexivamente, desde dentro, como um tipo de metalinguagem da própria sociedade brasileira, como uma semântica histórica que participa da configuração de processos sociais mais amplos, como o da construção do Estado-nação (BOTELHO, 2005). Com efeito, resultados recentes de *surveys* sobre cultura política, por exemplo, indicam que categorias centrais daquelas interpretações continuam informando a opinião dos brasileiros e parecem em parte dar coesão ao próprio senso comum (ALMEIDA, 2007, p. ex.).

Longe de constituir um traço idiossincrático da sua prática no Brasil, porém, a controvérsia sobre a importância dos ensaios de interpretação do Brasil, como aquela mais geral sobre a importância dos clássicos, expressa uma característica crucial das ciências sociais que, como toda disciplina de natureza intelectual, traz em si uma história construída (GIDDENS, 1998; ALEXANDER, 1999). Assim, poder-se-ia dizer que, além de explicitar conflitos a respeito da própria identidade disciplinar, também a persistência do interesse pelos ensaios de interpretação do Brasil indica que, nas ciências sociais, o reexame constante de suas realizações passadas, inclusive por meio da exegese de textos, assume papel muito mais do que tangencial na prática corrente da disciplina. Reconhecimento que implica, em grande medida, repensar o legado positivista nas ciências sociais e, no caso brasileiro, o lugar e o sentido por ele atribuído aos ensaios de interpretação do Brasil e sua tendência a uniformizar suas diferenças constitutivas mais significativas.

Embora não tenham perdido suas diferenças, os pressupostos mobilizados no contraste positivista entre as práticas cognitivas e narrativas das ciências sociais acadêmicas – a pesquisa empírica e a monografia –, por um lado, e do ensaio – no limite aparentado à literatura de ficção que desde o romantismo havia assumido a tarefa de decifrar a "realidade" brasileira –, por outro, tornaram-se mais difíceis de sustentar. Entre outros motivos porque, no contexto pós-positivista contemporâneo, parece cada vez mais claro que análises científicas não se baseiam exclusivamente em "evidências empíricas", bem como que a ausência endêmica de "consenso" no interior das ciências sociais quanto a aspectos empíricos e não empíricos torna o "discurso" um elemento nada desprezível na sua prática (ALEXANDER, 1999). O que não significa impossibilidade de produção de conhecimento "objetivo", mas assinala a inexistência de condições para que isso seja atingido nos termos de um consenso ortodoxo, crescendo, em seu lugar, a percepção de que as teorias sociológicas também "são construções que dependem de compromissos políticos e existenciais, de tradições de pensamento e escolhas de prioridades, de objetos e objetivos" (DOMINGUES, 2004: 97).

Enfim, ao assinalar algumas dificuldades envolvidas na busca de unidades para os ensaios de interpretação do Brasil, pretendi ressaltar sua instabilidade constitutiva e, sobretudo, alguns elementos que permitem explicitar o sentido conflituoso e concorrente entre diferentes interpretações do Brasil. Se a experiência intelectual do "ensaísmo de interpretação do Brasil" pode ser considerada maior do que os diferentes ensaios que a compõem, por outro lado o pertencimento a uma mesma época não confere automaticamente unidade a eles, daí ter argumentado que sua análise não deve dissolver a diversidade no genérico, as individualidades no conjunto, o teórico no contexto histórico, o cognitivo no político. Procurei, então, problematizar alguns pressupostos assentados em décadas de relacionamento das ciências sociais e da própria sociedade com seus ensaios de interpretação do Brasil, com a expectativa de contribuir para que cedam lugar a um corpo a corpo com os textos e com suas múltiplas formas de inscrição analítica nos contextos. Isso não significa, obviamente, que não se possam observar regularidades nos ensaios, mas apenas que as generalizações a respeito delas são analíticas e, como tais, não podem prescindir da identificação e da qualificação das suas diferenças e descontinuidades constitutivas.

As interpretações do Brasil existem e são relidas no presente, não como supostas sobrevivências do passado, mas orientando as escolhas de pessoas e imprimindo sentido às suas experiências coletivas. Elas constituem um espaço social de comunicação entre diferentes momentos da sociedade, entre seu *passado* e *futuro*, e é por isso que sua pesquisa pode nos dar uma visão mais integrada e consistente da dimensão de processo que o nosso próprio *presente* ainda oculta. E porque representam um "repertório interpretativo" a que podemos recorrer manifesta ou tacitamente para buscar motivação, perspectiva e argumentos em nossas contendas, bem como na mobilização de identidades coletivas e de culturas políticas, é preciso, então, começar por reconhecer que nem o "ensaísmo", nem as "interpretações do Brasil" neles esboçadas constituem realidades ontológicas estáveis. São antes objetos de disputas cognitivas e políticas e, nesse sentido, recursos abertos e contingentes, ainda que não aleatórios, no presente.

9
PARA UMA SOCIOLOGIA POLÍTICA DOS INTELECTUAIS

(com Elide Rugai Bastos)

O leitor precisa ler de certa forma para ler bem:
o autor não deve se ofender com isso, mas, ao
contrário, conceder a maior liberdade ao leitor
dizendo-lhe: "Veja você mesmo se enxerga melhor
com esta lente aqui, com aquela ou com
aquela outra".
Marcel Proust. Le temps retrouvé, 1927.

O capítulo discute a contribuição da obra de Sergio Miceli para a consolidação nas últimas três décadas de uma área de pesquisa voltada, no âmbito da Sociologia da Cultura, especificamente para a análise dos intelectuais no Brasil. *Intelectuais e classes dirigentes no Brasil (1920-45)*, de 1979, impõe-se de modo central nesse programa. Combatendo à pretensão dos intelectuais de serem portadores de uma *missão civilizatória* capaz de colocá-los acima dos conflitos na sociedade – representação que, segundo Miceli, perpassa todo o espectro ideológico brasileiro, do conservadorismo ao liberalismo, passando pelo socialismo –, o livro contribuiu decisivamente para definir os contornos do tratamento sociológico daquela problemática. Para o que sem dúvida têm concorrido ainda tanto os notáveis desdobramentos analíticos dados a ele pelo autor em pesquisas posteriores quanto a polêmica que tem acompanhado sua recepção, da qual permanece emblemático o célebre e já indissociável prefácio que Antonio Candido (2001) escreveu para o livro.

Abordando as relações dos intelectuais com as classes dirigentes como estratégicas para a explicação das posições por eles assumidas no "mercado de postos" em expansão na sociedade brasileira entre 1920 e 1945 tanto no setor privado quanto no público, em especial nas estruturas de poder do Estado, Miceli expõe a matriz dos interesses subjacente ao *ethos* da desvinculação social historicamente cultivado por essas minorias ativas a respeito de si próprias. Ao lado deste, por assim dizer, golpe desferido à sua própria "comunidade", as considerações minuciosas e sem cerimônias feitas por Miceli sobre certos detalhes inusitados da vida privada de alguns ícones da intelectualidade pátria realimenta a polêmica que o livro tem suscitado[54].

Especificar a contribuição metodológica de *Intelectuais e Classes dirigentes no Brasil (1920-1945)* para uma sociologia dos intelectuais não constitui tarefa simples. Discutir metodologia traz como exigência que se mostre de que modo a operacionalização de uma análise implica sempre certas escolhas não apenas relativamente a materiais de pesquisa, mas também a perspectivas teóricas específicas que informam a construção do objeto. Na Sociologia a dinâmica analítica de construção de um objeto realiza-se de modo cumulativo, isto é, direta ou indiretamente associada às contribuições anteriores, concorrente a outras perspectivas teórico-metodológicas contemporâneas e variável quanto à própria articulação entre teoria e método. Por isso torna-se inevitável mobilizar elementos que não se encerram ordeira e simplesmente no âmbito manifesto de qualquer proposta, embora se deva sempre partir dele. Nossa hipótese, nesse sentido, é a de que, a despeito do privilégio dado à investigação dos elementos internos das estratégias de inserção dos intelectuais, a análise de Miceli deixa em tensão a suposição da autonomia de um "campo intelectual" e suas relações com o processo social mais amplo. Pelos motivos expostos não estamos reivindicando o uso da categoria "campo intelectual" em todos os trabalhos e com o mesmo peso empírico e analítico no conjunto da obra de Miceli, embora a problemática a ela referida seja crucial nas escolhas metodológicas e narrativas do autor. Vale mencionar, ainda, que o autor também emprega a categoria "campo de produção cultural" (MICELI, 2001a: 83, p. ex.).

Procurando especificar a contribuição metodológica de *Intelectuais e classes dirigentes no Brasil (1920-1945)* para uma sociologia dos intelectuais, para o que recorremos também a diferentes textos de Sergio Miceli, come-

---

54. Segundo sugere o próprio Miceli: "fui me convencendo de que talvez a maior resistência ao argumento que elaborara a respeito dos intelectuais brasileiros tinha a ver com seu retrato de corpo inteiro, dissecados nas repercussões sociais e simbólicas de sua sexualidade, revirados em suas mazelas e expedientes, flagrados nos espaços de sociabilidade em que de fato se moviam e de onde extraíam a matéria-prima de suas obras e tomadas de posição" (2001c: 411).

çamos pela discussão da nossa hipótese geral acima apresentada. Passamos, em segundo lugar, à discussão do enquadramento teórico dado por Miceli ao fenômeno social das relações entre intelectuais e classes dirigentes. Consideramos que o autor equaciona analiticamente esse tema mais vasto como uma relação entre "posição social" e "estruturas de poder" num contexto de transição de formas de sociedade tradicional à moderna, no qual se entrelaçam de modo dinâmico formas de sociabilidade e de condutas referidas a ordens sociais distintas. Nessa seção, tendo em vista o caráter cumulativo da produção sociológica, destacamos a relevância do tema e do próprio enquadramento teórico a ele dado por Miceli, lembrando algumas proposições de Gilberto Freyre e de Florestan Fernandes. Em terceiro lugar, discutimos a metodologia de que Miceli lança mão para operacionalizar em termos próprios a análise daquela relação entre "posição social" e "estruturas de poder" num contexto de mudança social que identificamos na tradição sociológica brasileira. A esse respeito, consideramos que a contribuição metodológica de Miceli consiste na reconstrução do perfil da elite intelectual através especificamente da trajetória e biografia exemplares de alguns de seus membros, que o autor identifica aos "métodos prosopográficos" utilizados no estudo do mesmo tema em diferentes formações sociais. Por fim, recuperamos a discussão de Miceli sobre outras perspectivas teórico-metodológicas contemporâneas e concorrentes à sua, lembrando do balanço que fez da produção analítica sobre intelectuais brasileiros (MICELI, 1999). Nele, a constatação do expressivo crescimento da literatura especializada entre 1970 e 1995 leva Miceli a falar, com toda razão, numa "nova frente de estudos e pesquisas" na sociologia brasileira sobre os intelectuais. Perguntando, no entanto, pelo produto do trabalho dos intelectuais, aspecto não contemplado no programa de Miceli, argumentamos a favor de uma nova compreensão das ideias como forças sociais reflexivas na agenda da Sociologia contemporânea.

Macro e microteorização

Para que se possa compreender *Intelectuais e classes dirigentes no Brasil (1920-1945)* é fundamental levar em conta o "contexto intelectual" de sua formulação. Reconhecendo o contexto sociológico como fortemente marcado pelas perspectivas macro de análise de processos sociais de longa duração, como a formação do capitalismo dependente no Brasil, por exemplo, faz sentido considerar que as inegáveis originalidade e riqueza analítica do livro de Sergio Miceli estão em parte associadas justamente à valorização de certos aspectos microssociológicos até então pouco explorados. O livro abriu de fato novas fronteiras de pesquisa voltadas para a análise da dinâmica sociológica das regras e das estratégias cotidianas de inserção e de viabilização das carreiras dos intelectuais dentro dos marcos institucionais dominantes da primeira metade do século XX. Nesse sentido, Miceli procura filiar seu trabalho, como diz na primeira e muito significativa nota de pé de página do livro, "à tradição de uma história social das classes encaradas do ângulo de sua dinâmica interna, vale dizer, dos processos que dão conta tanto dos padrões de identidade e do estilo de vida como das mudanças e clivagens que presidem sua diferenciação em grupos e frações especializados" (ibid., 2001a: 247).

A estratégia metodológica de Miceli pôde se impor de modo crescente como uma alternativa às macrointerpretações histórico-sociológicas da formação da sociedade brasileira. Talvez porque a tese da desvinculação social dos intelectuais, que ele tratava de combater, aparecesse em vários momentos associada às análises que procuravam dar conta justamente da articulação entre cultura e política no âmbito dos processos de modernização e construção do Estado-nação. Ou ainda, das análises que situavam aquela articulação entre cultura e política no quadro da particular configuração histórica da revolução burguesa no Brasil, que tem como um dos principais efeitos o inevitável entrelaçamento dessas duas dimensões da vida social. Para isso concorrera sobremaneira, sem dúvida, a orientação normativa, mas nem sempre explicitada, das categorias analíticas de "campo" e de "habitus" tomadas a Pierre Bourdieu (1974, 1989, 2002, p. ex.), o orientador da pesquisa que originou o livro em questão.

Assim, é possível dizer que *Intelectuais e classes dirigentes no Brasil (1920-1945)* parte da separação analítica das dimensões cultural e política proposta por Bourdieu, daí decorrendo o privilégio dado, por Miceli, à investigação dos elementos, da organização e do funcionamento internos das estratégias de inserção social dos intelectuais como fatores explicativos de uma dinâmica social. Todavia, como enunciamos anteriormente, o método empregado no livro parece-nos realizar-se deixando em tensão, no plano analítico, a suposição da autonomia daqueles fatores internos, de um lado, e suas relações inclusivas com os processos sociais e históricos mais amplos, de outro. Por isso o livro não pode ser satisfatoriamente apreciado, a nosso ver, se o entendermos apenas como uma exemplificação da dinâmica de relações internas ao "campo" e entre os diferentes grupos de agentes que detêm posições e objetivos próprios nele. Embora essa seja uma dimensão metodológica central do livro, não nos parece que Miceli esteja sugerindo com a análise realizada que aquelas relações internas ao "campo" seriam suficientes, no caso brasileiro da primeira metade do século XX, para a definição das suas fronteiras, bem como das zonas de influência resultantes das interações entre seus agentes especializados.

Na conclusão do livro, de fato, fazendo o balanço do relativo sucesso das estratégias de que lançaram mão os diferentes grupos de intelectuais analisados para sua incorporação às estruturas de poder em meio ao processo mais amplo de reconversão das elites em declínio no período, o autor observa que, pelo fato de "haver lidado com um campo de produção cultural que dispunha de um grau restrito de autonomia em relação às demandas da classe dirigente, quase todos os grupos de escritores focalizados, com exceção dos romancistas, derivam sua identidade e o perfil de seus investimentos intelectuais das obrigações que essa filiação política lhes impõe" (MICELI, 2001a: 245). Voltaremos a este ponto, mas queremos observar desde já que também a exceção que Miceli faz em relação aos romancistas, acima transcrita, diz respeito mais às possibilidades efetivas que concorreram para alterar os antigos padrões exclusivistas de dependência dos intelectuais com relação às elites dirigentes e ao Estado, do que propriamente à conquista de autonomia por parte desse segmento intelectual. Essas possibilidades teriam sido favorecidas por certas transformações cruciais então em curso no mercado de trabalho cultural como parte de um processo mais amplo de transição social, ilustrado pela expansão do setor editorial e a concomitante constituição de um mercado do livro por "substituição de importações" beneficiada pelo significativo êxito comercial da literatura de ficção no país.

Nesse contexto, se mesmo as preferências do novo público leitor pelo gênero romance puderam concorrer, como mostra Miceli, para retirar a literatura da tutela exclusiva dos "mecenas" privados ou públicos e colocá-la sob as chamadas "leis do mercado", as possibilidades que alguns escritores encontraram para dedicar-se à literatura de ficção como principal atividade profissional não se generalizaram sequer entre os romancistas do período. O exercício da vocação artística na maioria dos casos não se fez senão como prática subsidiária, já que, como no caso de Orígenes Lessa, Graciliano Ramos, Ciro dos Anjos, Rachel de Queiroz, José Geraldo Vieira entre outros, "parcela substantiva de seus rendimentos provém de atividades profissionais externas ao campo intelectual e artístico" (ibid., 2001a: 187).

Assim, se alguma "autonomia" de um "campo intelectual" pode ser divisada nesse processo, "autonomia" aqui não parece significar senão que a vida intelectual ganhava densidade e complexidade suficientes a ponto dos intelectuais poderem passar a almejar reger sua vida como coletividade social por uma lógica distinta daquela vigente quando da sua dependência direta das oligarquias tradicionais e do Estado na Primeira República. Pois nos anos 1930 a 1940, ainda que em si mesmo já não seja fator suficiente para definir o destino dos intelectuais, permanece sua dependência em relação ao "favor" das classes dirigentes e do Estado. Noutras palavras, isoladamente, os intelectuais não conseguiram assumir um papel decisivo no processo social capaz de influenciá-lo na base dos seus interesses materiais e imateriais específicos. A dinâmica dos interesses dos intelectuais em formação parece assim mais reativa às transformações pelas quais a sociedade passava, do que propriamente constituinte de um "campo" autônomo a partir do qual tornar-se-ia possível garantirem sua independência face não apenas das demandas como dos imperativos de autoridade das elites dirigentes e do Estado.

Se assim não fosse, por que desmascarar a pretensão manifesta dos intelectuais em se constituírem como os "portadores da síntese" dos interesses em conflito na sociedade? Pretensão que se realiza através da difusão e rotinização de valores para além, obviamente, das fronteiras do próprio campo especializado considerado. Por que entender a aproximação dos intelectuais ao Estado Novo em termos de "cooptação", se não estivessem em jogo também, e em medida significativa, as possibilidades históricas oferecidas para interação e interdependência do "campo" e a sociedade como um todo? E, se o *"habitus"* é mesmo explicativo do estabelecimento das disposições subjetivas de orientação das condutas de atores sociais como "intelectuais", por que recorrer às suas origens sociais para equacionar suas relações com a sociedade e com o Estado?

Afinal, dentre os maiores méritos da sociologia dos intelectuais de Sergio Miceli está sem dúvida o de ter demonstrado um aspecto central da Sociologia brasileira, mas nem sempre levado em conta nas explicações sobre a "difícil" distinção entre público e privado no Brasil. Qual seja, o de que essa "dificuldade" não decorre apenas de uma circunscrição preponderante das formas associativas aos círculos familiares, mas implica também o fato de que, quando afinal esses círculos são ultrapassados pela constituição de uma esfera de "vida pública", essa passagem não se faz acompanhar necessariamente por formas de orientação da conduta distintas daquelas próprias à esfera de "vida privada". Não é outro, aliás, o sentido da filiação que Miceli procura fazer do seu trabalho a *Raízes do Brasil* (1936), de Sérgio Buarque de Holanda, *Os donos do poder* (1958), de Raymundo Faoro, e *São Paulo e o Estado Nacional* (1975), de Simon Schwartzman, pelo diagnóstico presente neles sobre "a persistência de mecanismos de cooptação, impregnando os padrões de concorrência estimulados pelos processos de urbanização e industrialização" como "o cerne da história das transformações políticas no Brasil contemporâneo" (MICELI, 2001: 244).

Assim, ao contrário do modelo francês analisado por Bourdieu (2002, p. ex.), Sergio Miceli está tratando de uma situação em que, na melhor das hipóteses, um "campo intelectual" estaria em vias de formação e ainda não inteiramente consolidado do ponto de vista sociológico. O que implica, ainda, deslocamentos e adaptações significativas das categorias analíticas do sociólogo francês quando aplicadas ao caso brasileiro[55]. Nesse sentido seria um contrassenso em termos teóricos circunscrever a contribuição de *Intelectuais e classes dirigentes no Brasil (1920-1945)* como devedora exclusivamente da sociologia de Bourdieu. Se não faltam entre nós aplicações mecânicas da proposta metodológica do sociólogo francês, não se pode perder de vista, contudo, que as análises de Sergio Miceli surpreendem a expectativa da sempre difícil, mas às vezes fecunda, aclimatação das chamadas ideias

---

55. Para uma discussão sobre as condições sociais da circulação internacional das ideias e as possibilidades e limites da "importação e exportação intelectual", cf. o próprio Bourdieu (2002a).

"importadas" ao contexto brasileiro. Vale como exemplo da síntese operada na análise sua discussão sobre a formação de um mercado de bens culturais por "substituição de importações" para dar conta da crescente produção do gênero romance a partir da década de 1930.

Ressaltamos que a hipótese que estamos apresentando para debate não é de modo algum "externa" ou "periférica" a *Intelectuais e classes dirigentes*. Afinal, tratar-se-ia nele de identificar a lógica específica e as particularidades da vida intelectual no Brasil. Por isso, voltando à primeira nota de pé de página do livro, seu trabalho deveria muito mais, como sustenta Miceli, "à leitura de estudos a respeito da vida intelectual em outras formações sociais do que ao projeto de pôr à prova um determinado modelo teórico" (MICELI, 2001a: 247). A afirmação dá uma pista estimulante sobre o método adotado por Miceli, e que a nosso ver é decisiva para entender a originalidade do seu enfoque. Afirmando-se devedor da "leitura de estudos a respeito da vida intelectual em outras formações sociais" – como os de Antonio Gramsci sobre a Itália, de Pierre Bourdieu sobre a França, de Raymond Willians sobre a Inglaterra e de Fritz K. Ringer sobre a Alemanha – para "detectar as peculiaridades da condição intelectual na sociedade brasileira" (ibid.), Miceli indica claramente que incorpora a perspectiva histórico-comparada no plano da concepção e da construção teórica do objeto. Ainda que não o faça no plano do método, uma vez que não procede à análise cotejando ou confrontando explicitamente o caso brasileiro aos de outras formações sociais. Tampouco parece se perguntar sobre as possíveis razões sociológicas explicativas da recorrência de certos traços característicos do protagonismo social dos intelectuais em certas sociedades e não em outras, a começar pelo próprio cultivo da ideia de missão que, ao fim e ao cabo, busca combater.

A força catalisadora de *Intelectuais e classes dirigentes no Brasil (1920-1945)* deve ser buscada no contexto intelectual em que se anunciava o movimento de negação das sínteses e de descrença nas generalizações nas Ciências Sociais. O que se coloca em questão, ainda, é em que medida, em primeiro lugar, a tensão entre as dimensões micro e macrossociológicas de análise identificada no livro é teoricamente elaborada, e qual seu rendimento específico. Em segundo lugar, em que medida a experiência dos intelectuais por ele tratada está condicionada a uma interpretação da própria particularidade ou singularidade da formação da sociedade brasileira, ainda que esta dimensão macro não seja, para Miceli, explicativa das relações entre intelectuais e classes dirigentes.

Intelectuais e mudança social

As relações entre "posição social" e "estruturas de poder" no Brasil exploradas em *Intelectuais e classes dirigentes no Brasil (1920-1945)* foram identificadas anteriormente, em diferentes perspectivas analíticas, na Sociologia brasileira. Como esquecer, nesse sentido, das considerações de Gilberto Freyre em *Sobrados e Mucambos* (1936) sobre a ascensão do bacharel no contexto de urbanização/ocidentalização da sociedade brasileira marcado pelo declínio dos setores agrários tradicionais? Filhos legítimos, ilegítimos ou meramente agregados das famílias patriarcais, ou ainda provenientes da nova burguesia das cidades, os bacharéis seriam os ícones por excelência de uma nova aristocracia urbana em expansão desde o começo do Império:

> Nos jornais, notícias e avisos sobre "Bacharéis formados", "Doutores" e até "Senhores estudantes" principiaram desde os primeiros anos do século XIX a anunciar o novo poder aristocrático que se levantava, envolvido em suas sobrecasacas ou nas suas becas de seda preta, que nos bacharéis-ministros ou nos bacharéis-desembargadores, tornavam-se becas "ricamente bordadas" e importadas do oriente. Vestes quase de mandarins. Trajos quase de casta. E esses trajos capazes de aristocratizarem homens de cor, mulatos, "morenos" (FREYRE, 1951: 966).

Trata-se de um processo de mobilidade social que se realiza mediante a dependência dos bacharéis e de suas conexões com as famílias senhoriais, cuja decadência não significava, porém, exatamente o desaparecimento do seu poder, como bem ilustra, por sua vez, a capacidade demonstrada por esses setores sociais tradicionais de instalar seus dependentes, os bacharéis, nas modernas estruturas de poder do Estado que os havia antagonizado[56]. Por isso a ascensão dos bacharéis sintetiza, para Freyre, como, em meio aos dilemas trazidos pela urbanização, a estrutura do mundo agrário permanece na nova organização modificando o caráter da cidade, ainda que esse

---

56. Retomamos de Bastos (2006) as formulações sobre Gilberto Freyre.

desenvolvimento aprofunde a decadência do patriarcado. Na Introdução à segunda edição de *Sobrados e Mucambos*, referindo-se a texto a ser posteriormente escrito, diz:

> Não é sem razão que a gente antiga do Recife chamava ao beco que ia do centro da cidade ao Cemitério de Santo Amaro de "Quebra Roço". "Roço" é brasileirismo que quer dizer [...] "presunção, vaidade, orgulho". E é como o tempo – e através do tempo, a dissolução das instituições, e não apenas a dos indivíduos – age sobre as casas e os túmulos [...]: quebrando-lhes o roço. O roço do que o patriarcado no Brasil teve de mais ostensivo, isto é, a sua arquitetura característica [...] com que as famílias patriarcais ou tutelares pretenderam firmar seu domínio não só no espaço como no tempo – vem sendo quebrado à vista de toda a gente (FREYRE, 1981: LXII)[57].

Mas a decadência não significou a desaparição desse poder, pois a organização da sociedade em novas bases não prescindiu de sobrevivências patriarcais. Para Freyre essa acomodação significa a continuidade da ordem que caracteriza a sociedade brasileira, "[...] isto é, da ordem já burguesa mas ainda patriarcal, que constituía a segurança da sociedade brasileira" (ibid., 1981: LXX). No entanto, o que paulatinamente vai desaparecendo é a variedade de tipos e formas sociais que marcava a sociedade colonial, resultado do processo de civilização homogeneizador operado pelo Estado imperial preocupado com a manutenção da ordem assentada em bases novas: uma ordem impessoal. Rompe-se, assim, a aliança Estado/patriarcado, precipitando a decadência da experiência patriarcal fundada nas relações pessoais. Interrompe-se, com isso, o equilíbrio de antagonismos que era a marca da sociedade colonial e abre-se espaço para conflitos que se explicitam tanto no espaço privado quanto no público.

Do ponto de vista teórico, a discussão de Freyre sobre a ascensão dos bacharéis é ilustrativa da sugestão de que, no Brasil, a mudança social não ocorreu por rupturas bruscas com relação ao passado, mas através de processos de acomodação. Não resta dúvida de que Freyre analisa os conflitos

---

57. O livro anunciado é *Jazigos e covas rasas*, que se constituiria no 4º volume de *Introdução ao estudo da sociedade patriarcal no Brasil*. O texto não chegou a ser terminado, conhecendo-se somente fragmentos do mesmo.

e suas soluções via processos sociais. Embora presentes em todas as sociedades, é a forma como uns assumem preponderância sobre os outros que conferiria as características de cada formação social. Aponta, nesse sentido, como equívoco considerar "competição" e "conflito" como dois processos diferenciados, quando o analista também separa a ordem social, à qual pertence o primeiro, da ordem política, com a qual se identifica o segundo. Indica a raiz do equívoco no fato de os sociólogos considerarem cooperação, competição, assimilação, acomodação, imitação, diferenciação, dominação, exploração, subordinação como mecanismos especiais separados do processo básico – o contato – e do geral – a interação. Assim, para ele, o centro da reflexão sociológica deverá ser o estudo do contato e da interação, e isto só se torna possível a partir da análise das relações face a face.

O grupo tratado em *Intelectuais e Classes dirigentes no Brasil (1920-1945)* está mais próximo dos intelectuais abordados em "Desenvolvimento Histórico-Social da Sociologia no Brasil" de Florestan Fernandes, redigido em 1956 e publicado na íntegra em 1957 no volume VII, números 75 e 76, de *Anhembi*. Nele o autor destaca o modo pragmático como os intelectuais da Primeira República estabeleceram sua relação com a política e como esse pragmatismo constituía uma forma de reação à crise social por que passava a sociedade. Formados em meio à desagregação da ordem social monárquica e escravocrata e à emergência, do seio desta, de um novo regime de trabalho e de organização política e social, com a República, não foi possível àquela geração de "pioneiros" da Sociologia uma adesão política unívoca e progressista face aos desafios do tempo. Ela não teve, em suma, como fugir a uma coexistência ambígua entre formas pretéritas e certas antecipações ainda não inteiramente objetivadas do futuro que caracterizariam as épocas de transição, e de cuja equação, aliás, parece sempre depender a visão do momento presente. Confrontados pela percepção de que a Abolição não havia promovido a integração dos escravos e dependentes à sociedade de classes e de que a República fora em muitos aspectos apenas uma reforma de Estado, os dilemas e impasses dos intelectuais do período parecem constituir um tipo de dialética sem síntese entre *ruptura* e *continuidade* que, aparentemente, enreda a todos eles, independente, num certo nível, de suas próprias orientações ideológicas ou veleidades sociais.

No âmbito da Primeira República, afinal, como havia mostrado Florestan Fernandes em *A integração do negro na sociedade de classes* (1965), as inovações institucionais e a liberalização jurídica-política acabaram por ficar circunscritas apenas à adaptação da grande empresa agrária ao regime de trabalho livre e às relações de troca no mercado que ela, ao menos em tese, pressupunha. No mais, como sugere, "continuaram a imperar os modelos de comportamento, os ideais de vida e os hábitos de dominação patrimonialista, vigentes anteriormente na sociedade estamental e de castas. Para que a ordem social competitiva pudesse expurgar-se desses influxos constritivos e perturbadores, consolidando-se numa direção especificamente 'burguesa', 'liberal-democrática' e 'urbana', impunha-se que surgisse nas cidades um sistema de produção que as equiparasse ao campo ou as tornasse independentes dele" (FERNANDES, 1965: 25). E como tal condição ter-se-ia delineado lentamente "e só demonstra certo vigor, malgrado as debilidades e as incertezas da industrialização, meio século depois da Abolição e da Proclamação da República", nada poderia impedir que "a ordem social competitiva se ajustasse às estruturas persistentes daquele regime" (ibid., 1965: 26).

É nesse contexto em que as condições sociais de constituição de maior autonomia para os intelectuais face às elites dirigentes pareciam extremamente prejudicadas, portanto, que a relação pragmática estabelecida por esses atores sociais com a política nas primeiras décadas republicanas adquire sentido. Para os círculos intelectuais do período, observa Florestan, o pragmatismo representava uma das "consequências intelectuais da desagregação do regime escravocrata e senhorial", no âmbito da qual, "surgiu a disposição de reagir aos efeitos da crise por que passava a sociedade brasileira, mediante a intervenção prática na organização seletiva dos fatores de progresso econômico e social" (ibid., 1980: 35). Por isso, prossegue, "o interesse pela análise histórico-sociológica do presente assumiu, nesses círculos, um caráter pragmático. Entre todos, predominava a ideia de que o conhecimento objetivo da situação brasileira constituía uma condição para a formulação de uma política realista mas patriótica" (ibid.).

Todavia, esclarece Florestan em passagem decisiva para nossos propósitos: "No fundo, esta orientação resultava do receio e do ressentimento que as perspectivas de prejuízos na posição dominante dentro da estrutura de poder instavam no ânimo dos descendentes das antigas famílias senhoriais" (ibid.). A evidência do enraizamento social dessa orientação Florestan encontra no "valor atribuído à organização política como meio para restringir seletivamente os influxos do desenvolvimento econômico, social e político-administrativo do país e como instrumento para manter a liderança na mão das elites constituídas" (ibid.). Nesse quadro, as obras de Alberto Torres "conseguiram estabelecer tipicamente a ligação entre a análise histórica e as intenções pragmáticas", desempenhando mesmo "o papel pioneiro na formulação pragmática do pensamento sociológico do Brasil" (ibid.).

Do confronto dessas proposições sobre relações entre "posição social" e "estruturas de poder" para o entendimento do tema dos intelectuais no Brasil pode-se inferir, em primeiro lugar, que, embora com sentidos distintos, tanto Gilberto Freyre quanto Florestan Fernandes apontam para a hipótese de que uma estrutura social fortemente hierarquizada não favorece, senão precariamente, a inclusão social dos intelectuais, como de resto dos grupos sociais em geral, dissociada das relações de parentesco, de afinidade, de amizade típicas das formas tradicionais de paternalismo e proteção de um grande proprietário. Em segundo lugar, resguardadas novamente suas diferenças de sentido, essas considerações sobre os limites da mobilidade social numa ordem rigidamente estratificada inscrevem-se, do ponto de vista sociológico, na discussão mais ampla sobre mudança social no Brasil. Isto é, são indicativas da sugestão de que as relações entre "posição social" dos intelectuais e "estruturas de poder" devem ser analisadas tendo em vista o contexto de transição de formas de sociedade tradicional para a moderna em que se inserem.

O desafio de explicar a manutenção de certas formas tradicionais nas relações sociais, como as da sociedade oligárquica, num quadro mais amplo de modernização acabou por constituir um dilema que de um modo ou de outro os sociólogos brasileiros tiveram que enfrentar. Mas não se trata de pensar a mudança social num sentido linear, já que, no movimento da sociedade, "tradicional" e "moderno" vão invadindo as premissas uns dos outros como modalidades de relações sociais, e redefinindo-se mutuamente e aos contornos da própria sociedade. Abrem-se, então, novas possibilidades para a atuação dos intelectuais e para a influência que eles próprios procuram com maior ou menor sucesso exercer na modelagem da passagem de uma época social para outra. Isso ocorre sem que, no entanto, nesse processo de mudança social, eles percam completamente os vínculos, valores e vícios da ordem patriarcal ou estamental. Embora o tema dos intelectuais seja tratado tangencialmente, as proposições de Gilberto Freyre e Florestan Fernandes a seu respeito circunscrevem, em grande medida, o campo problemático em que se move, na tradição sociológica brasileira, mas em termos próprios, *Intelectuais e classes dirigentes no Brasil (1920-1945)*.

As relações entre os intelectuais e as classes dirigentes no Brasil na primeira metade do século XX são formuladas analiticamente por Sergio Miceli também nos termos de uma relação entre "posição social" e "estruturas de poder". Além disso, também inscreve essas relações no contexto de transição de formas de sociedade tradicional para a moderna, do qual advém a dinâmica dos interesses dos intelectuais, condicionada, por sua vez, ao caráter particular dos processos de mudança social no Brasil. Assim, pode-se entender tanto a escolha dos três setores em expansão no mercado de trabalho por cujos postos os intelectuais teriam concorrido quanto as alterações relativas ao recrutamento dos intelectuais e à própria dinâmica da vida cultural.

No primeiro caso, Miceli destaca e analisa (1) a consolidação e ampliação de um mercado de postos públicos associadas, de um lado, às posições já tradicionalmente ocupadas pelos intelectuais nas estruturas de poder no âmbito do Estado, de outro, aos processos de racionalização e de burocratização pelos quais essas estruturas de poder passavam, e ainda, ao sentido estratégico que o trabalho cultural assumiu na legitimação da centralização da autoridade pública operada pelo Estado Novo; 2) o surgimento de um mercado do livro resultante da constituição de um novo público leitor composto de burocratas do Estado, profissionais liberais, profissionais da educação, empregados do setor privado e demais categorias próprias ao mundo urbano e industrial então em expansão; e 3) a criação de postos nas frentes de mobilização política e ideológica, seja (i) no âmbito das disputas internas entre as organizações partidárias de São Paulo, como o Partido Republicano Paulista (PRP), ao qual Oswald de Andrade esteve ligado, e o Partido Democrático (PD), do qual Mário de Andrade teria sido o "líder intelectual"; seja (ii) nas instituições culturais dependentes das elites locais que lograram – baseadas, num primeiro momento, no trabalho dos intelectuais e artistas modernistas, e, num segundo momento, na Universidade de São Paulo – estabelecê-las como um eixo hegemônico para a vida cultural de todo o país; seja ainda (iii) no âmbito do movimento integralista ou das entidades ligadas à Igreja Católica que, a exemplo do Centro Dom Vital, encarnando o projeto de uma "reação espiritualista" particularmente voltado para a intelectualidade, procurou não apenas responder aos desafios postos à Igreja num contexto de conflitos sociais próprios da sociedade moderna emergente nos anos de 1920, como ainda influenciar as políticas do Estado para a área da educação e cultura, como mostra a atuação paradigmática de Alceu Amoroso Lima.

No segundo caso, Sergio Miceli qualifica detidamente as alterações relativas ao recrutamento dos intelectuais: se até a Primeira República os intelectuais dependiam fundamentalmente das redes de relações familiares e pessoais que podiam mobilizar como suportes político-sociais graças às suas origens sociais, na década de 1930 inicia-se a exigência de que possuam também outros distintivos, como os diplomas escolares e universitários, para se alçarem àquelas posições criadas no mercado de postos. Distintivos que acentuam não apenas a concorrência no "campo intelectual" em formação, como também a diferenciação e a hierarquização das posições internas em relação às próprias origens sociais dos recrutados. Em suma, com a decadência das antigas elites tradicionais, de um lado, e a entrada em cena de novos atores sociais em condições de fazerem representar os seus interesses, de outro, alterara-se a coalizão de forças políticas em disputa no contexto de expansão tanto da dinâmica capitalista quanto da dinâmica institucional do Estado-nação.

Nesse sentido, o argumento desenvolvido por Sergio Miceli é ambíguo. De um lado, sugere que as mudanças sociais em curso no mercado de postos entre 1920 e 1945 alteram efetivamente a dinâmica da vida cultural, como ilustram a diversificação e a diferenciação dos atores sociais envolvidos, das atividades a serem desempenhadas, das oportunidades profissionais criadas, da competição instaurada, dos interesses em jogo e dos capitais sociais a serem mobilizados. De outro lado, essas mesmas mudanças não parecem suficientemente fortes, contudo, para romper com as bases sociais tradicionais em que a vida cultural vinha se formando e continuava em medida significativa assentada naquele contexto de crise e transição social.

Voltando à tradição sociológica brasileira, da qual, como se está sugerindo, parte substantiva provém da discussão de *Intelectuais e classes dirigentes no Brasil (1920-1945)*, deve-se observar, todavia, que, se como Florestan Fernandes, também Miceli equaciona, nos termos do primeiro, a orientação dos intelectuais da Primeira República descendentes das antigas famílias senhoriais ao "receio" e "ressentimento" desse segmento social com relação às "perspectivas de prejuízos" nas posições dominantes dentro das estruturas de poder, ao contrário do sociólogo paulista, o autor não tem em vista a obra desses intelectuais como foco analítico. Para Florestan, como vimos, aquela equação manifesta-se justamente na ênfase que os intelectuais deram ao tema da organização nacional em suas interpretações do Brasil, do que a obra de Alberto Torres permanece como paradigma. Embora não se refira a Florestan Fernandes, ao demarcar sua posição metodológica em torno da biografia dos intelectuais, e não das suas produções, como fator explicativo das suas relações com as elites dirigentes, Miceli afasta a possibilidade da perspectiva por ele proposta, argumentando que "a única maneira de diferenciar os membros dessa elite intelectual e burocrática é privilegiando o perfil de seus investimentos na atividade intelectual em detrimento do conteúdo de suas obras, tal como aparece reificado na história das ideias" (ibid., 2001a: 210).

Por outro lado, a ênfase na biografia pode, à primeira vista, sugerir uma maior aproximação de Miceli à perspectiva de Gilberto Freyre, tanto no que diz respeito à valorização do cotidiano vivido como dimensão sociológica quanto à valorização de base documental pouco convencional, como diários íntimos, biografias, correspondências, depoimentos pessoais orais e escritos entre outros. Todavia, do mesmo modo, não se pode negligenciar que, se o sociólogo pernambucano enfatiza recorrentemente no conjunto de sua obra, como a seu tempo e a seu modo também o fará Miceli, a importância dessas fontes para o estudo da sociabilidade e das relações familiares na reconstrução de uma "história íntima" do brasileiro, a biografia, em Freyre, não é explicativa das relações entre intelectuais e elites dirigentes, mas se inscreve no movimento mais amplo de mudança social por acomodação que particularizaria a sociedade brasileira. No que, aliás, Florestan Fernandes se aproxima de Gilberto Freyre, ainda que sem especificar a biografia como fonte ou ainda menos como fator explicativo como o fará décadas depois Miceli.

Por isso, argumenta Sergio Miceli, também "não parece convincente explicar essas obras [refere-se especificamente aos romances das décadas de 1930 a 1940] invocando a tomada de consciência da situação 'nacional' por parte dos escritores cujas obras de estreia eram, sem rebuço, uma transposição literária de sua experiência pessoal" (ibid., 2001a: 161). E, com relação às condições sociais decisivas que favoreceram as "estratégias de reconversão" a que os romancistas recorreram, "e que lhes permitiram se apropriar em chave simbólica do mundo social em que se viram colocados à margem da classe dirigente" (ibid.), assegura que "o elemento decisivo foi a diversidade de experiências de 'degradação' social que o declínio familiar veio propiciar, dando-lhes a oportunidade de vasculhar as diferentes posições de que se constitui o espaço da classe dirigente" (ibid., 2001a: 163). Não por acaso, para "ilustrar as condições que permitiram a alguns escritores se tornarem romancistas profissionais", afirma novamente Miceli, "basta apresentar a biografia de Érico Veríssimo" (ibid.: 190).

Sociologia e *portrait* de classe

O recurso à biografia como estratégia analítica para especificar as relações entre "posição social" e "estruturas de poder" é justificada por Sergio Miceli nos seguintes termos: a reconstrução biográfica dos intelectuais permite, num "retrato de corpo inteiro", flagrá-los nos "espaços de sociabilidade em que de fato se moviam e de onde extraíam a matéria-prima de suas obras e tomadas de posição" (MICELI, 2001a: 411). Para qualificar a especificidade da contribuição metodológica de Miceli para uma sociologia dos intelectuais recorremos, neste ponto, além de a *Intelectuais e classes dirigentes*, pontualmente também ao seu memorial apresentado para o concurso de professor titular do Departamento de Sociologia da Universidade de São Paulo em 1992, intitulado "A construção do trabalho intelectual"; ao artigo "Biografia e cooptação (o estado atual das fontes para a história social e política das elites no Brasil)", de 1980; e ao livro *A elite eclesiástica brasileira*, de

1988. Assim, no plano propriamente metodológico, a recusa às perspectivas macro ganha, como contrapartida, a ênfase na pesquisa empírica, ou o que Miceli chama de "análise circunstanciada do objeto", em detrimento de "uma tradição arraigada de pensamento que prefere a amplitude das generalizações" (ibid., 2001a: 348). Daí a minuciosa reconstrução biográfica com que, baseado em sistemática pesquisa empírica de fontes primárias, o autor oferece ao leitor um retrato particularmente vivo dos intelectuais.

A primeira observação que deve ser feita com relação a este método diz respeito ao estatuto analítico da biografia, já que a reconstrução biográfica dos intelectuais aparece recorrentemente tanto como "fonte" quanto como "método". Embora algumas vezes reserve o termo "trajetória" para referir-se à reconstrução biográfica operada para a análise das biografias como "fontes", em geral Miceli mostra-se pouco preocupado em distinguir biografia como "fonte" de biografia como "método". A ênfase na pesquisa empírica talvez explique parcialmente por que, em várias passagens decisivas dos seus textos, Miceli enfatize mais os materiais de análise do que o método efetivamente mobilizado para os interpretar. Mesmo quando se trata de discutir os chamados "métodos prosopográficos" por ele empregados em suas pesquisas, afirma estar "menos preocupado aqui em discutir a validade 'teórica' ou mesmo os limites heurísticos desse tipo de abordagem; preferiria discutir alguns dos determinantes sociais que regem a produção das fontes biográficas em que se apoiam os estudos de cunho prosopográfico no país" (ibid.). E reforça aquela impressão, argumentando que, no caso brasileiro, seria inevitável reconhecer que a "mera existência desse imenso acervo documental se prende às peculiaridades do processo de formação do poder no interior da classe dirigente, quer dizer, ao fato de que os laços familiares e corporativos desempenham um papel crucial nas estratégias de acumulação social dos diversos grupos dirigentes" (ibid.).

É significativo, também, o fato de Miceli insistir na diferenciação, por outro lado, entre "memória" e "biografia" como gêneros narrativos, e na tentativa de relacioná-los às diferentes posições ocupadas por seus autores no "campo intelectual". Embora já tivessem sido testados em *Poder, sexo e letras na República Velha*, publicado em 1977, é em *Intelectuais e classes dirigentes no Brasil (1920-1945)* que o autor se utiliza de modo mais sistemático dos métodos prosopográficos e das distinções entre memórias e biografias. Em ambos os trabalhos, contudo, permanece a ênfase nesses materiais como "fontes" para a pesquisa empírica. Assim, no primeiro deles, lê-se:

> A seleção dos autores para este estudo foi determinada na prática pela existência de *memórias* publicadas e, em medida menor, pelo recurso à *biografia*. Os riscos em que tal procedimento poderia incorrer ficam bastante minimizados quando se levam em conta as propriedades sociais dos memorialistas e dos autores cujo processo de consagração inclui a reverência biográfica. Na verdade, esses tipos de material fornecem dados e informações a respeito de categorias que ocupam momentaneamente posições diferentes no campo. Enquanto as biografias são dedicadas, via de regra, aos autores que os embates posteriores acabaram convertendo em objetos de uma consagração póstuma, o gênero memórias constitui uma estratégia a que recorrem no mais das vezes intelectuais dominados (ibid., 2001: 17).

Igualmente no segundo trabalho, mantêm-se a diferenciação de gêneros e sua correlação às posições no "campo de produção cultural", bem como a ênfase no material como "fontes" empíricas da pesquisa e certa assimilação da metodologia a elas:

> No intuito de vincular o espaço das oportunidades que então se abriam no âmbito das instituições culturais, no serviço público, no mercado editorial etc. ao círculo das famílias da classe dirigente que, por dispor de um mínimo de capital social, escolar e cultural, estavam em condições de reivindicar tais oportunidades em favor de seus filhos, utilizei, como fontes privilegiadas, as memórias, os diários íntimos, os volumes de correspondência, as biografias etc., dos diferentes tipos de intelectuais. Tais gêneros possibilitam apreender tanto as relações objetivas entre as posições ocupadas pelas diversas categorias de intelectuais no interior do campo de produção cultural, e as determinações sociais, escolares e culturais a que estão expostas, como as representações que os intelectuais mantêm com seu trabalho e, por essa via, com as demandas que lhes fazem seus mecenas e seu público (ibid., 2001a: 82-83).

Na sequência do trecho acima transcrito, advertindo mais uma vez sobre os riscos da "construção de um modelo coletivo com base na análise das variações de trajetórias individuais", Miceli remete tais riscos, a rigor de ordem metodológica, justamente aos "limites impostos pelo material disponível" (ibid., 2001a: 83). O mesmo tratamento retorna nos demais textos selecionados. No artigo "Biografia e cooptação", observando que o interesse de outros pesquisadores pelas possibilidades de uso dessas fontes documentais quase sempre se faz acompanhar pelo ceticismo quanto ao "rendimento explicativo desses materiais", atribuiu essa reserva "à ausência de um cuidado metodológico trivial, que consiste em tentar explicitar as condições de produção das fontes com que lidamos, no intuito de indagar em que medida as características do material coligido remetem a propriedades sociais pertinentes dos grupos sob exame" (ibid., 2001a: 349). E salienta que essa postura cautelosa com relação às fontes não constituiria "apenas uma questão fria de método" (ibid.).

Já no memorial "A construção do trabalho intelectual", Miceli observa que, na tentativa, durante a sua tese de doutoramento, de se "livrar dos esquemas implícitos nas diversas correntes da história e da crítica literárias", como uma "atitude de recusa à adoção das versões eruditas e 'humanistas' disponíveis acerca da vida intelectual brasileira", teria acabado enveredando "por caminhos de prospecção que não havia de início identificado", passando, então, a "acreditar que a exploração de veios inéditos de material traria subsídios instigantes a respeito dos intelectuais" (ibid., 2001c: 406). Segundo observou ainda, tratava-se "de uma expectativa um tanto no atacado, sem que eu tivesse maior precisão quanto a como monitorar as pepitas e os pepinos porventura dispersos no material a ser investigado" (ibid.).

Do ponto de vista de Sergio Miceli, portanto, mais importante do que a distinção entre "método" e "objeto", é a discriminação das condições sociais a partir e através das quais as "fontes" são construídas para expressar um tipo de autonarrativa das elites dirigentes – preocupação, aliás, também manifesta em certo sentido por Bourdieu (2003). Em "Biografia e Cooptação" Miceli deixa a questão clara, ao considerar que as fontes impressas e manuscritas "retêm a marca dos interesses, dos valores e das estratégias dos grupos sociais a que se referem", já que são o produto de uma "atividade de simbolização mediante a qual esses grupos manifestam sua existência material, política e intelectual" (MICELI, 2001b: 349). Afinal, para o autor, antes de serem "processados e transformados pelo pesquisador em provas do argumento explicativo, os materiais aí contidos são parte integral do repertório de imagens com que o grupo veicula e gere sua identidade" (ibid., 2001b: 349-350). Em suma, retomando algumas dessas questões na conclusão de *A elite eclesiástica brasileira* (1988), Miceli se afirma parte daqueles cientistas sociais "que ajuízam o mérito, o acerto ou a relevância dos resultados alcançados em parte como decorrência do domínio que o autor demonstra ao lidar com as fontes e materiais de que se serviu", e afirma que tal procedimento "se revela indispensável àqueles estudiosos para os quais as definições correntes sobre quaisquer objetos são parte do objeto que se pretende desvendar, ou melhor, que não existe a rigor separação ou descontinuidade entre objetos e os materiais que falam dele, que o expressam ou que de alguma maneira lhe dão alguma forma de existência" (ibid., 1988: 154).

A prioridade metodológica dada à biografia como fator explicativo sobre os processos sociais está, assim, relacionada à recusa das perspectivas macro. Recusa que, por sua vez, deve ser entendida também em função da contraposição que Miceli procura fazer à abordagem materialista então dominante. Como esclarece na segunda nota de pé de página de *Intelectuais e classes dirigentes no Brasil (1920-1945)*: "Embora fosse viável aprontar uma definição prévia do objeto segundo os cânones teóricos da análise materialista, estou convencido de que proezas desse gênero acabam descolando os instrumentos de análise dos materiais sobre os quais deverá investir" (ibid., 2001a: 247). Afinal, argumenta, "a própria definição do que seja o fazer intelectual numa determinada conjuntura constitui, por si só, um dos móveis centrais que impulsionam a concorrência entre os diversos tipos de produtores em luta pela monopolização da autoridade de legislar em matéria cultural" (ibid.). Além disso, a possibilidade de "solucionar de antemão esse problema" segundo os cânones da análise materialista implicaria, segundo o autor, "lidar apenas com as representações que os intelectuais dominantes oferecem de si mesmos, logrando o tento de reduzir as relações que mantêm com seus patrocinadores e com seu público aos modelos de perfeição ética, estética e política, de que se valem no trabalho de administrar sua imagem oficial" (ibid., 2001a: 247).

Note-se, no entanto, que a tentativa de contraposição à abordagem materialista adquire sentido justamente na medida em que se reconhece que Sergio Miceli está propondo a sua sociologia dos intelectuais como uma "sociologia classista dos intelectuais", ainda que a categoria de "classe social" não seja tomada em versão materialista e que seja dada prioridade metodológica à biografia sobre o processo social. É do confronto entre os "componentes classistas e situação prevalecente no âmbito dos mercados que regulam a distribuição dos contingentes de classe relegados à atividade intelectual", argumenta Miceli, "que se configura o argumento central da tese" (ibid., 2001a: 242). É nesse sentido, portanto, que a ideia de "autointeresse" dos intelectuais como padrão motivacional do seu comportamento social se inscreve no horizonte classista. Segundo aquilata Miceli sobre os resultados de *Intelectuais e classes dirigentes no Brasil*, a "análise dos intelectuais permitiu revelar a imbricação entre determinações de classe que impelem à carreira intelectual e as demandas político-ideológicas que possibilitam a absorção dos efetivos ameaçados de serem despejados da classe dirigente" (ibid., 2001a: 243). Da mesma maneira, é apenas num horizonte teórico classista que faz sentido equacionar as relações dos intelectuais com o Estado em termos de "cooptação", relação que teria impregnado até "os padrões de concorrência estimulados pelos processos de urbanização e industrialização" (ibid., 2001a: 244).

É justamente tendo em vista esse caráter classista da sociologia dos intelectuais de Sergio Miceli, que Daniel Pécaut considerou ambígua a sua noção de "interesse" como explicativa das estratégias dos intelectuais dos anos de 1920 a 1940 em suas recorrentes relações com o Estado (PÉCAUT, 1990). Afinal Pécaut vê nessas relações não a promoção dos interesses próprios dos intelectuais, mas a expressão da sua "conversão" à ação política (PÉCAUT, 1990: 21), deixando clara inclusive sua identificação com o modo pelo qual esses atores sociais interpretaram suas próprias vicissitudes nos termos da "missão" de que se sentiam investidos. Respondendo à crítica, Miceli afirma que Pécaut procurou minimizar o "componente classista" na determinação do perfil dos intelectuais em favor do "privilegiamento das motivações políticas de sua presença na sociedade" (MICELI, 1999: 114-115). E identifica como postulado central da análise do sociólogo francês o mecanismo de libertação dos intelectuais de quaisquer constrições sociais não conversíveis de pronto em pedágio político. A despeito dos seus laços com as elites, os intelectuais brasileiros se enquadrariam, como que por encanto, nos requisitos da definição de Mannheim de uma "camada social sem vínculos": livres da canga oligárquica do passado, de seu enraizamento clientelístico e dependente na estrutura social e, por esses motivos, aptos a formular e a assumir um 'projeto' de comando do Estado (ibid., 1999: 115-116).

Sem necessariamente corroborar o argumento de Pécaut, vale observar que o sentido da sugestão de Mannheim sobre o papel dos intelectuais ganha inteligibilidade na medida em que levamos em conta o caráter inacabado da revolução burguesa em certas sociedades. E, consequentemente, a fragilidade das classes sociais nestas circunstâncias. Como parece ser o caso do Brasil, como demonstrou Florestan Fernandes (1975).

É na construção de um campo problemático sobre o espaço de posições diferenciadas no interior das classes dirigentes brasileiras, e das próprias experiências cotidianas de classe abertas à análise por meio do rastreamento e exame das biografias, como forma de problematizar a compreensão das próprias relações de classe e poder na sociedade, que as diferentes pesquisas de Sergio Miceli parecem se encontrar e ganhar unidade. Campo problemático sem dúvida devedor das proposições de Bourdieu (1984), e desenvolvido por Miceli a partir e através de pesquisas sistemáticas na forma de estudos de casos empíricos sobre diferentes frações da elite brasileira – os intelectuais, os políticos, o episcopado, os artistas plásticos – que lhe permitem demonstrar de modo integrado a concorrência, as alianças e dissensões entre as forças sociais que se organizam no interior das classes dirigentes. Noutros termos, retomando novamente sugestões feitas em *A elite eclesiástica brasileira*, estudos de caso que lhe permitem evidenciar a "margem de manobra relativamente ampla" de que as diferentes frações de classe investigadas dispõem "para cobrar e fazer valer o quinhão que entendem ser o seu em termos institucionais e materiais e que muitas vezes acaba se revelando um óbice de proporções consideráveis a quaisquer políticas redistributivas que coloquem em risco seu interesse e privilégios" (ibid., 1988: 158).

Em conclusão, a prioridade metodológica dada à biografia no quadro de uma sociologia classista dos intelectuais permitiria identificar e qualificar a heterogeneidade viva e contraditória sob a aparente homogeneidade de categorias macro como "classe social". "Enquanto prevalecer a tendência de enxergar as relações de classe como o confronto entre entidades coletivas movidas por um destino inescapável, cuida-se pouco" – argumenta Miceli – "da heterogeneidade produzida por padrões de diferenciação sutilmente inculcados pelo sistema escolar, pela indústria cultural e pelas demais instituições que se incubem do trabalho cotidiano de veicular as linguagens que expressam as diferenças sociais sob a capa de diferenças biológicas, escolares, culturais etc." (ibid., 2001a: 245). E se insiste nesse ponto, diz Miceli, é "por acreditar que o trabalho de investigação em Ciências Sociais só tem sentido quando se dispõe a estourar os princípios de expropriação material e simbólica que permeiam as relações entre dominantes e dominados e cujos artifícios são fabricados pelas instituições que dependem dos produtos do trabalho de nós mesmos, intelectuais" (ibid.). Mas se as instituições dependem dos produtos do trabalho dos intelectuais, como a citação anterior acaba de afirmar, a não incorporação da dimensão das ideias expressas na vida social à análise sociológica ou a sua redução à biografia constitui, exatamente, o principal limite heurístico da proposta de Sergio Miceli.

E o produto do trabalho intelectual?

Fazendo o balanço dos estudos sobre intelectuais brasileiros dos últimos vinte anos, Sergio Miceli sugere que o confronto entre os trabalhos "que mais contribuíram para moldar o espaço de debates e explicações" permitiria constatar duas tendências metodológicas principais: ora uma ênfase na "morfologia" e "composição interna do campo intelectual, suas instituições e organizações, o peso relativo da categoria dos intelectuais no interior dos grupos dirigentes", ora a ênfase nas "modalidades de sua contribuição para o trabalho cultural e político" (MICELI, 1999: 109). Nesse universo, seria possível distinguir, segundo o autor, três "modelos" orientadores das pesquisas: "o argumento sociológico com tinturas culturalistas, de minha autoria", "o argumento doutrinário-politicista, formulado pelo sociólogo francês e latino-americanista Daniel Pécaut" e "o argumento organizacional e institucionalista, concebido pelo sociólogo brasileiro Simon Schwartzman" (ibid., 1999: 110)[58].

---

58. Miceli comenta ainda outros livros: *Guardiães da razão: modernistas mineiros* (1994), de Helena Bomeny; *História e historiadores: a política cultural do Estado Novo* (1996), de Angela

O balanço privilegia, contudo, as abordagens de história social dos intelectuais que, em geral, não conferem papel relevante ao produto do trabalho simbólico desses atores sociais, as ideias, e, em alguns casos, ao sentido das ideias com relação aos processos sociais e políticos mais amplos. Afinal, como Miceli comenta em relação ao sentido dos seus próprios trabalhos, e do "modelo" criado a partir deles, tratar-se-ia de tentar contrapor-se, de um lado, à abordagem da "sociologia das ideias ou do pensamento, nos termos da tradição inaugurada por Mannheim", e, de outro, à perspectiva que busca "definir as modalidades de contribuição dos intelectuais ao trabalho político numa sociedade a braços com um tumultuado e descompassado processo de transformação" (ibid., 1999: 111). O autor não deixa de apontar motivos para descartar as perspectivas analíticas que contemplam a investigação sociológica das ideias. O principal deles refere-se ao fato de considerar que as obras dos intelectuais e, num sentido mais amplo, as ideias, são resultado de uma trajetória ou itinerário biográfico singular, e não de tradições intelectuais ou de estruturas sociais. Assim, afirma que as obras dos intelectuais selecionados para a análise em *Intelectuais e classes dirigentes*, mesmo aquelas de ficção, seriam "sem rebuço, uma transposição literária de sua experiência pessoal" (ibid., 2001a: 161)[59].

Por isso, para diferenciar os membros da elite intelectual e burocrática seria necessário definir o "perfil de seus investimentos na atividade intelectual" em detrimento do "conteúdo de suas obras, tal como aparece reificado na história das ideias" (ibid., 2001a: 210). Mesmo que alguns tenham sujeitado diretamente seus escritos "às exigências postas pelos encargos da convocação política que os trouxe ao convívio com os núcleos executivos" e outros tenham procurado resguardar ao menos uma parte da sua produção

---

de Castro Gomes; *Projeto e missão: o movimento folclórico brasileiro* (1997), de Luís Rodolfo Vilhena; e *Destinos mistos: os críticos do Grupo Clima em São Paulo* (1998), de Heloísa Pontes.

59. Como sugere, p. ex., com relação aos romances e romancistas da década de 1930: "Pertencendo quase sempre a famílias de proprietários rurais que se arruinaram, os romancistas e seus heróis não têm outra possibilidade senão a de sobreviver à custa de empregos no serviço público, na imprensa e nos demais ofícios que se 'prestam às divagações do espírito'. Dessa posição em falso entre dois mundos, os heróis desses romances extraem a matéria-prima de que se nutrem tanto suas veleidades literárias, quase sempre exteriorizadas seja sob a forma de diários mantidos em segredo, seja sob a modalidade de escritos encomendados por jornais e políticos venais" (ibid., 2001a: 160).

intelectual das "injunções partidárias e das demandas que lhes faziam certas facções com que colaboravam", todos eles, segundo Miceli, "acabaram se tornando modelos de excelência social da classe dirigente da época à medida que suas obras se converteram em paradigmas do pensamento político do país" (ibid.). Nesse sentido, deixa de reconhecer a dimensão de conflito inscrita na formulação das ideias, como se todas defendessem interesses gerais da sociedade.

Pode-se fazer a esse respeito, três ponderações de ordem teórico-metodológica. A primeira, como já observamos, é que parecendo não distinguir "método" e "objeto", Miceli tende a confundir, na tentativa de firmar a especificidade da sua proposição metodológica, o interesse por textos, ideias e seus efeitos sociais e políticos com a aceitação das veleidades dos intelectuais a respeito do seu papel na sociedade. O problema, naturalmente, não é idiossincrático, mas de método. Pois, se os estereótipos da representação social dos intelectuais podem levar a simplificações da complexidade interna das suas obras, não é preciso concordar com a premissa da autonomia do texto para reconhecer que as ideias possuem um fundamento que ultrapassa a experiência ou mesmo o domínio conceitual do indivíduo.

A segunda ponderação é a de que recusar a ideia de autonomia da obra não implica necessariamente aceitar a tese do condicionamento da sociedade sobre as ideias como algo já dado de antemão, não importando aqui se os condicionantes são entendidos em termos econômicos, políticos, institucionais ou biográficos. Por isso também a visão disjuntiva entre as abordagens chamadas *textualistas* e *contextualistas* que se apresentam, em grande medida, como concorrentes no debate contemporâneo (PONTES, 1997), talvez possa ser relativizada. Tomadas de modo disjuntivo, ambas as posturas podem acarretar ordenações que, ao lado de inegáveis méritos, não deixam também de apresentar certos limites simplistas. Assim, mesmo reconhecendo as diferenças entre aquelas perspectivas, é possível sugerir que, no lugar da escolha exclusiva entre *texto* e *contexto*, a sociologia dos intelectuais também exige que se reconheça e se qualifique a tensão existente entre estes termos, na medida em que ela é constitutiva da própria matéria que cumpre à análise ordenar.

A terceira ponderação diz respeito ao fato de que se a ideia de "cooptação", que como discutimos anteriormente adquire sentido no horizonte de uma sociologia classista, pode ser explicativa do intercâmbio entre as forças sociais que se organizam nas estruturas de poder e os intelectuais, quando estes são tomados pelos seus laços familiares, pessoais ou sociais, o mesmo não se verifica quando se tem em vista os seus escritos. Não porque estes sejam autônomos, mas porque, como argumentamos anteriormente, eles ultrapassam a estrita circunscrição social. O problema foi assinalado por Antonio Candido que insistiu tanto no equívoco de considerar o trabalho simbólico dos intelectuais como resultado direto ou transposição de suas experiências pessoais quanto na necessidade de se distinguir analiticamente a situação de dependência do intelectual que "serviu" daquele que "se vendeu" ao poder (CANDIDO, 2001: 74). Nosso ponto, em todo caso, é que as ideias não operam apenas no sentido cognitivo, mas também no normativo, e são passíveis de tradução em ações pelos indivíduos e grupos na luta política, independente mesmo da sua consistência lógica interna, das intenções manifestas ou latentes dos intelectuais, mesmo para além do seu contexto original.

A recusa da sociologia dos intelectuais de Sergio Miceli em operar com as ideias e com os possíveis sentidos que estas assumem no processo social, dadas as suas interações e correlações com outras forças sociais, parece repousar, de fato, em duas premissas gerais. De um lado, que o "contexto" fornece – diretamente e apenas nesse sentido – o substrato do "texto"; de outro, que são as próprias intenções – ou como prefere "interesses" – do autor subjacentes ao "texto" que revelam as convenções sociais de que lança mão em meio ao trabalho de dominação simbólica. É claro que se trata de problema controverso, não apenas porque todo discurso ou narrativa sobre intelectuais é, num certo plano, normativo, como também porque as várias maneiras de se conceber a importância ou não dos textos – clássicos ou não – nas Ciências Sociais correspondem, em geral, a perspectivas determinadas sobre o próprio caráter da vida social. E a negação da relevância da "interpretação textual para as Ciências Sociais", como naquelas convenções acima referidas, parece mesmo repousar num tipo também geral de "confiança empírica na transparência do mundo social" (ALEXANDER, 1999: 77).

Como qualquer pesquisa sobre intelectuais tanto assume alguma imagem geral da sociedade quanto seus próprios resultados lhes acrescentam ou subtraem plausibilidade, pode-se dizer que a crença, em parte generalizada na Sociologia contemporânea, de que ideias são pouco relevantes nos processos de mudança social, a despeito de uma dimensão potencialmente crítica, já que voltada contra a pretensão das ideias de governar soberanamente o mundo, acaba por obscurecer seu papel como forças sociais reflexivas. Da nossa perspectiva, a sociedade não se realiza desacompanhada das interpretações de que é objeto e, mais do que isso, as interpretações proporcionam significado à vida social, pesadas inclusive suas veleidades, possibilidades e limites efetivos. Por isso faz-se necessário voltar, principalmente no caso brasileiro, às (não por acaso assim chamadas) "interpretações do Brasil", uma vez que elas também operam na orientação das condutas dos atores sociais, na organização da vida social, nos processos de mudança e nas relações de poder que isso sempre implica.

Daí que o desafio analítico central para uma sociologia dos intelectuais seja, a nosso ver, nada menos do que completar o movimento característico da Sociologia do Conhecimento[60]. Esta definiu a tarefa do analista das ideias, valores, formas, representações, enfim, do intangível, como sendo a de esclarecer os processos de sua constituição social e as relações mais ou menos condicionadas que mantêm com os grupos sociais e as sociedades que as engendram. Mas as tentativas de desmistificação através da exposição da matriz dos seus interesses não se mostraram capazes de estancar as veleidades que os intelectuais são capazes de nutrir sobre si próprios, dada a tenacidade com que a própria sociedade brasileira, tão profundamente marcada que está por um processo de formação autocrático, tem instigado a participação dessas suas minorias – o que, aliás, pode ser indicativo da continuidade das polêmicas em torno do próprio *Intelectuais e classes dirigentes no Brasil*[61].

---

60. Para um aprofundamento da questão, cf. Botelho (2005).

61. São exemplos recentes dessa continuidade as numerosas matérias de que foi objeto na mídia impressa o volume *Intelectuais à brasileira* (2001), sendo o livro em questão reeditado junto a outros trabalhos de Miceli sobre o tema; recepção pouco comum para um livro acadêmico, mas talvez favorecida também pelo fato de que naquele momento a Presidência da República era ocupada justamente por um intelectual. E no caso de Fernando Henrique Cardoso, como observou Afrânio Garcia Jr., "a condição de sociólogo foi apresentada durante toda a campanha eleitoral como prova de sua capacidade de afrontar o desafio da mundialização dos mercados e ao mesmo tempo combater a miséria crescente de parte considerável da população do país" (GARCIA Jr., 2004: 285). E, mais ainda, a qualidade de sociólogo "foi relembrada cada vez que quis pôr em

Por isso, agora, com base em algumas das conquistas da própria Sociologia do Conhecimento, é preciso desfazer-se de princípios formais prévia e fixamente estabelecidos, como "idealismo" ou "materialismo", "representações" ou "práticas", "texto" ou "contexto". Em seu lugar, é preciso buscar tipos especiais de correspondência que abram ao pesquisador a possibilidade de investigar e de qualificar as múltiplas conexões de sentido que as ideias podem manifestar na sociedade, dependendo das circunstâncias históricas e da força social que assumem em relação a diferentes fatores, materiais e imateriais. Não se trata de assimilar, ou reduzir, relações sociais às suas formas expressivas, mas antes de perseguir a comunicação reflexiva existente entre elas a partir também da produção dos intelectuais. Esta, como o trabalho simbólico de outros grupos sociais, esconde e revela nada mais e nada menos do que aspectos cruciais das suas sociedades, e são sempre passíveis de ser sociologicamente qualificada e compreendida. Tarefa tão mais urgente na medida em que representa condição para, parafraseando Sergio Miceli (2001a: 79), "esclarecer os dilemas que hoje enfrentamos como herdeiros de uma tradição que pesa tanto mais enquanto não nos dispusermos a encará-la de frente e a refrear a dosagem de clichês na apreciação de seu legado".

---

relevo sua condição de intelectual, buscando se diferenciar de outros profissionais e especialistas da política cuja única preocupação seria a preservação de seus mandatos eletivos" (ibid., 2004: 285-286). Tudo teria se passado, em suma, "como se, para ser reconhecido como homem de Estado, fosse necessário mobilizar a crença na ficção de ser um perito em todos os debates sobre o futuro da nação e seu peso na cena internacional. Um livro com uma entrevista sua, publicado no exercício do mandato, não se intitula *O presidente segundo o sociólogo* (1998), traindo claramente a pretensão de acumular os benefícios da legitimidade intelectual e os da legitimidade política?" (ibid., 2004: 286).

10
Um programa forte para o pensamento social

O pensamento social brasileiro vem atingindo, desde a década de 1990, amplas condições de consolidação como área de pesquisa, sobretudo, no âmbito das ciências sociais, mas também da história, praticadas no Brasil. É isso que indicam, dentre outros elementos, balanços realizados sobre a sua produção em livros (MICELI, 1999; OLIVEIRA, 1999), como campo problemático que entrelaça diferentes gerações na formulação de uma perspectiva teórico-metodológica (BASTOS, 2002) ou como área de concentração no interior de instituições de pesquisa e ensino (BASTOS, 2003), além da sua produção crescente sob a forma de teses de doutorado nas ciências sociais (WERNECK VIANNA et al., 1998; BOTELHO, 2007).

É significativo que dois balanços da produção dos anos de 1990, os realizados por Sergio Miceli e por Lúcia Lippi Oliveira, dois dos principais artífices da área de pesquisa, integrem o mesmo projeto editorial "O que ler na ciência social brasileira (1970-1995)" publicado em 1999 pela Associação Nacional de Pós-graduação e Pesquisa em Ciências Sociais – Anpocs. Mais importante ainda, desde então, o pensamento social brasileiro tem sido incluído em todos os projetos editoriais desta Associação voltados para o mapeamento da produção das áreas de pesquisa mais importantes das ciências sociais brasileiras (BASTOS, 2002; BASTOS & BOTELHO, 2010). Bem por isso, os objetos daqueles balanços são, em sua maioria, livros parcialmente apresentados como comunicações de pesquisa no Grupo de Trabalho Pensamento Social no Brasil da Anpocs, criado em 1981 – Lúcia Lippi, especialmente, toma diretamente os trabalhos apresentados no GT entre 1981 e 1995 como ponto de partida do seu balanço. Outra característica comum na produção mapeada é o fato de, em sua maioria, ela ter sido desenvolvida sob a forma de teses de doutorado em diferentes instituições de ensino e pesquisa, o que constitui outro indicador forte da consolidação da área.

O que é particularmente interessante nesses balanços de fins dos anos de 1990 é que, embora virtualmente tratem, em grande medida, do mesmo universo intelectual e empírico, eles operam recortes tão distintos sobre a produção que, ao fim e ao cabo, parecem criar objetos também distintos para a área de pesquisa. Em seu balanço, Lúcia Lippi privilegia os trabalhos sobre as "interpretações do Brasil" e reivindica para um conjunto importante deles a influência de trabalhos de Wanderley Guilherme dos Santos de fins dos anos de 1970[62], que teriam sido particularmente influentes ao distinguir as matrizes "ideológica", "institucional" e "sociológica" sem propor que estas devessem ser assumidas de modo disjuntivo na pesquisa do pensamento social (OLIVEIRA, 1999: 155). Seria justamente este o caso, sugere a autora, das pesquisas desenvolvidas nos anos de 1980 e 1990 no Centro de Pesquisa e Documentação de História Contemporânea do Brasil, o CPDOC da Fundação Getúlio Vargas. Em especial a matriz "ideológica", argumenta, interessada na reconstituição da "lógica interna do discurso", foi assumida de modo articulado às demais por aquele grupo de pesquisadores, uma vez que "o grupo social e a instituição funcionam como mediação entre o intelectual e a sociedade" e os "processos sociais e políticos também interferem na forma pela qual a institucionalização se processa" (ibid.).

O recorte do balanço realizado por Sergio Miceli, por sua vez, são os estudos sobre "intelectuais brasileiros" também formulados entre os anos de 1980 e 1990, especialmente aqueles que, segundo o autor, "mais contribuíram para moldar o espaço de debates e explicações" (MICELI, 1999: 109). O confronto entre tais estudos permitiria, de acordo com Miceli, constatar duas tendências metodológicas principais: ora uma ênfase na "morfologia" e "composição interna do campo intelectual, suas instituições e organizações, o peso relativo da categoria dos intelectuais no interior dos grupos dirigentes"; ora a ênfase nas "modalidades de sua contribuição para o tra-

---

62. Trabalhos publicados originalmente na revista *Dados*, "A imaginação político-social brasileira" e "Raízes da imaginação política brasileira", em 1967 e 1970, respectivamente, e também "A 'práxis' liberal no Brasil; propostas para reflexão e pesquisa" que integram o livro *Ordem burguesa e liberalismo político*, de 1978.

balho cultural e político" (ibid.). Nesse universo, seria possível distinguir, na opinião do autor, três "modelos" orientadores das pesquisas: "o argumento sociológico com tinturas culturalistas, de minha autoria", "o argumento doutrinário-politicista, formulado pelo sociólogo francês e latino-americanista Daniel Pécaut" e "o argumento organizacional e institucionalista, concebido pelo sociólogo brasileiro Simon Schwartzman" (ibid., 1999: 110). É em função desses modelos que o autor comenta alguns dos livros então recém-publicados: *Guardiães da razão: modernistas mineiros* (1994), de Helena Bomeny; *História e historiadores: a política cultural do Estado Novo* (1996), de Angela de Castro Gomes; *Projeto e missão: o movimento folclórico brasileiro* (1997), de Luís Rodolfo Vilhena; e *Destinos mistos: os críticos do grupo Clima em São Paulo* (1998), de Heloísa Pontes.

Apreciados do ponto de vista teórico-metodológico, portanto, esses balanços de fins dos anos de 1990 apontam para a centralidade do debate entre os partidos chamados "textualistas" e "contextualistas" que pareciam praticamente cindir a área de pesquisa em duas (PONTES, 1997), ainda que não se possa atribuir pertencimentos geracionais, geográficos e/ou institucionais tão claros a cada uma dessas orientações intelectuais. Com algum exagero, poderíamos dizer que os anos de 1990 pareciam se encerrar para o pensamento social com a pergunta sobre o seu próprio objeto de pesquisa: "intelectuais" ou "interpretações do Brasil"? Embora a disjuntiva tenha, em parte, permanecido, e ainda integre o debate atual, o notável a partir dos anos de 2000, porém, foi que a dualidade "textualistas" *ou* "contextualistas" passou a ser mais e mais questionada. E a busca por respostas mais integradas passou a ocupar centralmente a agenda teórico-metodológica do pensamento social como área de pesquisa – no que, ademais, acompanhava também tendências mais amplas no âmbito da sociologia da cultura internacional (BASTOS & BOTELHO, 2010).

Não se trata de supor que esses balanços – ou quaisquer outros – possam compreender todas as posições então em jogo. Na verdade, o interesse por esse tipo de material, antes do que no efeito de verossimilhança mais ou menos pretendido, está justamente nos seus limites. É a precariedade que inevitavelmente envolvem suas demarcações, sua tendência a operar com procedimentos estabilizadores e cânones muito parciais, que implicam, potencialmente, a exclusão de propostas marginais aos grupos que organizaram as revisões, que nos interessam. Afinal, não se trata de apontar necessariamente a teoria mais sofisticada, ou de ajuizar de alguma forma as diferentes posições em jogo, mas justamente de captar tendências e, sobretudo, a formação de rotinas num campo de debates no interior de uma área de pesquisa que vai, desse modo, se configurando e se transformando.

Tendo essas ponderações em vista, procuro aqui apresentar para discussão algumas questões sobre o pensamento social brasileiro como área de pesquisa hoje. Como a produção da área cresceu muitíssimo nos últimos 30 anos, refazer balanços bibliográficos abrangentes tornou-se tarefa ainda mais arriscada, e exige muito espaço para evidenciar minimamente a pluralidade e a diversidade de abordagens, temas e questões presentes atualmente. Desafios do mesmo tipo têm levado a récortes que nem sempre dão uma ideia de conjunto integrada da área, como quando, anteriormente, convidados a mapear a produção bibliográfica do pensamento social brasileiro, vimo-nos obrigados a nos limitar à parte dos trabalhos sobre a história das ciências sociais interessadas no diálogo com as tradições intelectuais anteriores à sua institucionalização (BASTOS & BOTELHO, 2010a). O que, evidentemente, representa, hoje, apenas uma parte, embora ainda central, do que se vem pesquisando, escrevendo e ensinando como "pensamento social brasileiro". Minha estratégia analítica neste ensaio, portanto, será outra: mobilizo novos materiais de pesquisa, abaixo discriminados, diferentes dos balanços até então mais usuais na área, mas tão precários como eles, nos termos anteriormente ponderados.

Com o projeto coletivo Biblioteca Virtual do Pensamento Social (BVPS) tem sido possível identificar noutro patamar e de modo mais sistemático o perfil mais amplo da área de pesquisa, dessa feita a partir de metodologias e dados quantitativos mais abrangentes[63]. Embora venhamos ope-

---

63. A criação da BVPS se iniciou em 2013 e está em fase final de implantação, é coordenada por Nísia Trindade Lima (Fiocruz) e constitui uma iniciativa de cooperação entre pesquisadores e instituições acadêmicas com o objetivo de fortalecer e divulgar esta área de pesquisa. Seu modelo de cooperação busca maximizar o intercâmbio de informações, experiências e conhecimentos de modo a promover e sustentar redes de pesquisas. A BVPS busca, assim, ser um instrumento dinâmico cuja atuação se delineia em três campos básicos inter-relacionados: (1) produção de conhecimento, (2) memória das tradições intelectuais e da ciência, (3) subsídios didático-pedagógicos e de divulgação científica.

rando na BVPS sempre com critérios de autodeclaração de pertencimento à área do pensamento social brasileiro, passíveis de serem apreendidas, por exemplo, na alocação da área ou atribuição de palavras-chaves a um projeto de pesquisa, orientação ou publicação nos currículos vitae constantes na Plataforma Lattes do CNPq (preenchidos pelos próprios pesquisadores para efeitos de, entre outros, pedidos de financiamento a esta e outras agências de fomento), reconhecemos os limites do procedimento. Por exemplo, essa autodeclaração não significa, necessariamente, que exista consenso entre os pesquisadores sobre o que eles fazem e sobre o que seja o pensamento social, sendo que alguns deles, talvez, sequer o aceitariam tranquilamente como um rótulo inteiramente adequado para o seu próprio trabalho.

Assim, diante da necessidade de incorporar as representações dos próprios pesquisadores da área e, desse modo, qualificar os dados quantitativos com avaliações qualitativas, mobilizo também as respostas de 12 pesquisadores seniores de diferentes instituições e regiões do Brasil que foram convidados a dar a sua visão pessoal no "Simpósio: cinco questões sobre o pensamento social brasileiro" que integra o Dossiê Pensamento Social Brasileiro, por mim coorganizado para a revista *Lua Nova* em 2011 (SCHWARCZ & BOTELHO, 2011). Duas questões, como veremos, destacam-se nas respostas: a busca de novas abordagens que integrem "textos" e "contextos" na pesquisa e a interdisciplinaridade da área. Entre outras, essas questões constituem desafios cruciais em aberto aos pesquisadores do pensamento social brasileiro e, por isso, me concentrarei nelas.

Ainda uma nota metodológica: mobilizar dados quantitativos associados a qualitativos constitui hoje desafio mais amplo da pesquisa social no contexto informacional contemporâneo (SANTOS, 2009). Em nosso caso, a discussão do "Simpósio: cinco questões sobre o pensamento social brasileiro" permite uma avaliação em profundidade da área, e mais qualitativa, o que a superfície dos números pesquisados na Plataforma Lattes no contexto da Biblioteca Virtual do Pensamento Social não consegue apanhar. Mas a discussão quantitativa permite capturar, justamente por sua superficialidade, a abrangência da área e a dispersão de temas/instituições/pesquisadores, mostrando como a discussão do referido simpósio talvez organize grande parte da discussão da área, mas certamente não sua totalidade. O universo da pesquisa é dinâmico, então, sabemos de antemão que há limites em qualquer tentativa de demarcação estável da área de pesquisa; informações novas não podem deixar de nos levar, no futuro, a modificar nossa compreensão atual.

Pensamento social em números

Para dar uma dimensão da magnitude da área, destaco para começar alguns resultados principais obtidos em levantamentos na Plataforma Lattes do CNPq e na base de teses da Capes[64]. Primeiro, à pergunta por "pesquisadores", aplicando como filtros de busca na Plataforma Lattes por currículos unicamente os pesquisadores que (i) possuam pelo menos mestrado e (ii) tenham indicado "pensamento social" em pelo menos três (3) itens de seu CV-Lattes[65], chegamos ao surpreendente resultado de 938 pesquisadores espalhados pelo país.

Segundo, a evolução do recorte temático "Pensamento social" na produção constante nesta Plataforma pode ser assim resumida[66]: 2 itens de produções em 1974, 13 em 1986, 81 em 1997. A partir daí o crescimento é exponencial: em 2000, já são 211 itens; em 2010 o número chega a mais do dobro, são 425 itens; em 2013 são 348 itens de produções. O gráfico abaixo sumariza as informações:

---

64. CNPq – Conselho Nacional de Desenvolvimento Científico e Tecnológico é a agência federal de fomento à pesquisa ligada ao Ministério de Ciência e Tecnologia do Brasil. A Capes – Coordenação de Aperfeiçoamento de Pessoal de Nível Superior é o órgão do Ministério da Educação do Brasil que coordena as ações relativas à pós-graduação no país e é responsável pelo sistema nacional único de fomento e avaliação da pós-graduação.

65. Campos em que o termo "pensamento social" foi pesquisado nos CV-Lattes dos pesquisadores: Produção intelectual (em geral), Palavras-chave da formação acadêmica/titulação, Área do conhecimento da formação acadêmica/titulação, Natureza da atividade de atuação profissional, Título das linhas de pesquisa da atuação profissional, Palavras-chave das linhas de pesquisa da atuação profissional, Áreas de atuação, Nome dos projetos, Descrição dos projetos, Título da orientação concluída/em andamento, Palavras-chave da orientação concluída/em andamento.

66. Os dados aqui expostos foram todos extraídos a partir da base CV-Lattes do CNPq entre novembro de 2014 e março de 2015.

1 Plataforma Lattes CNPq – Evolução do recorte temático "Pensamento social" na produção

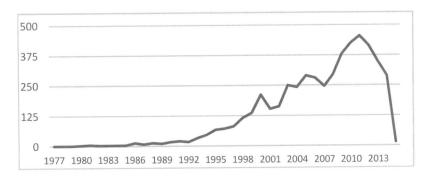

Terceiro, pesquisa na base de teses da Capes, indicam 259 teses em cujas palavras-chave constam "Pensamento social" e 67 em que aparece "História intelectual". Como em geral são cinco as palavras-chave permitidas, pode ser que "Pensamento social" apareça junto com "História intelectual" e outras relacionadas, como "História das ideias" (238 teses), "Intelligentsia" (37 teses), "Intelectuais brasileiros" (93 teses), "Trajetória intelectual" (155 teses), apenas para dar alguns exemplos[67].

Assim, a evolução na produção bibliográfica ampliada, compreendendo artigos em periódicos, livros autorais, livros organizados e capítulos de livros, além de dissertações e teses concluídas, constante na Plataforma Lattes, aplicando-se na busca os filtros das palavras-chave "pensamento social", "intelectuais", "história das ideias" e "interpretações do Brasil" indica os seguintes dados: em 1973 temos apenas 1 item; em 1983 são 6; em 1990 são 10; em 1999 já são 55 itens; em 2005 o número mais do que dobra, são 124 itens; em 2012, são 161 itens bibliográficos. No total, são 1960 itens de produção. Em forma de gráfico, assim visualizamos esta produção ao longo do tempo:

---

67. Buscando a partir de 15 palavras-chave significativas para a área de pensamento social, encontramos, na base de teses da Capes, 799 dissertações e teses, universo que já constitui a base operacional da Biblioteca Virtual do Pensamento Social. Estes dados são de março de 2013. Infelizmente, a base Capes mudou a metodologia de pesquisa em 2014, disponibilizando em seu mecanismo de busca produções apenas a partir de 2010. Se buscarmos, neste momento (março de 2015), a frase exata "pensamento social", encontraremos o significativo número de 178 dissertações ou teses de 2010 ao começo deste ano.

2 Plataforma Lattes CNPq – Evolução da produção

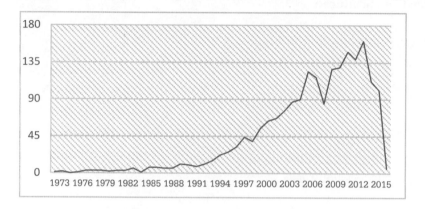

Já nos gráficos abaixo vemos esses dados separados entre dissertações e teses concluídas e o restante da produção bibliográfica:

3 Plataforma Lattes CNPq – Distribuição por tipo de produção

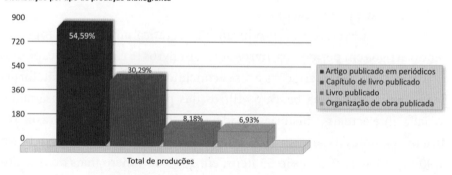

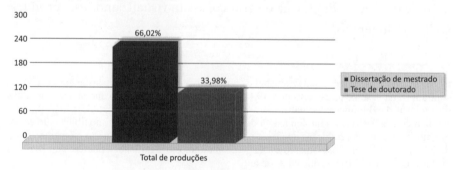

O mesmo tipo de busca foi realizado no Diretório dos Grupos de Pesquisa do CNPq, chegando-se ao resultado expressivo de 20 grupos de pesquisa cadastrados relacionados de maneira substantiva à área (foram descartados os "grupos de pesquisa" que não tinham relação direta com a área de pesquisa; por exemplo, havia grupos de pesquisa em filosofia antiga que empregavam o termo "pensamento social" no detalhamento do projeto).

Pesquisando a Plataforma Lattes por temáticas, aplicando como filtros as palavras-chave "pensamento social", "intelectuais", "história das ideias" e "interpretações do Brasil" são essas as principais dez ocorrências:

4 Plataforma Lattes CNPq – Temáticas com filtros

Temas	Ocorrências
Intelectuais	664
Pensamento social brasileiro	463
Pensamento social	393
Gilberto Freyre	132
Pensamento social no Brasil	114
História das ideias	107
Florestan Fernandes	62
Oliveira Vianna	49
América Latina	46
Sociologia Brasileira	45

Vemos assim como "pensamento social brasileiro" e suas variações "pensamento social" e "pensamento social no Brasil" concentram 970 ocorrências na plataforma Lattes, sem contar "Intelectuais" o item com maior número de ocorrências absoluto (664 ocorrências), "História das ideias" (107) e "sociologia brasileira" (45) também associadas. Podemos ver no gráfico abaixo os termos mais associados ao termo "pensamento social":

5 Plataforma Lattes CNPq – Termos mais associados ao termo "pensamento social"

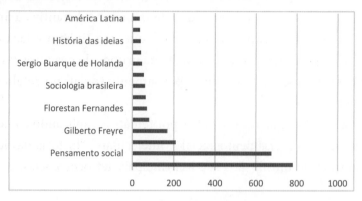

Também significativa é a ocorrência de alguns dos chamados intérpretes do Brasil, claramente destacados, como Gilberto Freyre (132 ocorrências), Florestan Fernandes (62) e Oliveira Vianna (49). A esse propósito, tomando como critério de buscas os intérpretes constantes no livro *Um enigma chamado Brasil*, que reúne os principais objetos das comunicações apresentadas no GT Pensamento social no Brasil da Anpocs (BOTELHO & SCHWARCZ, 2009), temos as seguintes ocorrências:

6 Plataforma Lattes CNPq – Ocorrência dos intérpretes que compõem o livro *Um enigma chamado Brasil* (2009)

Gilberto Freyre	787
Florestan Fernandes	725
Oliveira Vianna	498
Sergio Buarque de Holanda	434
Mario de Andrade	345
Joaquim Nabuco	343
Caio Prado Jr.	289
Darcy Ribeiro	267
Euclides da Cunha	254
Fernando Henrique Cardoso	239
Câmara Cascudo	237
Manoel Bomfim	214
Alberto Guerreiro Ramos	209

Roger Bastide	178
Antonio Candido	161
Raymundo Faoro	141
Octavio Ianni	123
Maria Isaura Pereira de Queiroz	100
Nina Rodrigues	96
Silvio Romero	96
André Rebouças	80
Luiz Costa Pinto	68
Paulo Prado	63
Oracy Nogueira	53
Roberto Schwarz	45
Visconde do Uruguai	38
Richard Morse	25
Gilda de Mello e Souza	24

Por fim, na mesma direção deve-se observar a vitalidade da área de Pensamento Social nos Grupos de Trabalhos de associações científicas, como Associação Nacional de Pesquisa e Pós-graduação em Ciências Sociais – Anpocs –, cujo GT Pensamento social no Brasil vem se reunindo continuamente desde 1981. No 38º Encontro Anual da Anpocs, realizado em outubro de 2014, funcionaram exatamente 5GTs cujos objetos são altamente intercambiáveis – como sugerem suas ementas – ao pioneiro de Pensamento Social no Brasil. Assim, além deste, tivemos os seguintes GTs: o GT02 – Arte e Cultura nas Sociedades Contemporâneas; o GT19 – Intelectuais, cultura e democracia; o GT26 – O Pensamento Social Latino-americano: Legado e Desafios Contemporâneos; e o GT39 – Teoria Política e Pensamento Político Brasileiro – normatividade e história. Isso para não falar dos GTs de Pensamento social e político também no âmbito das associações profissionais, como na Sociedade Brasileira de Sociologia (SBS) e na Associação Brasileira de Ciência Política (ABCP), além de congêneres na Associação Nacional de História (Anpuh), como o GT Nacional de História Cultural.

Os dados sugerem efetiva expansão e consolidação do pensamento social. Processo que vem sendo acompanhado não apenas pelo crescimento quantitativo do número de pesquisas, como também pela diversificação de suas temáticas e dos seus objetos. Não dispomos, porém, de ferramentas mais precisas para identificar e avaliar as principais perspectivas teórico-metodológicas empregadas, nos mesmos termos que os demais dados aqui coligidos. A esse propósito recorremos agora ao "Simpósio: cinco questões sobre o pensamento social brasileiro" que coorganizamos na revista *Lua Nova* em 2011.

Textos e contextos

O "Simpósio: cinco questões sobre o pensamento social brasileiro" mostra a consolidação de um debate contemporâneo sobre a área de pesquisa, evidenciando mais uma vez a pluralidade e a diversidade de abordagens e perspectivas teóricas e políticas de que ela se compõe atualmente. Foram convidados a prestar seus depoimentos Angélica Madeira e Mariza Veloso (UnB), Elide Rugai Bastos (Unicamp), Glaucia Villas Bôas (UFRJ), Lucia Lippi Oliveira (Cpdoc-FGV), Luiz Werneck Vianna (PUC-RJ), Maria Arminda do Nascimento Arruda (USP), Renan Freitas Pinto (Ufam), Ricardo Benzaquen de Araújo (PUC-RJ), Roberto Mota (Ufpe), Rubem Barboza Filho (UFJF) e Sergio Miceli (USP). As questões propostas compreendem a atualidade da área de pesquisa do pensamento social, seus objetos, problemáticas e abordagens teórico-metodológicas, as suas conexões com outros campos disciplinares, as obras mais relevantes da área, sua inserção disciplinar na graduação e pós-graduação e as possibilidades futuras e questões fundamentais para o desenvolvimento da área. Dentre outras questões que se podem apreender nas respostas ao simpósio, duas delas são cruciais para um mapeamento das práticas de pesquisas contemporâneas do pensamento social: a dualidade entre abordagens "textualistas" e "contextualistas" das pesquisas e alguns significados da apontada interdisciplinaridade da área.

Vejamos a primeira questão. Embora os pesquisadores reconheçam, de modo geral, o quanto a área de pesquisa se estruturou no passado em torno da polaridade entre abordagens "textualistas" e "contextualistas", as percepções sobre o presente e o futuro da área apontam inequivocamente para abordagens que reconhecem claramente o conflito entre elas como espaço produtivo na busca de novas abordagens inter-relacionadas. Certamente, persistem visões mais renitentes a seu respeito. Sergio Miceli, por exemplo, declara:

> A julgar pelo recente encontro carioca do grupo, continua havendo, no meu entender, duas tendências, de um lado, uma abordagem contextualista, para a qual os textos ou obras estão como que imantados, de outro, um enfoque na linhagem da história das ideias, inclinado a fazer paráfrases, aproximações postiças entre livros e autores, ou então, construindo uma perspectiva um tanto 'espiritualizada' de interpretação (MICELI, 2011: 143).

Explicando o que entende por cada uma das posições, Miceli acentua o contraste entre elas:

> A linhagem contextualista busca construir uma história densa de mediações, desde origens sociais, passando pela formação cultural, até os modos de inserção na cena intelectual ou artística; os adeptos da história das ideias lidam com autores e livros, como se estivessem dispostos num quadro de honra/desonra, extraindo desses confrontos linhagens de pensamento definidas em termos anacrônicos. Em ambas direções, verificam-se prodígios de erudição por vezes dispensáveis (ibid.)

Mas, como o leitor do simpósio poderá constatar, não é essa a posição predominante na percepção dos pesquisadores entrevistados. Assim, por exemplo, Elide Rugai Bastos observa que reconhece "pelo menos três grandes linhas, cada uma apresentando abordagens internas diversas: a contextualista, a textualista e a que, reconhecendo a tensão existente entre os dois termos, propõe uma análise que leve em consideração tal tensão" (BASTOS, 2011: 140). Na mesma direção, Ricardo Benzaquen sugere que "a velha oposição entre uma perspectiva que privilegia a análise interna dos textos e uma outra que procura explicá-los pelo destaque concedido ao contexto – em suas múltiplas dimensões –, começa a conviver com posições que buscam combinar esses dois pontos de vista e portanto matizar aquela oposição" (ARAÚJO, 2011: 142). Já Maria Arminda do Nascimento Arruda, por sua vez, observa que do ponto de vista teórico-metodológico, "há grande diversidade, o que é, em princípio, muito bom. Porém, tendo em vista o caráter variado dos estudos, confunde-se, muitas vezes, diversidade com carência de rigor, visível na construção de puros retratos das personagens em escrutínio" (ARRUDA, 2011: 142). Também acentuando a diversidade na área, Lucia Lippi observa que as "problemáticas que guiam as análises levam a indagar sobre trajetórias; sobre redes de sociabilidade; sobre os processos de produção, divulgação e recepção de obras; sobre convergências e divergências no campo intelectual" (OLIVEIRA, 2011: 141).

Sobre a segunda questão apontada, desenham-se claramente nas respostas dos pesquisadores entrevistados ao mesmo tempo o reconhecimento e a problematização da interdisciplinaridade da área. Do ponto de vista das disciplinas envolvidas, pode-se observar que, apesar de certa associação do pensamento social brasileiro à sociologia da cultura, a percepção majoritária entre os pesquisadores entrevistados a associa à teoria social. Maria Arminda do Nascimento Arruda, que não explicita em sua resposta esta associação, acaba por creditar o incremento da sociologia da cultura no Brasil antes aos trabalhos na área do pensamento social, especialmente as "reflexões sobre os intelectuais, setor da especialidade atualmente central" (ARRUDA, 2011: 146).

Assim, por exemplo, Angélica Madeira e Mariza Veloso apontam para "uma proximidade cada vez maior com a teoria sociológica, clássica e contemporânea", bem como "com as ciências da linguagem, com um acervo de conceitos que permitem operar sobre os textos, examinar as narrativas" (MADEIRA & VELOSO, 2011: 139). As autoras acentuam, no que entendem ser um "futuro promissor" do pensamento social brasileiro, "elos teóricos cada vez mais firmes com a teoria sociológica" ao mesmo tempo em que afirmam a "necessidade de manter a abertura transdisciplinar do campo" (ibid., 2011: 155). Também Luiz Werneck Vianna considera que por "definição, o estudo dessa disciplina [pensamento social] consiste sempre em um exercício de teoria social", e vê que "a mobilização das obras clássicas desse campo ocupa um papel notoriamente privilegiado" (VIANNA, 2011: 145). Na mesma direção, embora acentuando interesses de ordem epistemológica, Rubem Barboza Filho sugere que "as relações com outras áreas deveriam ser intensificadas, em especial com a Filosofia ou Teoria Política" (BARBOZA FILHO, 2011: 147). Sergio Miceli, por sua vez, observa que, atraindo cientistas sociais de "variada procedência disciplinar – história, sociologia, antropologia etc. –, as práticas de investigação e de interpretação foram impelidas a dialogar com vertentes diversas da teoria sociológica contemporânea, desde Weber, Gramsci, Durkheim, passando por Raymond Williams, Pierre Bourdieu, Erving Goffman, até as monografias incontornáveis de Ringer, Christophe Charle, Stefan Collini, entre outros" (MICELI, 2011: 147-148).

Há ainda outras ponderações importantes no que diz respeito à questão da interdisciplinaridade que ajudam a compreender as representações dos pesquisadores da área do pensamento social brasileiro. A primeira delas é que o reconhecimento da interdisciplinaridade não necessariamente exclui a percepção da diversidade interna das práticas intelectuais comumente reunidas sob a designação de pensamento social. Designação esta que, no entender de Sergio Miceli, por exemplo, figuraria como um "título histórico" que acabou sendo preservado, mas que teria mais a ver "com certa prática intelectual de interpretar o país em chave macro" que não corresponderia, a seu ver, com o que a maioria dos atuais praticantes da área estariam fazendo, encaixando-se melhor, antes, "em alguma das sociologias atuantes nesses universos de prática social: sociologia dos intelectuais, história social da arte, sociologia da literatura" (ibid.).

Uma segunda ponderação importante é a relativa à distinção entre o eventual interesse que outras disciplinas humanas manteriam por seus "clássicos" e a pesquisa na área do pensamento social brasileiro. Distinção muito bem formulada por Glaucia Villas Bôas que chama a atenção inclusive para eventual recorrência de autores em trabalhos de "especialistas em sociologia urbana ou sociologia da violência, por exemplo, que, em determinado momento, desejam escrever um artigo sobre Gilberto Freyre, Capistrano de Abreu ou Roberto Cardoso de Oliveira, porque fizeram uma leitura importante para sua reflexão ou pesquisa" (VILLAS BÔAS, 2011: 145). Para a autora, a distinção é importante para que se possa reconhecer o pensamento social como "uma área de conhecimento com questões e métodos próprios" (ibid.). É claro que mesmo nas ciências sociais a valorização da história intelectual das disciplinas teria efeitos distintos na sua prática contemporânea. Lucia Lippi sugere nessa direção que a área de pesquisa do pensamento social estaria mais próxima da sociologia e da antropologia, bem como da história e da geografia, entendidas como "humanidades", do que, por exemplo, "da ciência política e da economia como praticadas hoje em dia já que tais disciplinas adotaram princípios mais formalistas, mais calcados em modelos que tomam o indivíduo como centro de decisões racionais" (OLIVEIRA, 2011: 145).

Por fim, há aqueles que entendem que a interdisciplinaridade que marca de modo constitutivo a área do pensamento social brasileiro precisa se abrir efetivamente para um diálogo heurístico com outras disciplinas, ampliando as referências teóricas para além das ciências sociais. Ricardo Benzaquen lembra, nessa direção, que o papel estruturador das ciências sociais na área também está diretamente relacionado ao Grupo de Trabalho criado em 1981 na Anpocs; daí, observa, "o grupo se chamar Pensamento Social no Brasil e não Pensamento Social Brasileiro" (ARAÚ-JO, 2011: 147). Mas lembra ainda que "a área também se ocupa, há muito tempo, com trabalhos oriundos da literatura, da crítica e da tradição ensaística, para mencionar apenas alguns poucos exemplos". Para Benzaquen o desafio, agora, "talvez seja o de nos relacionarmos com estas outras disciplinas de maneira mais aberta, na direção de um diálogo, de um intercâmbio intelectual mais amplo, matizado e complexo, profícuo para todos os envolvidos" (ibid.). Questão retomada quando discute sua visão sobre o futuro da área (ibid., 2011: 158).

É certo que as duas questões destacadas no "Simpósio: cinco questões sobre o pensamento social brasileiro", a dualidade entre abordagens "textualistas" e "contextualistas" das pesquisas, e a necessidade de sua superação, e a interdisciplinaridade da área, estão diretamente relacionadas. Afinal, como ocorre nas ciências sociais e humanas em geral, também as pesquisas na área do pensamento social tanto assumem alguma imagem geral de sociedade quanto seus próprios resultados lhes acrescentam ou subtraem plausibilidade. Como observou uma das pesquisadoras no simpósio: "As várias formas de definição do objeto são resultado da adoção de diversos métodos, pois um método não está sozinho no campo interpretativo, entrando em conflito explícito ou implícito com outros métodos; de outro modo estaria propondo dogmas e não análise" (BASTOS, 2011: 140).

Posições em perspectiva

A consolidação do pensamento social como área de pesquisa vem sendo acompanhada não apenas pelo crescimento quantitativo do número de pesquisas, teses e publicações, como também pela diversificação dos seus objetos, metodologias empregadas e teorias propostas. Hoje, como vimos com os dados da Biblioteca Virtual do Pensamento Social e as respostas ao "Simpósio: cinco questões sobre o pensamento social brasileiro", as pesquisas desenvolvidas na área compreendem tanto os temas clássicos da formação da sociedade brasileira, em suas várias dimensões, como, por exemplo, modernização, modernidade e mudança social; construção e transformação do Estado-nação; cultura política e cidadania; quanto diferentes modalidades de produtores e de produção cultural em sentido amplo (não apenas as ciências sociais, mas literatura de ficção, artes plásticas, fotografia, cinema, teatro) e a própria "cultura" como sistema de valores e formas de linguagem. Isso para não falar da análise da rica tradição ensaística brasileira, um dos vezos centrais em que a área vem se realizando e renovando internamente e também, importante observar, externamente, na percepção de cientistas sociais profissionais de outras áreas de pesquisa (BRANDÃO, 2007: 24).

Um dos principais efeitos da sua consolidação como área de pesquisa parece estar sendo, então, justamente o alargamento e a pluralização da própria noção de "pensamento social". E isso talvez aponte para relativa ausência de fronteiras cognitivas mais definidas na área de pesquisa. Mesmo que muitas vezes a tendência mais imediata seja a de associar as dificuldades de definição clara de uma área à sua suposta fragilidade, em verdade, nada garante de antemão que as coisas se passem assim. Frequentemente, o oposto também se verifica (BOTELHO & HOELZ, 2015). Isto é, a aparente indefinição de fronteiras de um subcampo de pesquisas pode indicar antes o seu êxito em generalizar ou fazer compartilhar alguns dos seus pressupostos e problemas próprios num campo mais vasto. Assim, o que parece ser fragilidade, de outras perspectivas pode parecer força[68]. O que é particularmente instigante no

---

68. Como notou Carmen Felgueiras em seu comentário ao "Dossiê Pensamento Social no Brasil" em discussão: "Desde o ponto de vista digamos 'teórico-metodológico', a área de pensamento social no Brasil é identificada à vastidão do campo inter e multidisciplinar. É possível, inclusive, que neste sentido da constituição do pensamento social no Brasil ela tenha funcionado como

caso do pensamento social brasileiro é que limitações desse tipo não parecem estar comprometendo a vitalidade e o rigor dos empreendimentos intelectuais que vem consolidando e renovando a sua tradição de pesquisa, incluindo suas relações com outras especialidades no campo das ciências sociais, em geral, vistas como positivas (ARRUDA, 2004; MAIA, 2009).

A velha dualidade texto *ou* contexto que vinha organizando o pensamento social brasileiro como área de pesquisa, porém, já não encontra acolhida entre os pesquisadores contemporaneamente. É isso que indicam as representações dos pesquisadores consultados no Simpósio, mas também as ementas dos principais Grupos de Pesquisa registados no Diretório de Grupos de Pesquisas do CNPq e as ementas dos Grupos de Trabalhos das principais associações científicas, a exemplo dos GTs da Anpocs, SBS e ABCP. Não se trata, naturalmente, de considerar que esta dualidade tenha simplesmente desaparecido, ou muito menos que ela deva desaparecer, mas o elemento novo é que ela não tem se mostrado forte o suficiente para organizar a área de pesquisa como no passado. Certamente os desenvolvimentos contemporâneos são devedores das contribuições anteriores, que vinham modelando a área em termos de produção de conhecimento, debates e controvérsias; mas também do reconhecimento dos seus limites, cognitivos e políticos. Procedimentos disjuntivos privilegiando ou a análise de textos ou a reconstrução de contextos como estratégias explicativas dominantes têm cedido espaço para a identificação e qualificação das tensões existentes entre aqueles termos, na medida em que estas tensões passam a ser consideradas constitutivas da própria matéria social que cumpre à análise ordenar.

São novos os desafios operados nesse deslocamento da agenda de pesquisa contemporânea para visões, senão sintéticas, mais integradas do pensamento social brasileiro. Para o seu enfrentamento, novas relações interdisciplinares são fundamentais, como também foi apontado por algumas lideranças acadêmicas da área no simpósio. Especialmente a história intelec-

---

facilitadora da sua consolidação institucional, pois a institucionalização em curso nos últimos 30 anos parece ter se beneficiado dessa ausência de forma, enquanto que o tratamento conjunto de uma variedade de temáticas sobre diferentes autores e intérpretes se convertia em força centrípeta, aglutinadora de ideias desenvolvidas em instituições diversas e a partir de campos disciplinares diversos, tornando, portanto, a busca de forma ou identidade teórico-metodológica algo paradoxal" (FELGUEIRAS, 2013: 3).

tual, penso, pode nos ajudar a recolocar o problema da historicidade da vida social para as ciências sociais, em uma análise fina que busque esclarecer as conexões de sentido que o processo histórico-social engendra entre categorias e relações sociais. Ainda mais quando, na sociologia, por exemplo, teoria e método são adotados como modelos estruturais ou sistêmicos, como se pudessem ser transpostos ou aplicados a realidades particulares sem adequação histórica e os consequentes deslocamentos de sentidos das categorias analíticas. Por outro lado, o contato com a área de pesquisa do pensamento social brasileiro poderá colaborar com a historiografia intelectual na discussão sobre os efeitos sociais e políticos das ideias, e sobre as relações reflexivas entre ideias e sociedade. Assim, como uma alternativa à visão mais historicista de que as identidades das ideias e dos intelectuais se encerram em seus contextos próprios, será possível percebê-los e tratá-los antes como espaços sociais de comunicação reflexiva entre diferentes momentos da sociedade, entre seu passado, presente e futuro, como indicamos no capítulo anterior (9) desta coletânea.

A pesquisa na área de pensamento social brasileiro recoloca, desse modo, questões cruciais mais amplas para as ciências sociais e humanas contemporâneas. E ainda que não seja o caso de concordar que a cultura opera como uma "variável independente" na conformação de ações e instituições sociais, como sugere Jeffrey Alexander (2000: 39), talvez estejamos mesmo diante do desafio de formular um "programa forte", tomando a sua expressão emprestada, também para o pensamento social brasileiro[69]. O primeiro passo para enfrentar esse desafio seria, então, desfazer-nos de princípios formais previamente definidos em termos de "textos" *ou* "contextos", para que as múltiplas conexões de sentido entre ideias, intelectuais e sociedades possam, enfim, se tornar um problema efetivo de pesquisa. Então, um campo mais vasto se abre ao pensamento social, e também mais imprevisível, como, a rigor, deve ser um campo de conhecimento[70].

---

69. Embora proponha superar a dicotomia interno/externo, em seu programa forte para a sociologia da cultura Alexander acaba privilegiando antes a "textualidade das instituições e a natureza discursiva da ação social" (ibid., 2000: 34).

70. Após esse primeiro passo, muitos caminhos se abrem. Da minha parte, venho insistindo em diferentes trabalhos (BOTELHO, 2005, 2006, 2009) que as conexões de sentido entre ideias, intelectuais e sociedades devem ser tratadas como reflexivas.

Referências

ADORNO, T.W. (1986). "O ensaio como forma". In: COHN, G. (org.). *Theodor Adorno*. São Paulo: Ática, p. 167-187.

AGAMBEN, G. (2018). *O fogo e o relato*: ensaios sobre criação, escrita, arte e livros. São Paulo: Boitempo.

ALEXANDER, J.C. (2010). *The Performance of Politics*: Obama's Victory and the Democratic Struggle for Power. Nova York: Oxford University Press.

_____ (2006). J. C. *Sociologia cultural* – Formas de clasificación em las sociedades complejas. Barcelona: Anthropos.

_____ (2003). *The Meanings of Social Life*: A Cultural Sociology. Nova York: Oxford University Press.

_____ (1999). "A importância dos clássicos". In: GIDDENS, A. & TURNER, J. (orgs.). *Teoria social hoje*. São Paulo: Unesp, p. 23-90.

_____ (1993). "The return to civil society". *Contemporary Sociology*, 22 (6), p. 797-803.

_____ (1984). "Social-Structural Analysis: some notes on its history and prospects". *The Sociological Quartely*, n. 25.

_____ (1982). *Theoretical logic in sociology* – Vol. 1: Positivism, presuppositions and current debates. Berkeley: University of California Press.

_____ (1980). "Core solidarity, ethnic outgroup and social differentiation: a multidimensional model of inclusion in modern societies". In: DOFNY, J. & AKIWOWO, A. (eds.). *National and ethnic movements*. Londres: Sage.

ALLARDT, E. (1996). "Is there a Scandinavian political sociology today?" *Current Sociology*, 44 (3), p. 1-21.

ALMEIDA, A.C. (2007). *A cabeça do brasileiro*. Rio de Janeiro: Record.

ALMOND, G. & VERBA, S. (1963). *The Civic Culture*. Princeton, NJ: Princeton University Press.

ALONSO, A. (2009). "As teorias dos movimentos sociais: um balanço do debate". *Lua Nova*, 76, p. 49–86.

ALONSO, A. & BOTELHO, A. (2012). "Repertórios de ação coletiva e confrontos políticos: entrevista com Sidney Tarrow". *Sociologia & Antropologia*, vol. 2, p. 11-20.

AMENTA, E. (2006). *When Movements Matter*: The Townsend Plan and the Rise of Social Security. Princeton, NJ: Princeton University Press.

Anais do I Congresso Brasileiro de Sociologia (1955). São Paulo: Sociedade Brasileira de Sociologia.

ANDERSON, B. (1991). *Imagined Communities*. Londres: Verso.

ARANTES, P. (1992). *Sentimento da dialética na experiência intelectual brasileira*: dialética e dualidade segundo Antonio Candido e Roberto Schwarz. Rio de Janeiro: Paz e Terra.

ARAÚJO, R.B. (1994). *Guerra e paz*: Casa-grande & senzala e a obra de Gilberto Freyre nos anos 30. Rio de Janeiro: Ed. 34.

ARCHER, M. (1996). *Culture and Agency*: The Place of Culture in Social Theory. Cambridge: Cambridge University Press.

ARRUDA, M.A.N. (2004). "Pensamento brasileiro e sociologia da cultura: questões de interpretação". *Tempo Social* – Revista de Sociologia da USP, vol. 16, n. 1, p. 107-118. São Paulo.

_____ (2001). *Metrópole e cultura*: São Paulo no meio do século XX. Bauru: Edusc.

_____ (1999). "Desafios de uma geração e a originalidade da interpretação". In: KOSMINSKY, E.V. (org.). *Agruras e prazeres de uma pesquisadora*: ensaios sobre a sociologia de Maria Isaura Pereira de Queiroz. Marília/São Paulo: Unesp-Marília--Publicações/Fapesp, p. 37-50.

_____ (1995). "A sociologia no Brasil: Florestan Fernandes e a 'Escola Paulista'". In: MICELI, S. (org.). *História das Ciências Sociais no Brasil*. Vol. II. São Paulo: Sumaré/Fapesp.

AVRITZER, L. (2016). *Impasses da democracia no Brasil*. Rio de Janeiro: Civilização Brasileira.

_____ (2012). "Sociedade civil e Estado no Brasil: da autonomia à interdependência política". *Opinião Pública*, vol. 18, n. 2, p. 383-398. Campinas.

_____ (2002). *Democracy and the Public Space in Latin America*. Princeton, NJ: Princeton University Press.

_____ (2000). "Democratization and Changes in the Pattern of Association in Brazil". *Journal of Interamerican Studies and World Affairs*, vol. 42, n. 3, p. 59-76.

BALAKRISHNAN, G. (ed.) (1996). *Mapping the Nation*. Londres: Verso.

BASTOS, E.R. (2013). "Gilberto Freyre e Florestan Fernandes: um debate sobre a democracia racial". In: MOTTA, R. & FERNANDES, M. (orgs.). *Gilberto Freyre*: região, tradição, trópico e outras aproximações. Rio de Janeiro: Fundação Miguel de Cervantes, p. 262-278.

_____ (2006). *As criaturas de Prometeu*: Gilberto Freyre e a formação da sociedade brasileira. São Paulo: Global.

_____ (2005). "Raízes do Brasil – Sobrados e mucambos: um diálogo". *Perspectivas* – Revista de Ciências Sociais da Unesp, vol. 28, p. 19-36. São Paulo.

_____ (2003). "O CPDOC e o pensamento social brasileiro". In: *CPDOC 30 anos*. Rio de Janeiro: FGV, p. 97-120.

_____ (2002). "Pensamento social da escola sociológica paulista". In: MICELI, S. *O que ler na ciência social brasileira, 1970-2002*. São Paulo/Brasília: Anpocs/Ed. Sumaré/Capes, p. 183-232.

_____ (1993a). "Apresentação". In: BASTOS, E.R. & MORAES, J.Q. (orgs.). *O pensamento de Oliveira Vianna*. Campinas: Unicamp, p. 7-10.

_____ (1993b). "Oliveira Vianna e a sociologia no Brasil (um debate sobre a formação do povo)". In: BASTOS, E.R. & MORAES, J.Q. (orgs.). *O pensamento de Oliveira Vianna*. Campinas: Unicamp.

_____ (1987). "A questão racial e a revolução burguesa". In: D'INCAO, M.A. (org.). *O saber militante* – Ensaios sobre Florestan Fernandes. Rio de Janeiro/São Paulo: Paz e Terra/Unesp.

BASTOS, E.R. & BOTELHO, A. (2010). "Horizontes das Ciências Sociais: pensamento social brasileiro". In: MARTINS, C.B. & SOUZA MARTINS, H.H.T. (orgs.). *Horizontes das Ciências Sociais no Brasil*. Vol. 1. São Paulo: Anpocs, p. 475-496.

BASTOS, E.R. & MORAES, J.Q. (orgs.) (1993). *O pensamento de Oliveira Vianna.* Campinas: Unicamp.

BECK, U. (1999). *What is Globalization?* Cambridge: Polity Press.

_____ (1996). *The Reinvention of Politics*: Rethinking Modernity in the Global Social Order. Cambridge: Polity Press.

_____ (1992). *Risk Society*: Towards a New Modernity. Londres: Sage.

BENDIX, R. (1996). *Construção nacional e cidadania.* São Paulo: USP.

_____ (1986). *Max Weber, um perfil intelectual.* Brasília: UnB.

_____ (1973). *State and Society*: A Reader in Comparative Political Sociology. Berkeley: University of California Press.

_____ (1962). *Max Weber, An Intellectual Portrait.* Garden City, NY: Anchor Books.

BERRIEL, C.E. (2000). *Tietê, Tejo, Sena*: a obra de Paulo Prado. Campinas: Papirus.

BHAMBRA, G.K. (2007). *Rethinking Modernity*: Postcolonialism and the Sociological Imagination. Nova York/Basingstoke: Palgrave Macmillan.

BHABHA, H.K. (ed.) (1990). *Nation and Narration.* Londres: Routledge.

BITTENCOURT, A. (2013). *O Brasil e suas diferenças*: uma leitura genética de populações meridionais do Brasil. São Paulo: Hucitec.

BOTELHO, A. (2012). "Sobre as Teses do Iuperj: Ciências Sociais e Construção Democrática no Brasil Contemporâneo". In: BARBOSA FILHO, R. & PERLATTO, F. (orgs.). *Uma sociologia indignada*: diálogos com Luiz Werneck Vianna. Juiz de Fora: UFJF.

_____ (2009). "Dominação pessoal e ação na sociologia política brasileira". In: FERRETTI, S.F. & RAMALHO, J.R. (orgs.). *Amazônia*: desenvolvimento, meio ambiente e diversidade sociocultural. São Luis: Edufma.

_____ (2006). "Pensamento brasileiro e reflexividade social (questões de pesquisa)". In: PORTO, M.S.G. & DWYER, T. (orgs.). *Sociologia em transformação*: pesquisa social no século XXI. Porto Alegre: Tomo, p. 77-86.

_____ (2005). *O Brasil e os dias*: Estado-nação, modernismo e rotina intelectual. São Paulo: Edusc.

_____ (2002). "Anatomia do Medalhão". *Revista Brasileira de Ciências Sociais*, vol. 17, n. 50, p. 163-166.

BOTELHO, A.; BASTOS, E.R. & VILLAS BOAS, G. (orgs.) (2008). *O moderno em questão* – A década de 1950 no Brasil. Rio de Janeiro: Topbooks.

BOTELHO, A. & BRASIL JR, A. (2005). "Das sínteses difíceis: espírito clã, cordialidade e Estado-nação no Brasil". *Matiz* – Revista de Ciências Humanas e Aplicadas, vol. 1, p. 173-210. São Paulo.

BOTELHO, A. & CARVALHO, L.C. (2017). "A Sociologia e a Sociologia Política em dados". In: *Dados* – Revista de Ciências Sociais, vol. 60. Rio de Janeiro.

BOTELHO, A.; RICUPERO, B. & BRASIL JR., A. (2016). *Cosmopolitismo e localismo nas Ciências Sociais brasileiras* [Trabalho apresentado no 40º Encontro Anual da Anpocs, 24-28/10/2016. Caxambu].

BOTELHO, A. & SCHWARCZ, L.M. (2009). *Um enigma chamado Brasil*. São Paulo: Companhia das Letras.

BOTTOMORE, T. (1979). *Political Sociology*. Londres: Hutchinson.

BOURDIEU, P. (2003). "A ilusão biográfica". In: *Razões práticas* – Sobre a Teoria da Ação. Campinas: Papirus.

_____ (2002a). "As condições sociais da circulação internacional das ideias". *Revista Enfoques online*, vol. 1, n. 1.

_____ (2002b). *As regras da arte*. São Paulo: Companhia das Letras.

_____ (1991). *Language and Symbolic Power*. Cambridge, MA: Harvard University Press.

_____ (1989). *O poder simbólico*. Lisboa/Rio de Janeiro: Difel/Bertrand Brasil, p. 59-74.

_____ (1984). *The Distinction*: A Social Critique of the Judgment of Taste. Cambridge: Harvard University Press.

_____ (1974). "Campo do poder, campo intelectual e *habitus* de classe". In: *A economia das trocas simbólicas*. São Paulo: Perspectiva, p. 183-202.

BRANDÃO, G.M. (2005). "Linhagens do pensamento político brasileiro". *Dados* – Revista de Ciências Sociais, vol. 48, n. 2, p. 231-269. Rio de Janeiro: Iuperj.

_____ (2001). "Oliveira Vianna: Populações meridionais do Brasil". In: MOTA, L.D. (org.). *Introdução ao Brasil* – Um banquete no trópico. Vol. 2. São Paulo: Senac, p. 299-326.

BRASIL JR., A. (2015). "As ideias como forças sociais: sobre uma agenda de pesquisa". *Sociologia & Antropologia*, vol. 5, n, 2, p. 553-574. Rio de Janeiro.

_____ (2013). *Passagens para a teoria sociológica*: Florestan Fernandes e Gino Germani. São Paulo/Buenos Aires: Hucitec/Clacso.

_____ (2010). "Intelectuais e *statemakers*: Oliveira Vianna, Evaristo de Moraes Filho e a ação coletiva no Brasil". *Estudos Históricos*, vol. 23, n. 46, p. 301-320. Rio de Janeiro.

_____ (2007). *Uma sociologia brasileira da ação coletiva*: o debate entre Oliveira Vianna e Evaristo de Moraes Filho. Rio de Janeiro: PPGSA/IFCS/UFRJ [Dissertação de mestrado].

BRASIL JR., A. & BOTELHO, A. (2010). "Próximo distante: rural e urbano em populações meridionais e raízes do Brasil". In: FERREIRA, G.N. & BOTELHO, A. (orgs.). *Revisão do pensamento conservador*: ideias e política no Brasil. São Paulo: Hucitec, p. 233-272.

BRASIL JR., A. & SANTOS, P.X. (2014). *Base Lattes*: fonte de informação para uma cartografia do campo [Trabalho apresentado no 3º Seminário de Pensamento Social em Instituições do Rio de Janeiro. Niterói: UFF].

BRESCIANI, M.S.M. (2005). *O charme da ciência e a sedução da objetividade* – Oliveira Vianna entre intérpretes do Brasil. São Paulo: Unesp.

BRINGEL, B. (2016). "Nota editorial: política e fluxo editorial da *Dados*". *Dados* – Revista de Ciências Sociais, vol. 59, n. 2, p. 311-321.

BUECHLER, S.M. (1999). *Social Movements in Advanced Capitalism*. Oxford: Oxford University Press.

BUSQUET, J. (1994). *Le droit de la vendetta et les paci corses*. Paris: Du CTHS.

CALHOUN, C. (2007). *Nations Matter*: Culture, History, and the Cosmopolitan Dream. Nova York: Routledge.

CAMPOS, A.J.M. (2013). *Interfaces entre sociologia e processo social*: A integração do negro na sociedade de classes e a pesquisa Unesco em São Paulo. Campinas: IFCH/Unicamp [Dissertação de mestrado].

CAMPOS, L.A.; FERES JR., J. & GUARNIERI, F. (2016). "50 anos da revista *Dados*: uma análise bibliométrica do seu perfil disciplinar e temático". *Dados* – Revista de Ciências Sociais, vol. 59, n. esp.

CANDIDO, A. (2010). *Os parceiros do Rio Bonito*: estudos sobre o caipira paulista e a transformação dos seus meios. Rio de Janeiro: Ouro sobre Azul.

_____ (2006). "O significado de *Raízes do Brasil*". In: HOLANDA, S.B. *Raízes do Brasil*. São Paulo: Companhia das Letras.

_____ (2004). "A faculdade no centenário da Abolição". In: *Vários escritos*. São Paulo/Rio de Janeiro: Duas Cidades/Ouro sobre Azul, p. 227-240.

_____ (2001). "Prefácio". In: MICELI, S. *Intelectuais à brasileira*. São Paulo: Companhia das Letras, p. 71-75.

_____ (1955). *L'état actuel et les problèmes les plus importants des études sur les sociétés rurales du Brésil* [Anais do 31º Congresso Internacional de Americanistas. São Paulo].

CARDOSO, F.H. (1993). "Livros que inventaram o Brasil". *Novos Estudos Cebrap*, 37.

_____ (1977). *Capitalismo e escravidão no Brasil meridional*: o negro na sociedade escravocrata do Rio Grande do Sul. Rio de Janeiro: Paz e Terra.

CARVALHO, J.M. (2004). "As duas cabeças de Oliveira Vianna". In: AXT, G. & SCHÜLER, F. (orgs.). *Intérpretes do Brasil*: cultura e identidade. Porto Alegre: Artes e Ofícios.

_____ (1998). "Mandonismo, coronelismo, clientelismo: uma discussão conceitual". In: *Pontos e bordados*: escritos de história e política. Belo Horizonte: UFMG.

_____ (1993). "A utopia de Oliveira Vianna". In: BASTOS, E.R. & MORAES, J.Q. (orgs.). *O pensamento de Oliveira Vianna*. Campinas: Unicamp, p. 13-42.

CARVALHO, L.C. (2015). *Projeto, conhecimento e reflexividade*: estudos rurais e questão agrária no Brasil dos anos 1970. Rio de Janeiro: PPGSA/IFCS)/UFRJ [Tese de doutorado].

_____ (2010). *Tradição e transição*: mundo rústico e mudança social na sociologia de Maria Isaura Pereira de Queiroz. Rio de Janeiro: PPGSA/IFCS/UFRJ [Dissertação de mestrado].

CASTELLS, M. (2004). *The Power of Identity*. 2. ed. Londres: Blackwell.

CAZES, P.F. (2013). *A sociologia histórica de Maria Sylvia de Carvalho Franco*: pessoalização, capitalismo e processo social. Rio de Janeiro: PPGSA/IFCS)/UFRJ [Dissertação de mestrado].

CHAKRABARTY, D. (2008). *Provincializing Europe*: Postcolonial Thought and Historical Difference. Princeton, NJ: Princeton University Press.

CHANDRA, U. (2013). "The case for a postcolonial approach to the study of politics". *New Political Science*, 35 (3), p. 479-491.

CHARLES, N. (2002). *Feminism, the State and Social Policy*. Londres: Macmillan.

COHEN, J.L. & ARATO, A. (1992). *Civil Society and Political Theory*. Cambridge, MA: MIT.

COHN, G. (2015). "A margem e o centro: travessias de Florestan Fernandes". *Sinais Sociais*, vol. 10, n. 28, p. 11-28. Rio de Janeiro.

_____ (2002). "A integração do negro na sociedade de classes". In: MOTA, L.D. (org.). *Introdução ao Brasil*: um banquete nos trópicos. 2. ed. São Paulo: Senac, p. 385-402.

COLAS, D. (1994). *Sociologie politique*. Paris: PUF.

COSTA LIMA, L. (1989). "A versão solar do patriarcalismo: *Casa-grande & senzala*". In: *Aguarrás do tempo*. Rio de Janeiro: Rocco.

CUNHA, E. (2000). *Os sertões*. Rio de Janeiro: Nova Aguilar.

DELANTY, G. & KUMAR, K. (eds.) (2006). *The Sage Handbook of Nations and Nationalism*. Londres: Sage.

DIAMOND, L. (1994). *Political Culture and Democracy in Developing Countries*. Boulder, CO: Lynne Rienner.

DOMINGUES, J.M. (2004). *Teorias sociológicas no século XX*. Rio de Janeiro: Civilização Brasileira.

DUARTE, N. (1966). *A ordem privada e a organização política nacional*. 2. ed. São Paulo: Companhia Editora Nacional.

DUBROW, J. & KOLCZYNSKA, M. (2015). "A quem pertence o estudo da democracia? – Sociologia, Ciência Política e a promessa da interdisciplinaridade na Sociologia Política desde 1945". *Sociologias*, vol. 17, n. 38, p. 92-120.

DURKHEIM, É. (1978). *As regras do método sociológico*. São Paulo: Abril.

EDER, K. (ed.). (2003). *Collective Identities in Action*: A Sociological Approach to Ethnicity. Aldershot: Ashgate.

EDER, K. & GIESEN, B. (eds.) (2001). *European Citizenship*: National Legacies and Postnational Projects. Oxford: Oxford University Press.

ELIAS, N. (1993). *O processo civilizador*. 2º vol. Rio de Janeiro: Zahar.

ESPING-ANDERSEN, G. (1990). *The Three Worlds of Welfare Capitalism*. Cambridge/Princeton: Polity Press/Princeton University Press.

ESPING-ANDERSEN, G. (ed.). (1996). *Welfare States in Transition*: Social Security in the New Global Economy. Londres: Sage.

FELGUEIRAS, C.L. (2013). *O pensamento social como patrimônio* [2º Seminário de Pensamento Social em Instituições do Rio de Janeiro]. Rio de Janerio: IFCS/UFRJ, Mimeo.

FERNANDES, F. (1980). "Desenvolvimento histórico-social da sociologia no Brasil". In: *A sociologia no Brasil*. Petrópolis: Vozes, p. 25-49.

_____ (1975). *A revolução burguesa no Brasil*: ensaio de interpretação sociológica. Rio de Janeiro: Zahar.

_____ (1965). *A integração do negro na sociedade de classes*. 2 vols. São Paulo: Dominus/Edusp.

_____ (1957). *Carta a Roger Bastide*. São Paulo, 21/06/1957 [Disponível no Fundo Florestan Fernandes da Biblioteca Comunitária da Universidade Federal de São Carlos].

_____ (s.d.). *Anotações de Florestan Fernandes feitas na defesa de tese de doutorado de Maria Sylvia de Carvalho Franco* [Disponível no Fundo Florestan Fernandes da Biblioteca Comunitária da Universidade Federal de São Carlos].

FERREIRA, G.N. (1999). *Centralização e descentralização no Império*: o debate entre Tavares Bastos e Visconde de Uruguai. São Paulo: Ed. 34.

FOUCAULT, M. (1979). *Microfísica do poder*. Rio de Janeiro: Graal.

_____ (1975). *Surveiller et punir* – Naissance de la Prison. Paris: Gallimard.

_____ (1971). *L'Ordre du discours*. Paris: Gallimard.

_____ (1969). *L'Archéologie du savoir*. Paris: Gallimard.

FRANCO, M.S.C. (1997). *Homens livres na ordem escravocrata*. São Paulo: Unesp.

_____ (1984). "Organização social do trabalho no período colonial". In: PINHEIRO, P.S. (org.). *Trabalho escravo, economia e sociedade*. Rio de Janeiro: Paz e Terra.

_____ (1988). *Memorial acadêmico de Maria Sylvia de Carvalho Franco*. São Paulo: USP [mimeo.] [Tese de livre-docência].

_____ (1976). "As ideias estão no lugar". *Cadernos de Debates*, n. 1. São Paulo: Brasiliense.

_____ (1974). "Tradition et industrialisation au Brésil". *Revue Tunisienne de Sciences Sociales*, n. 36, 37, 38, 39.

_____ (1972). "Sobre o conceito de tradição". *Cadernos Ceru/USP*, n. 5.

_____ (1970). *O moderno e suas diferenças*. São Paulo: USP [Tese de livre-docência].

_____ (1968). "O código do sertão: um estudo sobre violência no meio rural". *Dados* – Revista de Ciências Sociais, n. 5, p. 22-56.

_____ (1964). *Homens livres na velha civilização do café*. São Paulo: USP [Tese de doutorado].

_____ (1963). "O estudo sociológico de comunidades". *Revista de Antropologia*, vol. 11, n. 1 e 2.

_____ (1962). "Os alunos do interior na vida escolar e social da cidade de São Paulo: técnica e resultados de uma pesquisa de treinamento". *Boletim 259 da Cadeira de Sociologia I da FFCL-USP*. São Paulo.

FREYRE, G. (1981). *Sobrados e mucambos*. Rio de Janeiro: José Olympio.

FUKUI, L.G. (1979). *Sertão e bairro rural* – Parentesco e família entre sitiantes tradicionais. São Paulo: Ática.

GAMSON, W.A. (1992). *Talking Politics*. Cambridge: Cambridge University Press.

GARCIA JR., A. (2004). "A dependência da política: Fernando Henrique Cardoso e a sociologia no Brasil". *Tempo Social*, vol. 16, n. 1, p. 285-300.

GIDDENS, A. (2003). *A constituição da sociedade*. São Paulo: Martins Fontes.

_____ (1998). *Política, sociologia e teoria social*. São Paulo: Unesp.

_____ (1985). *The Nation State and Violence* – A Contemporary Critique of Historical Materialism. Vol. 2. Cambridge: Polity Press.

_____ (1971). *Capitalism and Modern Social Theory*: An Analysis of the Writings of Marx, Durkheim and Max Weber. Cambridge: Cambridge University Press.

GIRARDET, R. (1987). *Mitos e mitologias políticas*. São Paulo: Companhia das Letras.

GOMES, Â.M.C. (1998). "A política brasileira em busca da modernidade: na fronteira entre o público e o privado". In SCHWARCZ, L.M. (org.). História da vida privada no Brasil. Vol. IV. São Paulo: Companhia das Letras, p. 489-558.

GUPTA, D. (1996). "Engaging with events: The specifics of political sociology in India". *Current Sociology*, 44 (3), p. 53-69.

GURVITCH, G. (1987). *Dialética e Sociologia*. São Paulo: Vértice.

_____ (1979). *A vocação atual da sociologia*. Lisboa: Cosmos.

_____ (1977). *Tratado de sociologia*. São Paulo: Martins Fontes.

HABERMAS, J. (1991). *The Structural Transformation of the Public Sphere*: An Inquiry into a Category of Bourgeois Society. Cambridge, MA: MIT.

_____ (1987). *The Theory of Communicative Action* – Lifeworld and System: A Critique of Functionalist Reason. Vol. 2. Boston: Beacon.

_____ (1984). *The Theory of Communicative Action* – Reason and the Rationalizalion of Society. Vol. 1. Boston: Beacon.

HANN, C. & DUNN, E. (eds.) (1996). *Civil Society*: Challenging Western Models. Londres: Routledge.

HOELZ VEIGA JR., M. (2010). *Homens livres, mundo privado* – Violência e pessoalização numa sequência sociológica. Rio de Janeiro: UFRJ [Dissertação de mestrado].

HOLANDA, S.B. (1995). *Raízes do Brasil*. São Paulo: Companhia das Letras.

IANNI, O. (1958). "Resenha de *O mandonismo local na vida política brasileira*". *Anhembi*, n. 88, p. 129-132.

JACKSON, L.C. (2009). "Divergências teóricas, divergências políticas: a crítica da USP aos 'estudos de comunidades'". *Cadernos de campo*, n. 18, p. 273-280. São Paulo.

_____ (2002). *A tradição esquecida* – Os parceiros do Rio Bonito e a sociologia de Antonio Candido. Belo Horizonte: UFMG.

JANOSKI, T. et al. (eds.) (2005). *The Handbook of Political Sociology*. Cambridge: Cambridge University Press.

KARSENTI, B. (1994). *Marcel Mauss*: le fait social total. Paris: PUF.

KHONDKER, H.H. (1996). "Sociology of political sociology in Southeast Asia and the problem of democracy". *Current Sociology*, 44 (3), p. 70-80.

KIMMERLING, B. (1996). "Changing meanings and boundaries of the political". *Current Sociology*, 44 (3), p. 152-176.

KOSMINSKY, E. (org.) (1999). *Agruras e prazeres de uma pesquisadora*: a sociologia de Maria Isaura Pereira de Queiroz. Marília: Unesp-Marília Publicações-Fapesp.

KRIESI, H. et al. (1995). *New Social Movements in Western Europe*. Londres: ULC.

KUBIAK, H. (1996). "Hopes, illusions and deceptions: Half century of political sociology in Poland". *Current Sociology*, 44 (3), p. 2-39.

LAHUERTA, M. (2008). "Marxismo e vida acadêmica: os pressupostos intelectuais da crítica uspiana ao nacional-desenvolvimentismo". In: BOTELHO, A. et al. *O moderno em questão*: a década de 1950 no Brasil. Rio de Janeiro: Topbooks.

_____ (1999). *Intelectuais em transição*: entre a política e a profissão. São Paulo: São Paulo: USP [Tese de doutorado].

LAMBERT, J. (1959). *Os dois Brasis*. Rio de Janeiro: CBPE/Inep-MEC.

LAMOUNIER, B. (1999). "Vítor Nunes Leal – Coronelismo, enxada e voto". In: MOTA, L.D. (org.). *Introdução ao Brasil* – um banquete no trópico. São Paulo: Senac, p. 273-292.

_____ (1982). "A ciência política no Brasil: roteiro para um balanço crítico". In: LAMOUNIER, B. (org.). *A ciência política nos anos 80*. Brasília: UnB.

LEAL, V.N. (1997). *Coronelismo, enxada e voto: o município e o sistema representativo no Brasil*. 3. ed. Rio de Janeiro: Nova Fronteira.

LIMA, E.N.C. (2007). *A importância do distrito baiano de Santa Brígida na sociologia política de Maria Isaura Pereira de Queiroz*. Rio de Janeiro: UFRJ [Tese de doutorado].

LIMA, N.T. (1999). *Um sertão chamado Brasil*: intelectuais e representação geográfica da identidade nacional. Rio de Janeiro: Revan/Iuperj/Ucam.

LIPSET, S.M. (ed.) (1969). *Politics and Social Sciences*. Oxford: Oxford University Press.

LUHMANN, N. (2007). *La sociedad de la sociedad*. México: Universidad Iberoamericana/Herder.

_____ (1996). *La ciencia de la sociedad*. México: Universidad Iberoamericana/Anthropos/Iteso.

LUKES, S. (1974). *Power:* A Radical View. Londres: Macmillan.

_____ (1972). *Emile Durkheim: His Life and Work* – A Historical and Critical Study. Hamondsworth: Penguin.

LYNCH, C.E.C. (2016). "Entre a 'velha' e a 'nova' Ciência Política: continuidade e renovação acadêmica na primeira década da revista Dados (1966-1976)". *Dados – Revista de Ciências Sociais*, vol. 59, n. esp.

MAIA, J.M.E. (2009). "Pensamento brasileiro e teoria social: notas para uma agenda de pesquisa". *Revista Brasileira de Ciências Sociais*, vol. 24, p. 155-168.

MAIA, J.M.E. et al. (2016). *Anpocs 40 Anos*: um perfil institucional [Trabalho apresentado no 40º Encontro Anual da Anpocs, 24-28/10/2016. Caxambu].

MALAGUTI, P.C. (2013). *A sociologia de Maria Sylvia de Carvalho Franco e os estudos de comunidade*. Rio de Janeiro: PPGSA/IFCS/UFRJ [Dissertação de mestrado].

MANN, M. (2012). *The Sources of Social Power* – Vol. 3: Global Empires and Revolution, 1890-1945. Cambridge: Cambridge University Press.

_____ (1997). "Has globalization ended the rise and rise of the nation-state?" *Review of International Political Economy*, 4 (3), p. 472-496.

_____ (1993). *The Sources of Social Power* – Vol. 2: The Rise of Classes and Nation States 1760-1914. Cambridge: Cambridge University Press.

_____ (1986). *The Sources of Social Power* – Vol. 1: A History of Power from the Beginning to AD 1760. Cambridge: Cambridge University Press.

MARSHALL, T.H. (1950). *Citizenship and Social Class and Other Essays*. Cambridge: Cambridge University Press.

MARTINS, C.E. (1966). "Construção de teoria na ciência social brasileira". *Dados* – Revista de Ciências Sociais, n. 1, p. 84-114.

MAUSS, M. (2003). *Sociologia e antropologia*. São Paulo: Cosac & Naify.

McCARTHY, J.D. & ZALD, M.N. (1977). "Resource mobilization and social movements: A partial theory". *American Journal of Sociology*, 82 (6), p. 1.212-1.241.

MELUCCI, A. (1999). *Acción colectiva, vida cotidiana y democracia*. México: El Colegio de México.

MICELI, S. (2001). *Intelectuais à brasileira*. São Paulo: Companhia das Letras.

_____ (1999). "Intelectuais Brasileiros". In: MICELI, S. (org.). *O que ler na ciência social brasileira (1970-1995)*. 2. ed. São Paulo/Brasília: Ed. Sumaré/Anpocs/Capes, p. 109-147.

_____ (1988). *A elite eclesiástica brasileira*. Rio de Janeiro: Bertrand Brasil.

MICELI, S. (org.) (2001). *História das ciências sociais no Brasil*. Vol. 1. 2. ed. rev. e cor. São Paulo: Ed. Sumaré.

MILLS, C.W. (1982). *A imaginação sociológica*. Rio de Janeiro: Zahar.

MOORE JR., B. (1983). *Origens sociais da ditadura e da democracia*. São Paulo: Martins Fontes.

MORSE, R. (1990). *A volta de mcluhanaíma*: cinco estudos solenes e uma brincadeira séria. São Paulo: Cia. das Letras.

NAGLA, B.K. (1999). *Political Sociology*. Jaipur: Rawat.

NASH, K. (2001). "The 'cultural turn' in social theory: Towards a theory of cultural politics". *Sociology*, 35 (1), p. 77-92.

_____ (2000). *Contemporary Political Sociology*: Globalization, Politics, and Power. Chichester: Wiley-Blackwell.

NEGRÃO, L.N. (2001). "Revisitando o messianismo e profetizando o seu futuro". *Revista Brasileira de Ciências Sociais*, vol. 16, n. 46.

NOVAIS, F.A. (1997). "Condições da privacidade na colônia". In: MELLO & SOUZA, L. (orgs.). *História da vida privada no Brasil*: cotidiano e vida privada na América portuguesa. São Paulo: Companhia das Letras.

O'CONNOR J.; ORLOFF, A.S. & SHAVER, S. (1999). *States, Markets and Families*: *Gender, Liberalism and Social Policy in Australia, Canada, Great Britain and the United States*. Melbourne: Cambridge University Press.

OLIVER, M. & SHAPIRO, T. (1997). *Black Wealth/White Wealth*. Nova York/Londres: Routledge.

OLIVEIRA, L.L. (1999). "Interpretações sobre o Brasil". In: MICELI, S. (org.). *O que ler na ciência social brasileira (1970-1995)*. 2. ed. São Paulo/Brasília: Ed. Sumaré/ Anpocs/Capes, p. 147-181.

_____ (1995). *A sociologia do guerreiro*. Rio de Janeiro: UFRJ.

OLIVEIRA, N. & MAIO, M.C. (2011). "Estudos de comunidade e ciências sociais no Brasil". *Sociedade e Estado*, vol. 26, p. 521-550.

OLSEN, M.E. et al. (1993). *Power in Modern Societies*. Boulder, CO: Westview Press.

ORUM, A.M. (1996). "Almost a half century of political sociology in the United States". *Current Sociology*, 44 (3), p. 132-151.

_____ (1978). *Introduction to Political Sociology*: The Social Anatomy of the Body Politic. Englewood Cliffs, NJ: Prentice Hall.

ORUM, A.M. & DALE, J.G. (2008). *Political Sociology*: Power and Participation in the Modern World. Oxford: Oxford University Press.

PALMEIRA, M. (1971). *Latifundium et capitalisme*: lecture critique d'un débat. Paris: Universidade de Paris [Tese de doutorado].

PÉCAUT, D. (1990). *Os intelectuais e a política no Brasil*: entre o povo e a nação. São Paulo: Ática.

PINTO, L.A.C. (1995). *Entrevista* [mimeo.] [Arquivo do Núcleo de Pesquisa em Sociologia da Cultura do IFCS/UFRJ].

_____ (1980). *Lutas de famílias no Brasil* – Introdução ao seu estudo. 2. ed. São Paulo/Brasília: Companhia Editora Nacional/Instituto Nacional do Livro.

_____ (1975). "O entorpecimento do nacionalismo e suas consequências". In: FERNANDES, F. (org.): *Comunidade e sociedade no Brasil*: leituras básicas de introdução ao estudo macrossociológico do Brasil. São Paulo: Companhia Editora Nacional, p. 572-587.

_____ (1970). *Desenvolvimento econômico e transição social*. 2. ed. rev. e aum. Rio de Janeiro: Civilização Brasileira.

_____ (1958). *Recôncavo*: laboratório de uma experiência humana. Rio de Janeiro: Centro Latino-Americano de Pesquisas em Ciências Sociais.

_____ (1943). "Lutas de famílias no Brasil". *Revista do Arquivo Municipal*, ano 8, vol. LXXXVIII, p. 7-125.

PIVA, L.G. (2000). *Ladrilhadores e semeadores*. São Paulo: USP/Ed. 34.

POLITICAL SOCIOLOGY SECTION (ASA) (2008). *Political Sociology*: States, Power and Societies, 15 (3).

_____ (2007). *Political Sociology*: States, Power and Societies, 14 (1).

PONTES, H. (1997). "Círculo de intelectuais e experiência social". *Revista Brasileira de Ciências Sociais*, vol. 12, n. 34, p. 57ss.

POULANTZAS, N. (1968). *Pouvoir politique et classes sociales*. Paris: Maspero.

PULICI, C. (2008). *Entre sociólogos*: versões conflitivas da "condição de sociólogo" na USP dos anos 1950-1960. São Paulo: Edusp/Fapesp.

PUTNAM, R.D. (1993). *Making Democracy Work*: Civic Traditions in Modern Italy. Princeton, NJ: Princeton University Press.

QUEIROZ, M.I.P. (1995). "Sobre Durkheim e *As regras do método sociológico*". *Revista Ciência e Trópico*, vol. 23, n. 1, p. 75-84. Recife.

_____ (1978). *Cultura, sociedade rural, sociedade urbana no Brasil* [s.n.t.].

_____ (1977). *Os cangaceiros*. São Paulo: Duas Cidades.

_____ (1976a). "Política, ascensão social e liderança num povoado baiano". In: *O campesinato brasileiro*: ensaios sobre civilização e grupos rústicos no Brasil. Petrópolis: Vozes, p. 100-122.

_____ (1976b). *O messianismo no Brasil e no mundo*. São Paulo: Alfa Ômega.

_____ (1976c). *O mandonismo local na vida política brasileira e outros ensaios*. São Paulo: Alfa-Ômega.

_____ (1973). *Bairros rurais paulistas*. São Paulo: Duas Cidades.

_____ (1972a). "Pesquisas sociológicas sobre o subdesenvolvimento: reflexões metodológicas". *Cadernos Ceru*, n. 5, p. 41-73.

_____ (1972b). "Desenvolvimento, no Brasil, das pesquisas empíricas de sociologia: ontem e hoje". *Ciência e Cultura*, vol. 24, n. 6, p. 511-525.

_____ (1963). *Uma Categoria Rural Esquecida*, n. 45, jan.-fev., p. 93. São Paulo.

_____ (1958). *Sociologia e folclore*: a Dança de São Gonçalo num povoado baiano. Salvador: Livraria Progresso.

_____ (1956). *La Guerre Sainte au Brésil: le mouvement messianique du Contestado*. École Pratique des Hautes Études [Tese de doutorado].

RAMOS, A. (1943). *Carta a Sergio Milliet datada de 05/06/1942*. Fundação Biblioteca Nacional.

RAMOS, A.G. (1995). *Introdução crítica à sociologia brasileira*. Rio de Janeiro: UFRJ.

REIS, E.P. (2004). "The long lasting marriage between state and nation despite globalization". *International Political Science Review*, 25 (3), p. 251-257.

_____ (1999). "Os velhos e os novos desafios da sociologia política". In: SANTOS, J.V.T. (org.). *A sociologia para o século XXI*. Pelotas: Universidade Católica de Pelotas/Sociedade Brasileira de Sociologia, p. 59-75.

_____ (1998a). "O Estado nacional como ideologia: o caso brasileiro". In: *Processos e escolhas – Estudos de sociologia política*. Rio de Janeiro: Ed. Contra Capa.

_____ (1998b). "A transição do Leste e do Sul: o desafio teórico". In: *Processos e escolhas – Estudos de sociologia política*. Rio de Janeiro: Ed. Contra Capa.

_____ (1998c). "Generalização e singularidades nas ciências humanas". In: *Processos e escolhas* – Estudos de sociologia política. Rio de Janeiro: Ed. Contra Capa.

_____ (1998d). "Desigualdade e solidariedade: uma releitura do 'familismo amoral' de Banfield". In: *Processos e escolhas* – Estudos de sociologia política. Rio de Janeiro: Ed. Contra Capa, p. 111-136.

_____ (1996). "Political sociology in Brazil: Making sense of history". *Current Sociology*, 44 (3), p. 81-107.

RICUPERO, B. (2007). *Sete lições sobre as interpretações do Brasil.* São Paulo: Alameda.

_____ (2000). *Caio Prado Jr. e a nacionalização do marxismo no Brasil.* São Paulo: Ed. 34.

ROHDEN, F. (1999). "Honra e família em algumas visões clássicas da formação nacional". *BIB* – Revista Brasileira de Informação Bibliográfica em Ciências Sociais, n. 48, p. 69-89. Rio de Janeiro.

ROOTES, C. (2003). *Environmental Protest in Western Europe.* Nova York: Oxford University Press.

_____ (1996). "Political sociology in Britain: Survey of the literature and the profession". *Current Sociology*, 44 (3), p. 108-132.

SALLUM JR., B. (2002). "Notas sobre a gênese da sociologia política em São Paulo". *Política e Sociedade*, vol. 1, n. 1, p. 73-86. Florianópolis.

_____ (1999). "Sergio Buarque de Holanda: *Raízes do Brasil*". In: MOTA, L.D. *Introdução ao Brasil*: um banquete no trópico. Vol. 1. São Paulo: Senac, p. 235-256.

SANTIAGO, S. (2012). "Formação e inserção". *O Estado de S. Paulo*, 26/05.

_____ (2000). *Intérpretes do Brasil.* Rio de Janeiro: Nova Aguilar.

SANTOS, T.S. (2009). "Do artesanato intelectual ao contexto virtual: ferramentas metodológicas para a pesquisa social". *Sociologias*, n. 22, p. 120-156.

SANTOS, W.G. (1978). "Paradigma e história: a ordem burguesa na imaginação social brasileira". In: *Ordem burguesa e liberalismo político.* São Paulo: Duas Cidades, p. 15-63.

SARTORI, G. (1969). "From the Sociology of Politics to Political Sociology". In: LIPSET, S.M. (ed.). *Politics and Social Sciences.* Oxford: Oxford University Press.

SCHERER-WARREN, I. (2015). "Desafios para uma sociologia política brasileira: os elos entre movimentos e instituições". *Sociologias*, vol. 17, n. 38, p. 44-62.

SCHERER-WARREN, I. & BENAKOUCHE, T. (orgs.) (2002). "Dossiê sociologia política: trajetórias e perspectivas". *Política e Sociedade*, vol. 1, n. 1, p. 11-142. Florianópolis.

SCHWARCZ, L.M. & BOTELHO, A. (2011). "Dossiê Pensamento Social Brasileiro". *Lua Nova* – Revista de Cultura Política, n. 82. São Paulo: Cedec.

_____ (2008). "Ao vencedor, as batatas: 30 anos – Crítica da cultura e processo social". *Revista Brasileira de Ciências Sociais*, vol. 23, n. 67, p. 147-160 [Entrevista com Roberto Schwarz].

SCHWARZ, R. (1999). "Sobre a 'formação' da literatura brasileira". In: *Sequências brasileiras*: ensaios. São Paulo: Companhia das Letras, p. 17-23.

SCOTT, A. (1990). *Ideology and the New Social Movements*. Londres: Unwin Hyman.

SIGELMAN, L. (2006). "Introduction to the Centennial Issue". *The American Political Science Review*, vol. 100, n. 4, p. V-XVI.

SILVA, R. (2002). "Sociologia política e ideologia autoritária". *Política e Sociedade*, vol. 1, n. 1, p. 103-128. Florianópolis.

"Simpósio: 5 questões sobre o pensamento social brasileiro" (2011). In: SCHWARZ, L.M. & BOTELHO, A. "Dossiê Pensamento Social Brasileiro". *Lua Nova* – Revista de Cultura Política, n. 82. São Paulo: Cedec.

SKINNER, Q. (1999). *As fundações do pensamento político moderno*. São Paulo: Companhia das Letras.

SKOCPOL, T. (1996). *Boomerang*: Clinton's Health Security Effort and the Turn Against Government in U.S. Politics. Nova York: Norton.

_____ (1992). *Protecting Soldiers and Mothers*: The Political Origins of Social Policy in the United States. Cambridge, MA: Belknap Press of Harvard University Press.

_____ (1985). "Bringing the state back in *Strategies of analysis in current research*". In: EVANS, P.; RUESCHMEYER, D. & SKOCPOL, T. (eds.). *Bringing the State Back In*. Cambridge: Cambridge University Press, p. 3-43.

_____ (1984). *Vision and method in historical sociology*. Cambridge: Cambridge University Press.

_____ (1973). "A critical review of Barrington Moore's social origins of dictatorship and democracy". *Politics Society*, 4 (1), p. 1-34.

SKOCPOL, T. (ed.) (1998). *Democracy, Revolution and History*. Ithaca, NY: Cornell University Press.

SMITH, A.D. (2010). *Nationalism*: Theory, Ideology, History. Cambridge: Polity.

SMITH, D. (1991). *The rise of historical sociology*. Cambridge: Polity.

SOARES, G.A.D. (1978). "Depois do milagre". *Dados* – Revista de Ciências Sociais, n. 19, p. 3-26.

SPIRANDELLI, C.C. (2009). *Trajetórias intelectuais*: professoras do curso de ciências sociais da FFCL-USP (1934-1969). São Paulo: USP [Tese de doutorado].

SWARTZ, D.L. (2013). *Symbolic Power, Politics and Intellectuals*: The Political Sociology of Pierre Bourdieu. Chicago: University of Chicago Press.

SZTOMPKA, P. (1998). *A sociologia da mudança social*. Rio de Janeiro: Civilização Brasileira.

TARROW, S. (1998). *Power in Movement*: Social Movements and Contentious Politics. Cambridge: Cambridge University Press.

TILY, C. (2013). *Democracia*. Petrópolis: Vozes.

_____ (1996). *Coerção, capital e estados europeus, 1990-1992*. São Paulo: Edusp.

_____ (1993). "Contentious repertoires in Great Britain, 1758-1834". *Social Science History*, 17, p. 253-280.

_____ (1986). *The Contentious French*: Four Centuries of Popular Struggle. Cambridge, MA: Belknap Press/Harvard University Press.

_____ (1978). *From Mobilization to Revolution*. Boston, MA: Addison-Wesley.

_____ (1975). "Reflections on the history of European state-making". In: TILLY, C. (ed.). *The Formation of National States in Western Europe*. Princeton, NJ: Princeton University Press.

TOURAINE, A. (1984). *Le retour de l'acteur* – Essai de sociologie. Paris: Fayard.

TULLY, J. (ed.) (1988). *Meaning and context*: Quentin Skinner and his critics. Princeton: Princeton University Press.

VIANNA, F.J. (1991). "Os estudos sociológicos no Brasil". In: *Ensaios inéditos*. Campinas: Unicamp, p. 89-94.

_____ (1973). *Populações meridionais do Brasil*. 6. ed. Rio de Janeiro: Paz e Terra/Governo do Estado do Rio de Janeiro/UFF.

_____ (1956). *Evolução do povo brasileiro*. Rio de Janeiro: José Olympio.

_____ (1908-1909). *Caderno*, n. 18. Arquivo da Casa de Oliveira Vianna.

VILLAS BÔAS, G. (2010). "Para ler a sociologia política de Maria Isaura Pereira de Queiroz". *Revista Estudos Políticos*, n. 1.

_____ (2009). "A tradição renovada na obra de Maria Isaura Pereira de Queiroz". In: SCHWARCZ, L.; BOTELHO, A. (orgs.). *Um enigma chamado Brasil*. São Paulo: Companhia das Letras.

_____ (2006a). *Mudança provocada* – Passado e futuro no pensamento sociológico brasileiro. Rio de Janeiro: FGV.

_____ (2006b). *A recepção da sociologia alemã no Brasil*. Rio de Janeiro: Topbooks.

_____ (1999). "Passado arcaico, futuro moderno – A contribuição de L.A. Costa Pinto para a sociologia das mudanças sociais". In: MAIO, M.C. & VILLAS BÔAS, G. (orgs.). *Ideais de modernidade e sociologia no Brasil* – Ensaios sobre Luiz de Aguiar Costa Pinto. Porto Alegre: UFRGS.

_____ (1992). *A vocação das ciências sociais (1945/1964)* – Um estudo da sua produção em livro. São Paulo: USP [Tese de doutorado].

VORONKOV, V. & ZDRAVOMYSLOVA, E. (1996). "Emerging political sociology in Russia and Russian transformation". *Current Sociology*, 44 (3), p. 40-52.

WAGNER, P. (1994). *Sociology of Modernity*: Liberty and Discipline. Londres/Nova York: Routledge.

WEBER, M. (2004). *Economia e sociedade*. Vols. 1 e 2. São Paulo: UnB.

WEGNER, R. (2006). "Um ensaio entre o passado e o futuro". In: HOLANDA, S.B. *Raízes do Brasil*. São Paulo: Companhia das Letras, p. 335-364.

WEINER, J. (1976). "Review of reviews". *History and Theory*, 15 (2), p. 146-175.

WERNECK VIANNA, L. (1999). "Weber e a interpretação do Brasil". In: SOUZA, J. (org.). *O malandro e o protestante* – A tese weberiana e a singularidade cultural brasileira. Brasília: UnB, p. 173-193.

_____ (1997). "A Institucionalização das Ciências Sociais e a reforma social: do pensamento social à Agenda Americana de Pesquisa". In: *A revolução passiva:* Iberismo e americanismo no Brasil. Rio de Janeiro: Revan/Iuperj, p. 173-217.

_____ (1993). "Americanistas e iberistas: a polêmica de Oliveira Vianna com Tavares Bastos". In: BASTOS, E.R. & MORAES, J.Q. (orgs.). *O pensamento de Oliveira Vianna*. Campinas: Unicamp, p. 351-404.

WERNECK VIANNA, L.; CARVALHO, M.A.R.; MELO, M.P.C. & BURGOS, M.B. (1998). "Doutores e teses em Ciências Sociais". *Dados*, vol. 41, n. 3. Rio de Janeiro: Iuperj.

WILLIANS, R. (2011). *O campo e a cidade*. São Paulo: Companhia das Letras.

YOUNG, M.; ZUELOW, E. & STURM, A. (2007). *Nationalism in a Global Era*: The Persistence of Nations. Nova York: Routledge.

POSFÁCIO
O MÉTODO BEM TEMPERADO

Maurício Hoelz

Recolocar a política *na* sociedade, será ocioso dizer ao leitor que se ocupar deste posfácio significa reaprender que as instituições políticas e o Estado não se realizam num vazio de relações sociais – para usar a fórmula, quase mantra, lapidar de André Botelho, que imanta os textos desta coletânea. Rejeitando tanto visões institucionalistas quanto sistêmicas hoje quase "naturalizadas", que pressupõem a autonomia concreta e explicativa da vida política, a tradição intelectual pesquisada em *O retorno da sociedade* não se limita a meramente relacionar política e sociedade: especifica as bases e a dinâmica social – ou, poderíamos dizer, trabalha a matéria sócio-histórica – de que se encarnam a política e o Estado – por isso merece ser chamada de "sociologia política". Esse reaprendizado é condição para que possamos compreender os impasses gerados pelo *retorno*, violento e socialmente legitimado, dos valores e práticas autocráticas da velha sociedade brasileira, desenganada erroneamente, ao espaço público e à política. O título do livro não poderia ser mais certeiro, pois se trata mesmo do retorno do recalcado em vários sentidos, a começar pelo fato de que a sociedade, banida levianamente da explicação política, nunca deixou de silenciosa e subterraneamente definir suas possibilidades e limites, e agora dá o troco ao nos surpreender com um uso aparentemente ritual ou instrumental das instituições democráticas contra os próprios avanços substantivos da democracia. A ideia de retorno da sociedade, desentranhada dessa tradição da sociologia política, procura também – em fina provocação ao célebre livro de Alain Touraine – problematizar o papel da sociedade na constituição das formas de solidariedade e de participação social, desestabilizando visões excessivamente idealizadas e voluntaristas dos movimentos sociais e da ação coletiva, que acabaram os convertendo em forças virtuosas (e quase míticas) da mudança na contemporaneidade, o que parece ter levado à sobrevalorização da especificidade do presente em detrimento da compreensão do processo social como teia de constrangimentos estruturais e opções históricas. Ainda, no plano mais abstrato da teorização, a ideia de retorno da sociedade parece apontar para o fato de que o contexto sócio-histórico atua internamente, ao lado das componentes analítica e empírica, como um dos elementos constitutivos da própria estruturação dos argumentos – e não como mero dado exterior –, uma vez que a construção de teorias e conceitos tem de se haver com uma "matéria" já "formada" que, ao passar para o plano interno e formal da teoria, seria garantia de seu poder explicativo. Assim, desrecalca-se também o pressuposto sociológico implícito nas teorias "centrais", que quase sempre generalizam experiências particulares como representativas de processos pretensamente universais, tomados como inespecíficos ou abstratos. Pode-se dizer que essa compreensão implica um modo criativo de enfrentar, no âmbito da elaboração sociológica e a partir da tradição da sociologia política histórico-comparada, o problema da filiação a textos e fidelidade a contextos, tal como cunhado por Antonio Candido para a crítica literária, e abrir a caixa preta da teorização, ao fazer retornar aquilo que em diferentes momentos e latitudes acaba por ser apagado.

Nem uma abordagem institucionalista, nem outra voluntarista. Tampouco, porém, uma concepção reificada da sociedade. *Bringing society back in* – para fazer, por minha conta e risco, analogia igualmente provocativa com o clássico da sociologia política de Theda Sckopol –, eis a proposta instigante e urgente de *O retorno da sociedade*: recolocar as *relações* entre sociedade e Estado no centro das análises a fim de se construir "uma visão integrada do *movimento* geral da sociedade" e do seu papel na configuração das possibilidades e limites da política. Como não terá escapado ao leitor, é de movimento e de relações que se trata, o que sugerem diferentes expressões contidas nos títulos dos ensaios que formam o livro: sequências, passagens, baralhamento, fios, fluxo, passado futuro, Estado-sociedade, para dar alguns exemplos. Não à toa o entrelaçamento geracional assume especial importância na pesquisa, na fatura textual e na concepção do livro, funcionando como um tipo de ponto de fuga de método, objeto e escrita, e constitui o núcleo da sofisticada categoria de "sequências", que costura reflexivamente os diferentes ensaios. Tal categoria teórico-metodológica visa apreender os desafios, conflitos e linguagens compartilhados que enlaçam diferentes gerações e me parece ser ela mesma como que uma evidência desse caráter cumulativo, ainda que cronicamente não consensual, das ciências sociais. Como André reconhece, a própria ideia de sequências encontra inspiração em um texto fundamental de sua orientadora, Elide Rugai Bastos, sobre o "Pensamento social da escola sociológica paulista", e tira consequências da proposição nele feita de que o diálogo entre as diferentes interpretações da sociedade é componente central da busca de explicações sobre o Brasil, bem como de que o ponto de partida metodológico obriga a repensar a teoria, a atribuir precisão às categorias analíticas e a realizar um acerto de contas com a tradição sociológica e com o pensamento social e político brasileiro das gerações anteriores.

Além disso, como também lembrado pelo autor, a categoria sequências foi discutida e teoricamente aperfeiçoada nos diálogos com o grupo de pesquisadores do projeto temático Fapesp "Linhagens do pensamento político-social brasileiro" coordenado por Gildo Marçal Brandão e pela mesma Elide, e desenvolvido no Cedec entre 2008 e 2012. No "Linhagens" debateu-se a produtividade do repertório de noções que vinha sendo mobilizado pelas ciências sociais brasileiras com o intuito de conferir algum sentido ou "seriação" ao movimento das ideias – formação, paradigmas, escolas, estilos de pensamento, linhagens e sequências eram algumas das possibilidades de apreensão cognitiva do *sentido* de um conjunto determinado de obras e autores. A noção de sequências, portanto, ao mesmo que se beneficia desse acúmulo procede a uma revisão crítica dos termos e pressupostos desse debate metodológico sobre ideias ou correntes intelectuais. Vejamos brevemente.

Como já reiteradamente observado por analistas, é prolífico o número de obras no Brasil que trazem no título ou no subtítulo a palavra "formação", o que, se não indica a fecundidade desse tipo de abordagem, parece ser sintoma de uma obsessão social particular. Esquematicamente, tomando como exemplo o clássico de Antonio Candido, *Formação da literatura brasileira* (1959), o estudo da "formação" implica analisar o estabelecimento de uma causalidade interna num *sistema cultural* em constituição, isto é, um nexo orgânico de autores, obras e público que seja capaz de incorporar a partir de critérios próprios o "influxo externo" inevitável (de teorias, conceitos, formas, doutrinas etc.), dado o caráter recente e subordinado da cultura brasileira em relação à cultura europeia. Assim, numa análise da "formação" é decisivo indicar o *momento* em que se delineiam, a despeito do constante influxo externo que ameaça dissolver o processo, linhas evolutivas internas mais ou menos contínuas e estruturadas – isto é, detectar quando o processo está em vias de se "completar". A noção de formação, como se vê e, aliás, já observou Paulo Arantes, possui inegável caráter normativo, espelhada pelo ideal europeu de civilização integrada, já que supõe um fim positivo e necessário: a passagem – evocada pela célebre imagem da transmissão da tocha entre corredores – de uma situação inicial de "manifestações avulsas" para uma "formação" sistêmica orgânica e estruturada segundo linhas mais ou menos definidas.

Já a noção de "linhagens" apresenta uma proposta mais estrutural e menos diacrônica – e também menos normativa – em relação à categoria de "formação". Tal como formulada por Gildo Marçal Brandão em *Linhagens do pensamento político brasileiro* (2007), a despeito de sua contínua variabilidade, ela se propõe a reconhecer "as determinações mais gerais a que chegou o processo ideológico brasileiro". O próprio verbo escolhido (reconhecer) sugere que a formulação se dá não só no plano analítico, mas também ontológico. O objetivo consiste em "demarcar a existência, no plano das ideias e das formas de pensar, de continuidades, linhagens, tradições", ressaltando que "a vida ideológica brasileira não é aleatória; faz, ao contrário, sistema e sentido, embora seja (ou tenha sido) descontínua, sujeita a ciclos de substituição cultural que, por vezes, parecem fazer tabula rasa de todas as anteriores configurações". Não obstante as evidentes ressonâncias candidianas nessa proposta, uma diferença fundamental se coloca: se num estudo de "formação" o crucial é o delineamento dos possíveis momentos nos quais o sistema se "completa", isto é, conforma suas linhas evolutivas próprias, já num estudo de "linhagens" as circunstâncias históricas específicas são menos decisivas que a constatação da própria continuidade das ideias – numa ênfase, portanto, mais estrutural que histórica. Essa ênfase é exemplificada na hipótese de situar o liberalismo atual em linha de continuidade com o diagnóstico de Tavares Bastos sobre o caráter asiático e parasitário que o Estado colonial herdou da metrópole portuguesa, passando pela tese de Raimundo Faoro sobre a permanência histórica de um estamento burocrático-patrimonial, e desaguando na proposta de Simon Schwartzman e outros "americanistas" de (des)construção de um Estado que rompa com sua tradição "ibérica" e imponha o predomínio do mercado, ou da sociedade civil, e dos mecanismos de representação sobre os de cooptação, populismo e "delegação". Depreende-se daí que as referências a autores e/ou contextos específicos, apesar de importantes, vem a reboque da constatação de uma unidade estruturada maior. Se numa análise de "formação" o foco incide nos momentos de maturação de um nexo orgânico entre produções culturais anteriormente avulsas – ou, como se tem insistindo mais recentemente, nos momentos de dissolução dessas mesmas referências compartilhadas –, já num estudo de "linhagens" essas reviravoltas na vida das ideias ficam em segundo plano.

Com a noção de sequências, André Botelho forja um instrumento analítico típico-ideal de abordagem diacrônica da relação de textos e contextos que, incorporando a crítica às premissas normativa e teleológica dessas outras abordagens de seriação das ideias e recusando a estéril disjuntiva dos partidos "textualista" e "contextualista" que marcava a área de pensamento social, leva em conta o caráter contingente, ainda que não aleatório, dos processos não lineares de acumulação intelectual na reconstituição de fios cognitivos semelhantes e diferentes. Adensamento intelectual não é sinônimo, porém, de valor cognitivo progressivamente superior, como se poderia inferir inapropriadamente. Em virtude justamente desse *circuito aberto* que vai da produção, passando pela circulação, até a recepção cognitiva nas sequências intelectuais perseguidas, o sentido das obras não está dado *a priori* e só a pesquisa empírica e o corpo a corpo com os textos permite apurar e matizar as perdas e ganhos no trânsito entre diferentes meios expressivos, perspectivas teórico-metodológicas e convicções normativas, definindo a força ou a fraqueza dessas linhas. Operacionalizando essa categoria, *O retorno da sociedade* apresenta, de modo inovador e persuasivo, vários nexos de sentido – desde afinidades eletivas até escolhas pragmáticas – entre intepretações sociológicas sobre as relações Estado/sociedade e público/privado no Brasil, formuladas antes, depois ou simultaneamente às obras analisadas em cada caso. Reconstruindo analiticamente as mediações de certos fios que parecem amarrar (e tensionar) textos e contextos, autores e obras tão distantes entre si – não só no tempo e no espaço, mas também teórica e politicamente –, e sem deixar de considerar a reflexão contemporânea especializada, o livro desenha um mapa, a partir do Brasil, da tradição da sociologia política[71].

Espécie de deslizamento metafórico do estudo da harmonia musical, em que expressa uma combinação de elementos diferentes e individualizados, embora ligados por certa pertinência, a ideia de sequências, como na analogia musical, procura capturar o movimento de sucessividade simultânea que articula a dimensão horizontal e vertical, diacrônica e sincrônica do discurso e das linguagens numa trama dinâmica e reflexiva de consonâncias e dissonâncias, atrações e repulsões relativas. Desse modo, ela permite ritmar, em linhas cognitivas repletas de tensões, ressonâncias e modulações, a repetição e a diferença, o mesmo e o diverso, o contínuo e o descontínuo do processo histórico-social como que "sismografado" no debate intelectual. Esse procedimento teórico-metodológico é calibrado pelas mãos de André a partir de uma combinação elegante e consistente das perspectivas analítica e contextualista de análise dos textos que funciona como um sistema de freios e contrapesos aos riscos implicados na adoção exclusiva de uma delas e na aproximação de questões do presente a interpretações do passado. E, que não se engane o leitor, o equilíbrio delicado atingido na análise feita nos diferentes ensaios visa não expurgar o anacronismo, mas antes valorizá-lo controladamente. Há, na verdade, um sutil elogio ao anacronismo como baralhamento tenso de múltiplas temporalidades no processo social que atra-

---

71. Esse método e subtemas derivados dessa agenda de pesquisa irradiaram para um conjunto de trabalhos de orientandos, nos quais me incluo, que também testaram a produtividade dessa metodologia e lhe deram desbobramentos à luz das necessidades suscitadas por seus respectivos objetos. Assim, p. ex., investigaram-se as modulações diacrônicas nas formulações analíticas de autores em resposta às próprias variações da matéria histórica, seja dentro de um mesmo projeto intelectual, como no caso da leitura genética de *Populações meridionais do Brasil* feita por André Bittencourt, seja comparativamente e ao longo das obras dos autores, como no caso do estudo dos resultados teóricos divergentes produzidos pela aclimatação periférica da sociologia da modernização norte-americana feito por Antonio Brasil Jr. Igualmente o trabalho de Lucas Carvalho e o meu procuraram reconstituir "sequências" sociológicas da categoria de mundo rústico e da violência pessoalizada na sociologia brasileira, respectivamente.

vessa o livro de ponta a ponta e pulsa no coração da ideia de sequências. Esta, portanto, vai contra uma noção historicista de tempo, que o pressupõe vazio, homogêneo, linear e único. Trata-se, ao contrário, de uma tentativa de codificar na partitura intelectual os ziguezagues do processo histórico saturado de "agoras" que o presente eclipsa e, assim, vislumbrar a "atualidade" *entre* tempos do repertório decantado na tradição da sociologia política reconstituída em *O retorno da sociedade*. Como vamos vendo, o preço de se ignorar o passado é estarmos condenados a repeti-lo. Ao reaprender, porém, a lição atual-anacrônica desse livro de André Botelho que recoloca a política *na* sociedade, talvez os nexos desconhecidos ou recalcados do passado que tornam opaco o presente possam retornar, reabrindo perspectivas para as sequências renovadas do futuro.

LEIA TAMBÉM:

Os sociólogos
De Auguste Comte a Gilles Lipovetsky

Sarah Silva Telles e Solange Luçan de Oliveira (organizadoras)

Após as edições sobre autores clássicos de Filosofia, História e Comunicação, a Editora Vozes e a Editora PUC-Rio lançam os *Clássicos das Ciências Sociais*. Já publicamos o volume 1, *Os antropólogos*. Neste volume 2 é a vez de *Os sociólogos*. Está prevista ainda a publicação de *Os cientistas sociais* (volume 3).

A coleção respeitou a divisão das Ciências Sociais nas suas três áreas clássicas: Antropologia, Sociologia e Ciência Política. Apesar da existência de autores que transitam entre elas, como os sociólogos políticos ou os sociólogos antropólogos, optou--se por dividir os autores nas três áreas pela necessidade de cobrir ao mesmo tempo as possibilidades intelectuais contidas nas Ciências Sociais e o número expressivo de seus autores clássicos.

Esse volume oferece uma coletânea de ensaios assinados pelos maiores especialistas brasileiros sobre a vida e a obra dos autores clássicos da Sociologia, cobrindo de Auguste Comte (1798-1857) a Gilles Lipovetsky (1944). Cada ensaio traz os seguintes conteúdos: o sociólogo e seu tempo; percurso e influências; conceitos básicos de seu pensamento; e suas principais obras publicadas.

Em todos os volumes publicados até aqui a proposta é a mesma: expor e explicar o pensamento dos autores clássicos de cada área a partir de um ensaio introdutório, escrito por um especialista, com uma linguagem clara e acessível, precisa e rigorosa.

LEIA TAMBÉM:

Manual de pesquisa qualitativa

A contribuição da teoria da argumentação

Mario Cardano

Este livro tem como objetivo fornecer um guia para a criação de uma pesquisa qualitativa que combina rigor e criatividade. O autor apresenta um mapa das técnicas de pesquisa qualitativa delineada considerando principalmente as peculiaridades epistêmicas de cada uma, e prossegue com a ilustração das características do desenho da pesquisa qualitativa, delimitando, em um quadro de referência, os mais recentes estudos desenvolvidos sobre a teoria da argumentação e da lógica informal. Por essa razão, a principal peculiaridade do livro reside em sua referência à teoria da argumentação e na dedicação do autor em utilizar um repertório significativo de pesquisas mencionadas a título de exemplo. O livro é dirigido a todos os alunos (de graduação e pós-graduação), professores, pesquisadores e estudiosos das Ciências Sociais, Ciências da Saúde e da Enfermagem, e epidemiologistas sociais que se proponham a realizar a pesquisa qualitativa ou que desejam ler monografias e ensaios desenvolvidos com recurso das técnicas da pesquisa qualitativa.

Mario Cardano, doutor em Sociologia, é professor do Departamento de Cultura, Política e Sociedade da Universidade de Turim, na Itália, onde ensina Métodos Qualitativos de Pesquisa Social e Sociologia da Saúde. É também diretor do Programa de Doutorado *Interunidades*, desenvolvido pelas universidades de Turim-Milão em Sociologia e Metodologia da Pesquisa Social, onde ministra um curso de Projeto de Pesquisa Qualitativa. É membro do Conselho de Administração da Revista *Rassegna Italiana di Sociologia*.

CULTURAL
Administração
Antropologia
Biografias
Comunicação
Dinâmicas e Jogos
Ecologia e Meio Ambiente
Educação e Pedagogia
Filosofia
História
Letras e Literatura
Obras de referência
Política
Psicologia
Saúde e Nutrição
Serviço Social e Trabalho
Sociologia

CATEQUÉTICO PASTORAL
Catequese
Geral
Crisma
Primeira Eucaristia

Pastoral
Geral
Sacramental
Familiar
Social
Ensino Religioso Escolar

TEOLÓGICO ESPIRITUAL
Biografias
Devocionários
Espiritualidade e Mística
Espiritualidade Mariana
Franciscanismo
Autoconhecimento
Liturgia
Obras de referência
Sagrada Escritura e Livros Apócrifos

Teologia
Bíblica
Histórica
Prática
Sistemática

REVISTAS
Concilium
Estudos Bíblicos
Grande Sinal
REB (Revista Eclesiástica Brasileira)

VOZES NOBILIS
Uma linha editorial especial, com importantes autores, alto valor agregado e qualidade superior.

VOZES DE BOLSO
Obras clássicas de Ciências Humanas em formato de bolso.

PRODUTOS SAZONAIS
Folhinha do Sagrado Coração de Jesus
Calendário de mesa do Sagrado Coração de Jesus
Agenda do Sagrado Coração de Jesus
Almanaque Santo Antônio
Agendinha
Diário Vozes
Meditações para o dia a dia
Encontro diário com Deus
Guia Litúrgico

CADASTRE-SE
www.vozes.com.br

EDITORA VOZES LTDA.
Rua Frei Luís, 100 – Centro – Cep 25689-900 – Petrópolis, RJ
Tel.: (24) 2233-9000 – Fax: (24) 2231-4676 – E-mail: vendas@vozes.com.br

UNIDADES NO BRASIL: Belo Horizonte, MG – Brasília, DF – Campinas, SP – Cuiabá, MT
Curitiba, PR – Fortaleza, CE – Goiânia, GO – Juiz de Fora, MG
Manaus, AM – Petrópolis, RJ – Porto Alegre, RS – Recife, PE – Rio de Janeiro, RJ
Salvador, BA – São Paulo, SP